"十四五"普通高等教育规划教材

Pinpai Guanli

品牌管理

令狐克睿 李婧 唐艳 李东伟 主编

中国财经出版传媒集团
中国财政经济出版社

图书在版编目（CIP）数据

品牌管理／令狐克睿等主编． --北京：中国财政经济出版社，2022.3（2023.7重印）
“十四五”普通高等教育规划教材
ISBN 978-7-5223-1168-5

Ⅰ.①品…　Ⅱ.①令…　Ⅲ.①品牌-企业管理-高等学校-教材　Ⅳ.①F272.3

中国版本图书馆CIP数据核字（2022）第024199号

责任编辑：王　芳　　　　责任校对：胡永立
封面设计：卜建辰　　　　责任印制：党　辉

中国财政经济出版社 出版
URL：http：//www.cfeph.cn
E-mail：cfeph@cfeph.cn

社址：北京市海淀区阜成路甲28号　邮政编码：100142
营销中心电话：010-88191522　编辑部门电话：010-88190670
天猫网店：中国财政经济出版社旗舰店
网址：https：//zgczjjcbs.tmall.com
北京财经印刷厂印刷　各地新华书店经销
成品尺寸：185mm×260mm　16开　14.75印张　338 000字
2022年3月第1版　2023年7月北京第3次印刷
定价：56.00元
ISBN 978-7-5223-1168-5
（图书出现印装问题，本社负责调换，电话：010-88190548）
本社质量投诉电话：010-88190744
打击盗版举报热线：010-88191661　QQ：2242791300

前言

2021 年 5 月 10 日是第五个“中国品牌日”，以“中国品牌，世界共享；聚力双循环，引领新消费”为主题的 2021 年中国品牌日活动在上海开幕，集中宣传展示中国品牌发展新成果、新形象。企业在经营管理中，越来越认识到品牌的重要性，消费者更是将品牌作为是否选择的重要因素。事实上，在越发激烈的竞争环境下，企业之间的竞争已经超越产品本身的竞争，进入品牌竞争时代。

在这样的背景下，品牌管理作为一门理论性和实践性都很强的学科，将品牌管理的理论和当代案例相结合进行系统阐述就显得尤为重要。本书作者在日常授课过程中，发现目前有关品牌管理的教材很多，关于品牌管理的理论已经非常丰富和成熟，但是，和理论相关的案例却不具有时效性。因此，本书参考了大量的品牌管理著作，基于国内外主流的品牌管理体系，搜集了大量最新的品牌管理案例，以系统性、理论性、实践性、丰富性为原则，系统地介绍了品牌管理的概念、模型、工具和案例。使读者可以系统地掌握品牌管理的理论和工具，并能在实践中高效应用。本书具有如下特点：

一是结构安排上，本书系统介绍了国内外品牌管理的理论和工具。全书分为十章，分别是：品牌及品牌管理概述、品牌定位、品牌设计、品牌个性、品牌识别、品牌战略、品牌延伸、品牌资产、品牌传播和品牌创新。遵循定位、延伸、传播到创新的逻辑主线，更合理科学地安排结构，帮助读者系统地把握品牌管理全过程。

二是在内容设计上，本书将品牌管理理论和最新的实践案例紧密结合。每一章都设计了导入案例和课后案例，并且在文中的重要知识点中穿插了大量小案例和图片，使读者能够由案例引发思考，并理解理论知识。此外，每一章都设计了本章小结和课后习题，帮助读者更加清晰系统地掌握每一章的主要内容。

本书由令狐克睿负责全书的整体设计和各章内容的拟定、审定，并负责编写第一章、第三章和第九章，李婧负责第二章、第四章和第六章，唐艳负责第五章和第七章，李东伟负责第八章和第十章。本书参阅、引用了大量的教材、论文和网站的资料，也尽可能在资料来源和参考文献中标注，如有遗漏之处在此深表歉意。另外，由于作者水平有限，书中难免存在一些不足之处，敬请广大读者批评指正。

令狐克睿

2021 年 12 月 5 日

前言

目录

第一章

品牌及品牌管理概述

【学习目标】

1. 了解品牌的由来，掌握品牌的定义和六层含义，对品牌有更深入的认识；

2. 掌握品牌与产品、品牌与商标之间的区别和联系；

3. 掌握品牌的特征与作用，了解从不同视角对品牌进行分类；

4. 掌握品牌管理的定义、流程以及组织模式。

【导入案例】

“完美日记”品牌成功之路

“完美日记（Perfect Diary）”创立于2017年，是广州逸仙电子商务有限公司旗下品牌，同年，该品牌正式登陆天猫，是一个发展迅速、国民度高、市场竞争力大的国产美妆品牌，不但力压其他同类型国货美妆产品，而且在销量方面全面赶超YSL、SK－Ⅱ等国际知名美妆品牌。该品牌立足本土，同时探索欧美时尚趋势，为新一代中国消费者提供优秀的产品及售后服务。“完美日记”的成功崛起，离不开它对品牌的打造与管理。

立足本土特点，发起品牌联名，赋予了产品一个个独特的故事。“完美日记”的产品集中于彩妆，主要通过品牌联名的方式给予每一款产品丰富的故事和独特的个性。“完美日记”携手中国国家地理，以“高原、丹霞、湖泊、梯田”等四大地理景观为灵感，联名推出秋冬新品“完美日记×中国国家地理”系列地理眼影，展现“完美日记”品牌在产品创意上的新高度。“完美日记”在产品设计上别出心裁，赋予产品生命力。以中国传统颜色命名，如“暮云灰”“品蓝”“淡绯”“紫藤”，并基于“匠心＋创意”以及对细节的极致追求，不断为用户带来惊喜，从而产品销量可观，提升了“完美日记”品牌知名度。

“完美日记”精准的品牌定位，聚焦了一大批核心用户。品牌的精准定位，不仅是获取有效用户的途径，更是品牌或企业实现可持续发展的核心基础。“完美日记”主要为欧美系彩妆产品，针对18—28岁的年轻女性，价格在百元左右，性价比高。“完美日记”品牌理念倡导年轻一代不被外界标签束缚，努力突破自我，积极探索人生更多的可能性，遇见更优秀的自己，契合当下年轻人追求的时尚主张。与此同时，“完美日记”品牌依托全渠道数字化营销策略，吸收了大量“网生一代”年轻女性客户，创造品牌增长奇迹。截至2020年3月31日，已在华南、西南、西北等区域设立49家线下体验概念店聚集了一大批“学护肤、懂彩妆、爱种草”的核心用户。

品牌社群管理，培养用户品牌忠诚度。品牌社群管理不仅是获取私域流量的一种方式，更是对品牌打造、宣传以及培养消费者对品牌忠诚的有效途径。“完美日记”当前在小红书上拥有超过15万篇笔记，品牌账号拥有196万粉丝，通过建立“小完子玩美研究所”品牌社群，按照“聚集—互动—运营—复购”的模式，留住产生过购买行为的老用户。“小完子”将用户引导入群，通过社群内互动交流、朋友圈分享推荐等长期运营管理来维系客户关系，进一步实现复购转化。品牌社群的建立一方面迎合了客户对人际交往的需要，另一方面提供渠道以供获取资讯及消费娱乐。“完子研究所”社群的建立为“完子心选”微信小程序引入了顾客，用户通过微信小程序就可以下单购买产品；此外还设有“完子说”栏目，主要从“学护肤、懂彩妆、爱种草”三个方面来促进与用户的分享交流。“完美日记”还通过社交媒体投放KOL分享推荐、IP运营打入用户朋友圈以及构建品牌社群实现客户留存、微信公众号宣传推广丰富品牌形象等一系列举措，培养起一批忠实消费者，提升消费者对品牌的忠诚度。

品牌是一种口碑、一种品味、一种格调。新兴崛起的“完美日记”品牌之所以能够在众多大牌美妆品牌中脱颖而出，取决于它精准有效的品牌管理。“完美日记”通过“立足本土特点，发起品牌联名，讲好品牌故事”，“精准品牌定位，聚焦核心用户”，“品牌社群管理，培养品牌忠诚度”等举措对品牌进行打造、定位和传播，使其品牌知名度迅速提升，用户数量暴增，销售额更是突破了美妆行业的历史记录。这一案例充分展现了品牌造就商业传奇的故事。在市场经济发展日趋深化的今天，品牌对于企业生存和发展的重要性已众所周知，品牌管理更是成为众多知名企业在市场竞争中立于不败之地的法宝。

当今时代已经进入了品牌化的时代，日常生活中随处都可以看到品牌的身影——智能手机巨头“苹果”、零售业老大“沃尔玛”、国内最大网络零售平台“淘宝网”、全球最大的操作系统提供商“微软”等。我们无论是在实体店购物还是网络购物，大多数商品都会有几十种不同品牌，如何选择？当我们要购买某样商品的时候，除了价格和性能，还会在意什么？答案往往是品牌。吃饭的餐厅酒楼、穿的服装、用的护肤品、开的汽车、住的楼盘，以及消遣娱乐都具有品牌，每一样受到消费者青睐并会持久支持的都是知名品牌。

虽然自20世纪60年代起，“品牌”一词就开始活跃。然而，在日新月异的市场中，品牌及品牌管理的讨论却历久弥新，品牌研究依然大有空间。

本章是全书的导入，重点讨论品牌的由来、定义、构成要素、特征和作用等，这些都是学习品牌管理的前提和起点。而后，本章还将指出品牌管理的定义、流程以及组织模式。

第一节

品牌的内涵

地球四分之三的面积覆盖着水，其中96.5%分布在海洋，淡水不足3%，而能够成为饮用水的就更少了。井水、河水、溪水都是饮用水，它们没有品牌。于是企业开始做饮用水品牌，包括瓶装水和桶装水。但为广大消费者熟悉的又只有那么一些品牌：娃哈哈、康师傅、农夫山泉、依云等。消费者会从诸多品牌中选择自己偏爱的饮用水使用。“水—饮用水—有牌子的饮用水—熟悉的饮用水—偏爱的饮用水”，实质就是从没有品牌到品牌的发展过程。

彼德·德鲁克曾说：“21世纪的组织只有依靠品牌竞争了，因为除此之外它们一无所有。”随着市场经济的发展，越来越多企业认识到，品牌是企业最具有价值的资产之一。Interbrand 2020年全球最佳品牌排行榜认定：苹果蝉联榜首，品牌价值3229.99亿美元；亚马逊第二，品牌价值增长60%，至2006.67亿美元；微软超越谷歌名列第三，品牌价值1660.01亿美元。华为仍是唯一上榜的中国品牌，2020年排名第80位。中国早已成为当之无愧的“世界工厂”和“制造大国”，但还并不是“品牌大国”和“制造强国”。要实现从“制造大国”向“制造强国”转变，加强品牌建设尤为重要。为此，从国家到企业开始意识到品牌的重要作用，并强调自主品牌的创建和品牌的科学管理。本章将清楚地回答有关品牌的基本问题：品牌的由来及内涵是什么？品牌有哪些特征和作用？品牌如何进行分类？什么是品牌管理？

一、品牌的由来

品牌的英文单词“Brand”有很多来源，大家比较认同的有两种：一种是来源于古代斯堪的纳维亚语中的“Brandr”；另一种是来源于古法语中的“Brandon”。尽管来源不同，但它们均有“烙印”的含义，意思是用烧红的烙铁给牲畜打上记号。这个记号是烙给买主（他人）看的，用以区分不同部落之间的财产，上面写着：“不许动，它是我的。”后来从在牛和其他牲畜身上作记号逐渐发展到在其他动产上作记号——陶工在陶土未干时在陶器底部按上拇指印或作其他形式的标记，如星号、十字或圆圈等。这种记号是产品出处的证明，对想购买某位陶工产品的人来说是十分重要的信息。

当时，品牌是主人用来标记与识别牲畜的方式。农场主人通过对牲畜肉品的烙印，表示对其所售出的产品负责，让质量更有保障，这个烙印就存在着能够满足消费者对安全、保证等情感需求的可能。当消费者认同某一农场的肉品（对某个烙印的肉品有深刻印象），这样的肉品在消费市场上就会比较好卖，自然也就可能卖到较高的价格。可见，“Brand”的诞生可以在消费者心目中建立独特的印象，满足消费者的需求。

中世纪的欧洲，手工艺匠人也开始用打烙印的方法在自己的手工艺品上烙下标记，以便顾客识别产品的产地和生产者。这就产生了最初的商标并以此为消费者提供品质担保，同时向生产者提供法律保护。如16世纪早期，蒸馏威士忌酒的生产商将威士忌装入烙有生产者名字的木桶中，以防不法商人以次充好。1835年，苏格兰的酿酒者使用了“Old Smuggler”这一品牌，以维护采用特殊蒸馏程序酿制的酒的质量声誉。在《牛津大辞典》当中，品牌被解释为“用来证明所有权作为质量的标志或其他用途”，即用以区别和证明品质。由此，可以定义品牌意义在于强调区分产品，并在消费者心目中留下特定的印象。

我国公元前就有了商标，在秦汉、战国时期，就通过印章的方式来作为商品的标志，作为商品交换时的凭证。例如在货物捆扎好以后，用泥封上，印上印章。战国时期的陶器上也有印记，是我国古代品牌的雏形。私有制和社会专业化分工的发展使生产者将特殊标记使用在产品上，并给产品起了特殊的名称。品牌概念起源于农业（畜牧业），最初广泛应用于工业，后又被服务业广泛应用。那时，品牌的概念只是表明生产者并没有现代的品牌意义，例如：中国最古老的商标“刘家功夫针铺”。

现代意义的品牌，逐渐演变成消费者对产品的全部体验，包括物质体验和精神体验，但精神体验比物质体验更为重要。品牌向消费者传递一种生活方式和价值取向。例如一般的老鼠是负面形象，老鼠过街人人喊打，但迪士尼公司创作出的Mickey这一卡通形象却价值不菲。因这个卡通形象而产生的周边商品更举不胜举，从动画片、游乐场、卡通玩偶、玩具、书籍、家具、文具、衣服、袜子、帽子、鞋子、手表、闹钟、台灯甚至婚纱等一系列一应俱全，并且备受消费者欢迎。迪士尼公司因此在影视娱乐、媒体网络、主题公园和消费产品领域都取得了瞩目的成绩。再如塞纳河是欧洲最具历史意义的大河之一，巴黎人称之为“慈爱的母亲”，说“巴黎是塞纳河的女儿”。法国人将塞纳河北岸称作右岸，南岸称为左岸。塞纳河右岸带有历史的厚重感，代表着法国人的精神向往；而塞纳河左岸象征着巴黎乃至欧洲的人文气质。以此为品牌的产品，往往被品牌赋予象征性的意义，最终改变人们的生活态度以及审美情趣。产品是冰冷的，而品牌是有灵魂、有情感的；产品有生命周期，会过时、落伍，被竞争者模仿，而品牌则是独一无二的。

拓展案例

“王饱饱”品牌的由来

当宅成为年轻人的标签，当“低卡、扛饿、减肥”的口号成为年轻人的饮食座右铭，代餐越来越受到年轻人的追捧。无论是哪一种品类的代餐，都很明确地把目标人群锁定为有一定健康饮食意识的年轻人。精准把握了年轻人想要“躺瘦”心理的代餐市场，无疑已经成为了食品行业未来可期的新蓝海。

《中国线上代餐趋势消费报告》指出，食用方便、快速获得饱腹感和减肥是消费者购买代餐产品的主要动机。此外，代餐食品消费人群以女性为主，当前二线城市用户数量最高，“90后”及“95后”代餐消费增速较快。第一财经商业数据中心联合天猫食品发布的《天猫食品行业趋势分析报告》显示，“95后”已经占据代餐主要消费者地位；代餐食品受到年轻消费者的喜爱；新一线和二线城市消费占比接近五成。代餐和主食、零食的界限正变得越来越模糊，而代餐主食化，正逐渐成为一种新趋势。

都说民以食为天，代餐这一西方饮食文化也正努力取悦爱吃、好吃的中国年轻人。“王饱饱”品牌正是在这一背景下诞生，作为互联网麦片第一品牌，“王饱饱”主打“高颜值代餐谷物”，定位是健康、低糖、低热量，细分出了新的品类。“王饱饱”选择用低温烘焙的燕麦片为切入点，创新推出“好吃、潮流、无负罪感”的新型烘烤麦片，让消费者摆脱“好吃怕胖”的困扰，它既不像裸燕麦片那样口感差，又不像膨化后同类食品那样易上火，以美味与健康兼得的麦片品类进入市场。

自2018年线上旗舰店开业至今，“王饱饱”一路表现强势，天猫月销量一路从200万元增长至4000万元，成为食品品类的爆品；2019年“双11”获得了天猫麦片品牌第一；2020年的“38女王节”、618购物节以及“双11狂欢节”等各电商节点中，“王饱饱”更是接连卫冕线上麦片第一品牌，年度平均增长超300%。“王饱饱”品牌以传统麦片颠覆者的形象，从麦片类食品中脱颖而出。

二、品牌的定义

随着社会经济大转型，“品牌”具有了现代内涵和外延。20世纪50年代美国著名的广告大师大卫·奥格威第一次提出科学的品牌概念。至今没有一个统一的含义。“品牌”一词是学界和业界广为使用的概念。综合国内外相关研究，“品牌”定义常见的有下列四类学说。

（一）符号说

符号说从识别功能的角度强调品牌。从最直观、最外在的表现出发，品牌可以被看作是一种标榜个性、具有区别功能的特殊符号。消费者对一个品牌的认识无疑是先通过视觉。因此，作为一种能激发视觉的符号，一个品牌的标志符号如果能给消费者带来较强的视觉冲击，就能潜移默化地成为其品牌不可分割的一部分，甚至在一些消费者眼中，标志符号就是品牌的全部。

美国市场营销协会（American Marketing Association，AMA）把“品牌”定义为：一个“名称、术语、标记、符号或设计，或是上述元素的组合，用于识别一个销售商或一群销售商的商品与服务，并由此区别于其他竞争者的商品与服务”。该定义在营销学界得到了广泛的认可和接受。

营销大师菲利普·科特勒（Philip Kotler，1991）认为，“品牌是一个名字、名词、符号或设计，或是它们的总和，其目的是要使自己的产品或服务有别于其他竞争者”。

美国学者林恩·阿普什（Lynn Upshaw，1995）认为，品牌是使某种产品和服务能够区别于其他产品和服务的名称、标识和其他可展示的标记。

由此可见，符号说的品牌定义认为品牌最重要的功能在于识别和区分。从符号的角度理解品牌是基于品牌最原始、最直观的含义，以朴素而现实的视角将品牌视为标榜个性、区别于他者的特殊符号。符号说视品牌为识别和区分的符号，是品牌的必要条件，但不是充分条件。“品牌的冰山”理论指出标识、名称等仅仅是品牌的可见特征，完整的品牌概念还包括价值观、智慧、文化等不可见部分。因此，符号说不能揭示品牌的全部内涵。

（二）综合说

品牌综合说从品牌的信息整合功能上入手，将品牌置于营销乃至整个社会的大环境中加以分析。他们不仅认为品牌包括了品牌名、包装、标志等有形的东西，而且还将品牌放入历史时空，作横向和纵向的分析，指出和品牌相关的要素，如历史、声誉问题、法律意义、市场经济意义、社会文化心理意义等，这些是无形的，且很容易被人忽略，但它们又是客观存在的，是构成品牌的必要部分，只有将这些要素最大限度地加以整合，品牌才是一个完整的概念。

大卫·奥格威（1955）认为，“品牌是一种错综复杂的象征，是品牌属性、名称、包装、价格、历史和声誉的无形组合，深受消费者的经验和体验所影响”。

林恩·阿普什（1995）从可视性角度谈及品牌特征时说：“品牌是消费者所见产品或服务的全部，包括有形要素和无形要素。”

菲利普·科特勒认为，“品牌往往是一个复杂的符号标志，能表达出属性、利益、价值、文化、个性和使用者这六层含义”。

品牌资产研究学者戴维·阿克（David Aaker）认为，“品牌像人一样具有个性和情感，是产品、企业、人和社会文化象征的综合体，是一个全方位的架构，涉及消费者与品牌沟通的方方面面。品牌可以视为一种‘体验’，一种消费者能亲身参与的深层次关系，一种与消费者进行理性和感性互动的总和”。

同仁堂——作为中国的百年老店，它传递给消费者的已经不仅仅是单纯的药品，而是中华历史文化的传承。这样的老店在中国没有几家，300 多年的历史，在华人心中的地位没有人可以替代。北京烤鸭同样也被赋予了深深的历史文化。很多人去吃北京烤鸭，吃的不是单纯的鸭子，而是中华文化。而可口可乐是美国文化的代表。可口可乐在和百事可乐竞争期间曾试图更改配方，生产新口味可乐、停止生产老的可口可乐，但遭到了大多数美国人的抵制。这些美国人认为，原来的可口可乐代表的不仅仅是可乐本身，而是美国文化。后来可口可乐不得不恢复原配方的可乐生产，放弃新口味。

综合说的品牌定义，着眼于品牌的信息整合功能，将品牌置于营销市场乃至社会大环境中加以分析。这种主张进行品牌研究时引入了时间维度和空间维度，不仅包括品牌名称、品牌包装和品牌标志等有形要素，还包括历史、经济、法律和社会文化等诸多无形要素。但品牌综合说的定义，只注重从产品方和品牌本身来说，对品牌的消费者没有足够的重视。

（三）关系说

关系说这类定义从品牌与消费者沟通功能的角度来阐述，强调品牌的最后实现由消费者来决定。这种界定强调品牌是一种偏见，是消费者或某些权威机构认定的一种价值倾向，是社会评论的结果，而不是自我加冕的。这种说法认为品牌最终能够被认同是与消费者的情感化消费相连的。品牌的概念是在产品和消费者的互动过程中形成的。

联合利华前董事长迈克尔·佩里（Michael Perry）认为，“品牌代表消费者在生活中对产品或服务的感受，以及由此产生的信任、相关性及意义的总和。它是一个以消费者为中心的概念，它的价值体现在与消费者的关系中”。

奥美广告公司认为，“品牌是一个商品透过消费者生活中的认知、体验、信任和感情，争到一席之地后所建立的关系”。

美国品牌战略研究学者凯文·莱恩·凯勒（Kevin Lane Keller，1998）认为，“品牌源于消费者反应的差异。消费者反应中的差异是消费者对品牌理解的结果，如果没有差异产生，那么，具有品牌名称的产品本质上仍然是一般类别的产品”。也就是说，虽然企业通过营销计划为品牌提供了支持，但最终品牌是留存在消费者头脑中的东西。

关系说的品牌定义，注重消费者，从品牌与消费者沟通功能的角度切入，提示了品牌的价值最终由消费者来决定的要义。这种主张强调品牌是一种偏向，是消费者或某些权威机构认定的一种价值倾向，是社会评论的结果，而不是品牌自我加冕的。但是，关系说忽略了其他关系利益团体。

（四）资产说

资产说着眼于品牌具有的价值。它站在经济学的立场上，从品牌的外延如品牌资产方面进行阐述，突出品牌作为一种无形资产时给企业带来的财富和利润，给社会带来的文化及时尚等价值意义。它认为品牌是一种价值，在一定程度上脱离产品而存在，可以买卖，具有一种获利能力。

美国学者亚历山大·比尔（Alexander Biel）认为，“品牌资产是一种超越生产、商品及所有有形资产以外的无形资产，其好处是未来的品牌价值远远超过推出具有竞争力的其他品牌所需的扩充成本”。

美国著名广告代理商 BMP 执行董事 P. 费尔德·维克（P. Field Wick）也认为，品牌是“由一种保证性徽章创造的无形资产”。

法国品牌专家让一诺埃尔·卡普费雷（Jean - Noel Kapferer）指出，“品牌是企业最有价值的财富”。对于公司而言，品牌代表着一份价值连城的合法财产，这份财产能够影响消费者的行为，并且在它被购买和出售的过程中，能确保它的主人有源源不断的收入”。

中国台湾营销学者陈伟航指出：品牌会渗透人心，因而形成不可泯灭的无形资产……品牌资产的妥善运用可以给企业带来无穷的财富……

《大营销——新世纪营销战略》认为：品牌是一种对立的资源和资本，它是能够进行营运的……品牌是一种知识产权，像资本一样营运，实现增值。

资产说的品牌定义，从资产这个外延展开论述，认为品牌是一种价值，在一定程度上是脱离产品而存在的。这种主张从经济学、会计学等市场运营的视角切入，着眼于品牌的价值功能，强调品牌对企业的增值功能，突出品牌作为一种无形资产带给企业的财富利润以及带给社会的文化价值。

以上四类定义从各自的角度出发对品牌的内涵作出不同的界定，各有侧重点。符号说强调一个完整的品牌所具有的符号或标志的属性，有着重要的识别、区分功能，但这只是作为品牌应具有的一个基本而必要的条件，不是品牌的全部。识别一个品牌依据的不仅是它的名称或标志，更重要的是其体现出来的理念、文化等核心价值。综合说虽然对品牌作了较完整的概括，但它们只是注重从品牌的产出方或品牌本身来说，而对品牌的接受方、评价方——消费者却没有给予足够的重视。关系说片面强调了消费者的作用，忽视了品牌自身的功能，同时也只偏重说明产品与消费者之间的关系，忽略了其他利益团体，如政府、供应商、技术市场等对品牌的影响。资源说主要从品牌的外延强调品牌是一种价值，侧重于品牌在市场运营中的作用，概括也较为片面。

在本书中，综合以上定义之所长，我们将品牌定义如下：品牌是能给拥有者带来溢价、产生增值的一种无形资产，它的载体是用以和其他竞争者的产品或劳务相区分的名称、术语、象征、记号或设计及其组合，增值的源泉来自在消费者心智中形成的关于其载体的印象。

三、品牌的六层含义

美国营销学家菲利普·科特勒认为，“品牌从本质上说，是销售者向购买者长期提供的一组特定的特点、利益和服务的允诺”。最好的品牌传达了质量的保证。然而，品牌还是一个更为复杂的符号，它由品牌外部标记（包括名称、术语、图案等）、品牌识别、品牌联想、品牌形象等内容构成，品牌蕴含了属性、利益、价值、文化、个性和使用者六层含义（参见图1－1）。

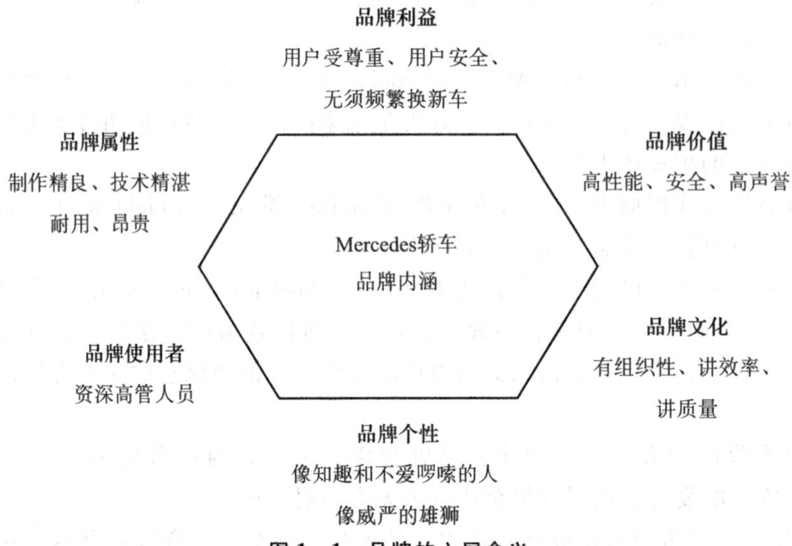

图1－1　品牌的六层含义

（一）品牌属性

品牌属性是指产品自身的特性，包括那些包含在产品说明书上的物理参数、技术参数、性能参数等。例如，奔驰E级加长版E300L的参数配置是3.0升汽油直喷V6发动机，最大输出功率为170千瓦（245马力），峰值扭矩为300N·m，匹配七速手自一体变速箱，最高时速245千米……当然，这些参数还可以进一步概括为技术精良、耐用、高车速等。

（二）品牌利益

利益是指产品的属性能给消费者带来的好处和收益。例如，奔驰轿车“技术精良”的属性可以给消费者带来安全需要的满足，而车的“耐用”属性能为消费者节约修理费用或降低更换新车的成本。

（三）品牌价值

品牌价值的实质是产品给消费者提供的一组利益的提炼。这种价值可以是产品功效上的价值性，可以是对消费者情感满足上的价值性，还可以是关于消费者自我表达方面的象征性价值。例如，奔驰轿车能象征其拥有者成功的社会地位。

（四）品牌文化

品牌文化指隐含在品牌中精神层面的内容。市场上很多领导品牌的文化常常代表着国家文化或民族文化。譬如，可口可乐代表热情奔放的美国文化，香奈儿代表浪漫而高雅的法国文化，松下电器代表严谨而团结的日本文化，奔驰代表有组织、讲效率、重质量的德国文化……

（五）品牌个性

品牌个性是与品牌相关的一系列人类性格，是品牌形象人格化后所具有的个性。譬如，奔驰的个性是“成功、严谨和权威”，百事可乐的品牌个性是“新潮、活泼”，海尔的品牌个性是“真诚”，沃尔玛则使人感受到它“朴实”的个性。品牌个性与品牌文化密切相关，是品牌人格化以后所具有的“人”的个性，而人的个性的形成离不开他所处的社会环境，特别是文化环境。

（六）品牌使用者

品牌暗示了购买或者使用产品的消费者类型。品牌将消费者区隔开来，这种区分不仅通过消费者的年龄、收入等表象特征体现出来，更多地体现在消费者心理特征和生活方式上。例如，欧莱雅的使用者是时尚高雅的成熟女性，而奔驰的使用者是成熟稳重的成功人士。

拓展案例

“红旗情，民族魂”

众所周知，“红旗”是中国轿车工业中最珍贵的民族品牌，早在20世纪60年代，它就享誉世界。20世纪60—70年代，许多来到中国的外国人，均有三个愿望：住钓鱼台，见毛主席，坐“红旗”车。在那个创业的年代，“红旗”车确实给从无到有的中国民族汽车工业带来了无比的兴奋和骄傲。改革开放后，“红旗”在继续承担“国车”重任的同时，开始了市场化进程，后来不断发展，2019年7月12日，红旗HS7长春国际汽车文化节暨首届红旗嘉年华在长春举行，红旗HS7也于其间上市。

新红旗突出“新高尚”“新精致”“新情怀”的理念，把中国优秀文化和世界先进文化、现代时尚设计、前沿科学技术、精细情感体验深度融合，打造卓越产品和服务。对于中国人而言，红旗不仅是一个著名的汽车品牌，还包括一种深深的情怀、一种强烈的民族责任、一种历史的使命和一股强烈的意志。“红旗”代表了中国奋发图强、自强不息的国家和民族的精神。

四、品牌、产品与商标

品牌和产品有何区别？产品（product）是市场上任何可以让人注意、获取、使用，或能够满足某种消费需求和欲望的东西。因此，产品可以是实体产品（如麦片、网球拍或汽车）或服务（如航空公司、银行或保险公司）。总的来说，产品具有五个层次的意义：

1. 核心利益层（core benefit level）

核心利益层指消费者通过消费产品和服务来满足其基本需求与欲望。

2. 一般产品层（generic product level）

一般产品层指产品的基本外观，包括对于其功能来说绝对必要的那些属性特征，但不是显著的特性。这是一个基本的、朴素的、能够圆满地实施产品功能的产品外观。

3. 期望产品层（expected product level）

期望产品层指购买者在购买产品时，期望能获得的一系列产品属性或特征。

4. 延伸产品层（augmented product level）

延伸产品层指产品区别于竞争对手的其他属性、利益或与之相关的服务。

5. 潜在产品层（potential product level）

潜在产品层指产品最终将要经历的各种延伸和转变。在许多市场中，竞争主要发生在产品的延伸层，因为大多数企业能够在期望产品层提供满意的产品。哈佛大学特德·李维特教授（Ted Levitt）同意此观点并提出理由："新的竞争不在于由哪家公司的工厂进行生产，而在于它们可以提供的产品包装形式、服务、广告、对顾客的忠告、融资、配送安排、仓储，以及其他为大众所重视的因素。"

品牌与产品有诸多联系，但两者毕竟不同。产品是具体的，消费者可以触摸、感觉或看见（有形产品可视，无形的服务可感觉或感受）；而品牌是抽象的，是消费者对产品的感受总和。没有好产品，品牌一定不会在市场上永久不坠；但是有了好产品，却不一定有好品牌。

（一）品牌与产品的区别

"产品可以被竞争者模仿，品牌却是独一无二的。产品极易过时落伍，但成功的品牌却能持久不衰。"现代品牌策略大师史蒂芬·金的一段话，明确地定义了产品与品牌的本质区别。

1. 抽象和具体

产品是具体的，消费者可以触摸、感觉、耳闻、目睹、鼻嗅。产品是物理属性的组合，具有某种特定的功能以满足消费者的使用需求，如车可以代步，食物可以果腹，衣服可以御寒保暖，音乐能够愉悦性情等。而品牌是抽象的，是消费者对产品一切感受的总和，它注入了消费者的情绪、认知、态度及行为。例如，产品是否有个性，是否足以信赖，是否产生满意度与价值感，是否代表某种特殊意义或情感寄托，是否在生活中不可或缺等。

2. 无生命周期和有生命周期

产品的市场生命周期指产品从进入市场到退出市场为止所经历的全部时间，即这种产品在市场上进入、退出的循环过程。产品进入（退出）市场是市场生命周期的开始

（结束）。产品有市场生命周期是科技进步、新产品迭出的必然结果。而由于决定品牌在市场存活或退出的主要因素（产品及品牌形象等）能够通过科学而合理的努力得到激活，从而使品牌永存，或者也可以说，品牌生存与消亡的周期现象并不像产品那样具有客观必然性。即产品有市场生命周期，品牌并非必须有市场生命周期，或者说品牌没有市场生命周期。只要品牌经营得当，及时对消费者需求的变化做出快速的反应，品牌便能长盛不衰、永葆青春。

3. 象征价值和功能价值

同样的产品，贴不贴品牌标签对消费者而言意义完全不同。一件西服或T恤，如果不附加任何产品之外的信息，消费者穿着时的感觉也许就是颜色、款式、质地而已。若西服或T恤上印有“Armani”“Gucci”的标识，穿上就会给人一种端庄、大气、有个性的感觉。而当T恤上印的是“耐克”的品牌标识时，浮上消费者心头的或许是一个执着追求胜利、实现自我超越的运动明星形象。

4. 传递价值和创造价值

产品是在原材料的基础上，通过生产部门加工创造出来的，因此说产品侧重于价值的创造。而品牌形成于整个营销组合环节，需要营销组合当中每一个环节传达品牌的相同信息，这样才能使消费者形成对品牌的认同。换句话说，品牌主要是用来传播的，侧重于和消费者沟通与互动，因此说品牌侧重于价值的传递。

（二）品牌与产品的联系

实践得知，产品不一定必须有品牌，但是在每一个品牌下均有产品。产品是品牌的基础，没有好的产品，用于识别商品来源的品牌就无从谈起。一种产品只有得到消费者的信任、认可与接受，并能与消费者建立起密切的关系，才能使标定在该产品上的品牌得以存活。品牌以产品为载体，是产品与消费者之间的关系纽带。

1. 品牌以产品为载体

品牌不仅代表着一系列产品属性，而且体现着某种特定的利益，如功能性或情感性利益等。而品牌这种使人感知的利益是由产品属性转化而来的，或者说品牌利益在相当程度上依赖于产品属性。就奔驰而言，“工艺精湛、制造优良”的属性可转化为“安全”这种功能性和情感性利益；“昂贵”的属性可转化为“这车令人羡慕，让我感觉到自己很重要并受人尊重”的情感性利益；“耐用”属性的功能性利益则是“可以使用多年或多年内不需要买新车”等。产品的属性以及品牌给消费者带来的利益，都渊源于它所标定的产品。因此我们认为品牌以产品为客观基础，或品牌以产品为载体。

2. 品牌借产品来兑现承诺

品牌对消费者的承诺通过消费产品来兑现。企业以各种传播手段和方式向广大消费者传播品牌信息、品牌承诺，消费者接受品牌信息，并通过购买消费该品牌的产品来感受这种承诺的存在与否。消费者感知、接受、信任品牌承诺的根本在于，消费者在使用该品牌产品后的实际感受与品牌承诺的相一致。许多品牌因为不能实现品牌承诺而失信于消费者，消费者的反馈则是放弃对该品牌的购买。消费者对品牌的信任首先基于对该品牌产品品质的信任。

3. 品牌竞争力的基础是产品质量

消费者在消费产品中获得的功能性利益如果不能得到满足，就会产生负面情感。设想一位购买了某知名品牌运动鞋的年轻人，只穿了两天，鞋就坏了，他今后恐怕再也不会购买该品牌的产品了，还会不厌其烦地向其他人讲述他的遭遇，则该品牌的市场命运也就可想而知了。纵观世界品牌发展史，强势品牌无一例外皆是产品品质优良的楷模；相反，许多“昙花一现”的品牌的衰落正败在产品质量的不稳定上。由此可见，从产品到品牌并不是一个简单的、必然的过程。或者说每个品牌之下都有一个产品，却不是每个产品都能支撑一个品牌。它需要企业的经营者、品牌管理人员、品牌营销人员、消费者等多方面、长时间的锤炼与检验。企业经营管理要保证产品的品质与功能，提供产品的价值与满意度；营销人员和广告企划人员则负责赋予产品某种人格化的个性、情感、形象、生活方式、身份、荣誉、价值、地位或意义等附加信息，并将此附加信息通过整合的传播方式，有效地传递给目标消费群体。消费者经过一定时间的认知、感觉、体验后，形成对产品的感受与印象，对围绕产品的附加信息产生认同、信赖、荣辱与共等正面的认知、态度与行动，产品才能真正支撑起一个品牌。

（三）品牌与商标

品牌与商标是极易混淆的一对概念，一部分企业错误地认为产品的商标注册就是品牌。事实上，两者既有联系，又有区别。有时两个概念可等同替代，有时却不能相互混淆。

1. 商标是品牌的一部分

商标是品牌的一部分，这已基本上达成了共识，但商标是品牌的哪一部分却有不同的观点。一种观点认为：商标不是品牌的全部，仅是品牌的一种标识或记号。因此，商标仅是品牌中的标识部分，或者说商标就是指品牌标识，是便于消费者识别的部分。商标的主要功能是传播的基本元素。当然，此种观点还认为商标的主要功能中应包括法律保护。另一种观点认为：商标是向政府注册的受法律保障其专用权的品牌。所以说，商标是经过注册获得商标专用权从而受到法律保护的品牌。

品牌与商标都是用以识别不同生产经营者不同种类、不同品质产品的商业名称及其标志。商标不仅仅是一种标志或标记，更多的时候它还包括名称或称谓部分。在品牌注册形成商标的过程中，这两部分常常一起注册，共同受到法律的保护。在企业的营销实践中，品牌与商标的基本目的也都是为了区分商品来源，便于消费者识别商品，以利竞争，可见品牌与商标都是传播的基本元素。

2. 商标属于法律范畴，品牌是市场概念

商标是法律概念，它强调对生产经营者合法权益的保护；品牌是市场概念，它强调企业（生产经营者）与消费者之间关系的建立、维系与发展。品牌与商标的不同之处，主要是商标能够得到法律保护，而未经过注册获得商标权的品牌不受法律保护。

商标的法律作用主要表现在通过商标专用权的确立、续展、转让、争议仲裁等法律程序，保护商标权所有者的合法权益；同时促使生产经营者保证商品质量，维护商标信誉。在与商标有关的利益受到或可能受到侵犯的时候，商标显现出法律的庄严与不可侵犯。品牌的市场作用表现在品牌有益于促进销售，增加品牌效益；有利于强化消费者品牌认知，引导消费者选购商品，并建立消费者品牌忠诚。品牌与商标的关系，在中国基本是混用的，或者说，“商标”与“品牌”这两个术语几乎是通用的，没有什么区别，因为中国的商标有“注册商标”与“未注册商标”之分。

另外，品牌与商标是可以转化的。如品牌经注册获得专用权就转化成商标，也就具有了法律意义。正是借助商标的法律作用，才使品牌所产生的超过产品本身价值以外的利益受到保护。

第二节

品牌的特征与作用

一、品牌的特征

（一）专有性和排他性

从本质上说，品牌是生产者或销售者为了使自己的产品或服务与竞争对手有所区别而创建的。品牌所有者经过法律程序认定，享受品牌的专有权，有权要求其他企业和个人不得仿冒和伪造。如若发现被仿造，品牌所有者可以诉诸法律，对假冒产品的生产者实施惩罚，这是品牌专有权和排他性的具体表现。

（二）符号象征性

品牌是企业的无形资产，不具有独立的实体，但它最原始的目的就是让人们通过一个比较容易记忆的形式来记住某一产品或企业，因此品牌必须有物质载体，需要通过一系列的物质载体来表现自己，使品牌有形化。品牌的直接载体主要是文字、图案和符号，间接载体主要有产品质量、产品服务、知名度、美誉度和市场占有率。没有物质载体，品牌就无法表现出来，更不可能达到品牌的整体传播效果。

（三）风险性和不确定性

品牌在成长过程中会遇到诸多不确定因素。品牌所代表的意义、品质和个性特征具有某种价值，它能使企业的资产迅速扩大，为企业创造大量的超额利润，使企业取得高附加值，即品牌价值。然而，如果遇到意外，则可能使品牌价值贬值，甚至可能迫使品牌退出市场。品牌创立后，在其成长的过程中由于市场的不断变化，市场需求不断提高，企业的品牌资本可能壮大，也可能缩减，甚至某一品牌在竞争中退出市场。品牌的成长由此存在一定风险，对其评估也存在难度。有时由于企业的产品质量出现意外，有时由于服务不过关，有时由于品牌资本盲目扩张而运作不佳，这些都给企业品牌的维护带来难度，出现品牌风险，这也给企业品牌效益的评估带来不确定性。例如，康泰克PPA事件使其一夜之间销售量降为零；“三聚氰胺”事件使三鹿集团瞬间崩塌。此时，企业一定要迅速做出有效反应，开展危机公关活动，以把损失降到最低。

（四）市场竞争性

在产品日益同质化的时代，在市场竞争中起主导作用的是品牌，而不是其他。当企业间的竞争在技术、成本、质量和服务等因素上费尽心机，且数次轮回也难有大的突破时，更高层次的竞争因素——品牌自然而然走到了竞争的前沿。

强势品牌代表了该企业在市场竞争中的领先地位，消费者忠诚是其应对竞争者挑战、占领市场份额的保证。在某种程度上说，品牌是企业参与市场竞争、保持竞争优势的重要法宝。品牌所表现和代表的意义、个性、品质和特质等一旦被消费者认可，进入消费者的内心深处，品牌就会在消费者心中和市场上积蓄价值。这种价值虽然看不见、摸不着，但能为品牌拥有者创造大量的超额价值利益，从中可以看到品牌的价值。

（五）无形性

品牌拥有者可以凭借品牌的优势不断获取利益，可以利用品牌的市场开拓力、形象扩张力和资本内蓄力进行不断发展，这是品牌的价值。但品牌的价值并不能像物质资产那样用实物的形式来表述，它能使企业的无形资产迅速增大，并且可以作为商品在市场上进行交易。例如，根据知名品牌评估机构 Interbrand 发布的全球最佳品牌排行榜（2018），美国电商巨头亚马逊从 2017 年的第 5 位跃居到第 3，品牌价值同比大涨 56%，至 1008 亿美元，是当年榜单中价值增长最快的品牌。

（六）扩张性

品牌具有识别功能，它代表一种产品、一个企业。企业可以利用这一优点展示品牌对市场的开拓能力，还可以帮助企业利用品牌资本进行扩张。例如，飞利浦最初是荷兰一家以生产碳丝灯泡为主的电子公司，后来进入音响、电视、灯壶、手机等领域，这就是品牌扩张成功的典型例子。同样，作为全球第四大智能手机制造商的小米科技有限公司，在智能手机行业崭露头角后，又不失时机地推出了小米笔记本、小米电视机、小米空调，后又延伸出小米摄像机、小米剃须刀等产品。

对品牌进行合理扩张，是对现有品牌进行开发和利用，以更好地发挥品牌的作用，以此来提高市场占有率，为企业创造更多的价值。相反，盲目的、失效的品牌扩张，对企业、品牌则是致命的打击，也使消费者对原有的品牌印象和风格变得模糊，忠实消费者开始流失，最终会逐渐丧失了品牌的核心优势。

（七）品牌的价值属性

作为无形资产，品牌价值可以量化。品牌拥有者可以凭借品牌的优势不断获取利益，可以利用品牌的市场开拓力、形象扩张力不断发展，因此品牌具有一定价值。这种价值并不能像物质资产那样用实物的形式表述，但它能使企业的无形资产迅速增大，并且可以作为商品在市场上进行交易。例如，谷歌的品牌价值由 2016 年的 6050 亿元人民币增长至 7510 亿元，超越苹果登顶全球品牌价值排行榜。

二、品牌的作用

在知道了品牌的由来、定义、内涵以及品牌的特征以后，我们会有疑问——为什么要做品牌？这就要看到品牌的力量和品牌对市场和销售的作用。

品牌确认一种产品的来源，使消费者要求特定的生产商或销售商对其行为负责。消费者会根据不同品牌对相同或相似产品做出不同评价。在消费者认品牌购买商品的时代，品牌对企业的作用是巨大的。随着生活越来越繁忙和紧迫，品牌所具有的简化购买决策以及降低购买风险等功能，越来越多地被消费者和企业认识和重视。品牌对企业和消费者作出决策发挥着重要的作用。

（一）品牌对企业的作用

1. 区分竞争对手

早在品牌理论创立之初，即品牌标志的观念时代，品牌所起的作用就是区分本产品与竞争对手产品，使消费者在琳琅满目的产品中一眼就能识别出本企业的产品。在现代市场经济中，产品的同质性越来越强，消费者的购买行为不断趋于理性，没有个性的产品和品牌难以赢得消费者的青睐。因而品牌拥有者千方百计地展现产品差异，强化品牌个性，归根结底还是为了凸显与竞争对手的区别。

2. 提高市场占有率

一个品牌经过精心的市场培育可以成为名牌。名牌除了具有高知名度外，还拥有良好的美誉度和忠诚度。名牌产品比一般品牌产品在市场竞争中更易占得先机，有较高产品市场占有率。联合国工业计划署的调查表明，著名品牌的数量在行业品牌中所占比例不足3%，但著名品牌产品所拥有的市场份额却高达40%以上，销售额更是超过50%。

3. 获得高额溢价收益

实施品牌化的产品价格要高于没有实施品牌化的产品，前者在市场上能够获得更高的利润。名牌产品由于高品质知名度和品牌联想度，其价格要高于普通品牌。在同等条件下，消费者愿意为购买名牌支付更高的金额。相关调查显示，领导品牌的平均获利率是第二品牌的4倍。拥有美誉品牌的企业可以获得更高的溢价收益。

拓展案例

茅台酒品牌溢价

贵州茅台酒的成本，包括生产、包装、商标、管理、防伪、营销等，加起来大概100元左右，促销需要1499元一瓶，市场价2500元，过年过节会被“黄牛”炒到3000—4000元，甚至更高，高出的部分就是品牌附加溢出来的。广大消费者买贵州茅台酒一是因为“酱香突出、口感细腻、酒体醇厚、回味悠长、空杯留香持久”，以及历经岁月积淀而形成的独特风格；二是因为茅台酒能展现消费者社会地位、经济地位，不只是喝酒这么简单。由此，茅台酒的高品质和知名度使得其拥有品牌溢价的条件。

4. 形成法律保护资源

在现代市场经济中，多数国家或地区都明文规定上市产品必须有商标。《中华人民共和国商标法》（以下简称《商标法》）规定，凡规定必须使用注册商标的产品必须申请注册，经批准后方可上市，否则不准销售。这样，品牌与企业就有了法律规定的直接联系。经注册的品牌，是企业受法律保护的资源，其他企业不得仿冒和盗用。企业品牌如果遭遇侵权，可以依法追究法律责任。

拓展案例

长沙女子因配乐被判赔泸州老窖7万元

事出是因为张女士2020年在某短视频平台上发布了一条“猫咪闻脚”的视频。视频前半段出现了一只猫在舔裸露的人脚指头，这个时间段视频上配的文字是“你能品味的历史”；后半段，另一只猫先是闻了闻脚，但并未舔脚，这段视频文字上配的文字是“436 年、国窖 1573”；同时使用的是泸州老窖旗下白酒品牌“国窖 1573”的经典广告音乐。2021 年 3 月，泸州老窖以侵权为由将张女士诉讼至法院。随后，法院判决认为，该视频内容明显贬损侮辱泸州老窖产品名誉，侵权行为成立，最终张女士被判赔偿泸州老窖人民币 7 万元，同时在短视频平台个人账号发布道歉，并置顶一个月。

（二）品牌对消费者的作用

1. 降低搜寻成本

消费者在购买产品时，一般会对同类产品的性能、用途、质量和价格等加以比较，然后做出选择。在这个过程中，消费者需要大量信息，包括外部信息（如广告），以及内部信息（即记忆）。搜寻外部信息是一件耗时耗力的事情，最简单的途径是直接从大脑记忆中提取相关信息，品牌就是记忆中的那个亮点。

2. 降低购买风险

消费者购买商品存在潜在风险。虽然消费者不会因为存在风险而不去购买和使用商品，但是都有趋利避害的本能，会尽可能地减少购买高风险的产品或将风险降到最低。降低购买风险的手段有很多，选择信誉良好的品牌或者重复购买同一品牌，是消费者常用的策略。

3. 展示自我

在现代消费社会，消费者不再只是根据产品的功能作出选择，还要根据品牌的象征意义和个性品位来寻找某种感觉，体验某种意境，追求某种意义，从而积极地展示自己。品牌常常被视作建立和维护购买者社会地位和身份的象征性资源。例如，通过“万宝路”香烟来展示阳刚之气；“阿玛尼”代表着品质与优雅；“劳斯莱斯”则是尊贵与典雅的化身。

（三）品牌对竞争者的作用

首先，从竞争的角度来看，企业可采用“品牌补缺”战略占领一部分市场，使竞争者无法超越，进而获取利润。因为无论品牌系统或产品组合多深多广，都很难满足所有消费者的所有需求，所以没有饱和的市场，只有未被发现的市场。其次，在竞争日益激烈的市场上，企业可以不间断地推出更具有竞争力和特色的产品来对其他品牌进行反击，比如说利用打假活动、产品质量鉴定等方式，赢得品牌的专业性和权威性，以提高销售额。最后，因为开发市场是多种因素的组合，品牌也许不是万能的，有些企业可不做品牌而做销售。例如：消费者对某些产品购买介入程度不深，对产品品牌抱着一种无所谓的态度，也就是说他们对某类产品的品牌不敏感，而可能是价格敏感者，或从众者，或质量和功能敏感者。因此，企业只要抓住一点或几点，就可以吸引一部分消费者。

第三节

品牌的类别

一、按影响力分类

按品牌被认知的广度和影响力的大小，可以划分为地区品牌、国家品牌、国际品牌、全球品牌。

1. 地区品牌

地区品牌指凡是被某一特定地区范围内的公众认知的品牌，其影响力和辐射力也只限于某一地区，像深圳的活力宝饮料、特美思香烟，湖北的行吟阁啤酒等均属于这一类。这些品牌在当地及邻近的区域拥有相当大的市场销售额，地区范围内知名度较高、美誉度极好，但是一旦离开这一地区，可能知名度接近于零，更谈不上美誉度，其品牌范围有一个非常明显的地理边界。地区品牌是具有危机性的，因为市场竞争如逆水行舟，不进则退。市场是流动的，如果不主动出击，其他品牌就会前来侵犯，尤其是在国家品牌、国际品牌的强大压力下，要想坐享小国寡民式的安稳是不可能的。以杭州冷饮市场为例，20 世纪 90 年代初，位居杭州地区名牌霸主的“五丰”“裕康”两大品牌，就受到了来自上海、广东、江苏等省市如“美登高”诸多名牌的挑战。一般认为冷饮保质期短、运输要求高、利润微薄，跨地域竞争不会太激烈，但当今冷饮市场已经开始大量跨区域竞争，其他市场竞争的激烈程度和地区品牌所受压力可想而知。

2. 国家品牌

国家品牌是指被本国公众认知的品牌，它们一般畅销本国，有大规模的、持续性的广告投入支持，市场占有率较高，消费者对它们的熟悉度也较高。与地区品牌相比，其竞争力要强得多，销售市场要大得多。像长虹彩电、新飞冰箱、小天鹅洗衣机、茅台酒等均属于此类，这些品牌均获得过国家级甚至国际评比的大奖，通常在中央一级媒体进行宣传推广，在国内的知名度和美誉度很高，产品覆盖全国，有一定的出口量，但主要市场在国内。

在国际贸易壁垒森严的条件下，国家对民族工业采取了保护政策，国家品牌因而显得稳定而从容。然而，目前中国处于全面开放的市场经济环境中，尤其是加入世界贸易组织后，质优价低、科技含量高、服务完善、信誉卓越、实力雄厚的国际品牌大量涌入，这对我国民族品牌的冲击是不可低估的。因而作为国家品牌的民族产品更要积极主动，发挥本土优势，与国际品牌抗衡。所有市场的发展证明，民族品牌一般都能获得当地最大的市场份额。原因是国际品牌在外国市场发展，必须要进行本土化的营运。如英国的零售之王——马狮百货，在英国国内一直经营很好，其国际化发展就不及国内发展，关键因素是地理位置的限制。而国家品牌在本土化方面具有天然的优势，我国彩电行业的竞争就是国家品牌成功发展的例子。

3. 国际品牌

国际品牌是被世界公众广泛认知的品牌，像万宝路、IBM 等都属于这一类。目前国际品牌几乎被发达国家所垄断，尤其是美国、日本、法国、英国、意大利、瑞士等少数国家，其国际品牌风靡全世界，为他们带来了滚滚财源，同时也大大增强了这些国家的国际地位。

4. 全球品牌

全球品牌与国际品牌的概念容易混淆，两者的区别主要在两个方面。首先在营销组合的使用方面，全球品牌要比国际品牌的标准化程度更高，国际品牌的范围包括那些在某一地区内是标准化的品牌（但是在地区间存在差别），以及那些在参与竞争的每个市场上都各不相同的品牌。其次是在销售地分布方面，全球品牌要比国际品牌来得广。全球品牌具有较高的国际知名度，享有很高的国际信誉度，具有强大的竞争优势和巨大的经济价值，它一般在战略意图和内在品质上具有鲜明的品牌本质、特征和价值观；使用相同的产品，其服务也基本相同。如麦当劳就用统一的产品、形象、理念、文化和服务，在世界众多国家传播"清洁、方便、美味、家庭氛围"等消费文化。全球性品牌在全球各地广为分布，从某种意义上可称之为"无国籍品牌"，以可口可乐公司为例，其产品畅销全球 150 多个国家和地区，在全世界建有 1200 多家瓶装厂，每天出售 2 亿多瓶饮料。

从严格意义上来说，真正的名牌应该是国际品牌和全球品牌。因为市场经济高度开放，在经济日益全球化发展的当代，市场竞争是没有国界的。品牌有它的原产地、原产国，但是品牌运行的舞台是国际性和全球性的。可口可乐是美国的品牌，但可口可乐饮料几乎风行世界上一切实行市场经济的国家和地区；索尼、松下是日本的品牌，但索尼电器、松下电器在美国、欧洲、亚洲甚至是非洲都占领了相当的市场份额。

品牌的发展是一个长期的过程，某一品牌总是先在某一特定区域的竞争中成为地区品牌，然后拓展到全国，成为全国品牌，接着才有可能到国际市场上竞争，竞争获胜之后发展为国际品牌。全球品牌是品牌理想的最高境界，其形成也必须经历前面的发展过程。因而，从这个角度看，任何一种类型的品牌都有其存在的价值。

二、按市场地位分类

按照品牌产品在市场上的地位，可以将品牌划分为领导型品牌、挑战型品牌、追随型品牌和补缺型品牌。

1. 领导型品牌

领导型品牌是指大部分行业都有的一个该行业公认的品牌，该品牌产品在其行业市场中占有最大的市场份额。不论是否受到赞赏或尊重，其他品牌都会承认它的统治地位。它是竞争对手的众矢之的，竞争者或向其挑战、或模仿、或避免与之竞争。例如可口可乐、麦当劳、万宝路、柯达等品牌就属于市场领导者。这些市场领导者的产生不全是靠密集式的广告，或是产品的优异性能和特别好记的名字。造就领导品牌的真正原因应该是评价较高的质量，也就是顾客所认定的价值，而不是产品本身的质量。由于品牌价值源于消费者的认知，所以建立品牌形象是晋升及保持市场领导地位的最重要的手段。一旦成为市场领导者，市场威力就会伴随而来，包括与渠道的谈判优势及消费者对产品质量自然的认同等。

市场领导型品牌通常享有较高的利润空间。在传统的经济体系下，低价位的产品一向依赖于较高的销售量。然而，作为强势品牌的领导型品牌却仍能在削价竞争中保持领导地位。美国做了一项调查表明，市场领导型品牌的平均获利率为第二品牌的4倍，而在英国更高达6倍。同时，遇到市场不景气或价格战时，领导型品牌通常能表现出较大的活力。因为一旦成为领导型品牌之后，就能实现高销售量，自然就有经济规模。

2. 挑战型品牌

挑战型品牌指在行业市场中名列第二、三位或名次更低的品牌。如百事可乐、高露洁、宝马等。这类品牌可向领导型品牌发起猛烈攻击，争取更大的市场份额，或维持原状，避免引起争端。大多数挑战型品牌的竞争旨在扩大市场占有率，而要实现这一目标必须选择竞争对手作为攻击对象。它们一般可以选择以下三种不同的攻击目标：领导型品牌、同类的品牌和小规模的品牌。挑战型品牌可以利用既有品牌的知名度与分销、生产和管理等方面的优势打入相关产品市场，与这几类品牌进行竞争。

3. 追随型品牌

追随型品牌指那些尽可能在各个细分市场和市场营销组合领域里模仿领导型品牌的品牌，采用此种策略的追随型品牌具有一定的寄生性，因为它们很少刺激市场，主要依赖领导型品牌经营者的投资而生存。它们是挑战型品牌攻击的主要目标之一，因此必须保持低廉的制造成本、优良的产品质量和周全的服务，来保持或提高自己的竞争优势。

4. 补缺型品牌

补缺型品牌指基本上没有什么知名度，专门为某部分市场服务的品牌。它们多由小企业经营，专营被大型品牌忽略或不屑一顾的业务。在市场竞争中，对此类型的品牌而言，最重要的就是选择小生产市场和实现专业化的经营。

三、按生命周期分类

按照品牌产品的生命周期来划分，可以将品牌分为新品牌、上升品牌、领导品牌和衰退品牌。

产品的生命周期指特定产品的市场寿命，以及相应的市场表现。生产厂商所面临的普遍压力就是产品的生产周期，即一个新产品演变成普通产品的过程。飞速发展的技术不仅刺激消费者需求，而且也引诱着竞争厂商之间的相互模仿，在这样的环境中，生产厂商再也不能高枕无忧地依赖于产品的至尊地位，这样，单个产品及品牌只能有短暂的，而非无限的生命周期。

1. 新品牌

新品牌是指处于市场导入期的品牌，即刚刚进入市场，消费者对其认知较薄弱，还没有占据市场份额的品牌。对于此类品牌，从诞生之日起，生产、销售厂商一般都采取强化营销战略，力图使品牌有活力地发展，争取获得越来越多的市场份额。处于此发展周期的新品牌，应当树立行业正宗产品的市场形象，只有这样，才能在打开新品牌的知名度后获得消费者的认可，最后发展成领导品牌。

2. 上升品牌

上升品牌是指处于市场发展期的品牌，即该品牌已经进入市场一段时间，不论其产品活力还是消费者对其的认知程度都处于上升之中。此类品牌已经拥有相当的活力，在市场中已经占据一定份额，有一定的知名度，但是还没有完全取得消费者的认同。处于这一市场周期的品牌应当树立规模营运的品牌市场形象，加强提高品牌形象的宣传活动，以达到领导品牌的地位。

3. 领导品牌

领导品牌是指处于市场成熟期的品牌，即该品牌已经取得竞争优势，获得大部分消费者的认可，具有活力，市场份额稳定，居于该行业品牌的领导地位。品牌一旦居于领导地位，就会拥有大量的忠实消费者，只要其可以随着市场变换加以调整，并能跟得上社会变化，其品牌地位一般可以维持相当长的时期。然而，此类品牌虽然已经取得了消费者的认可及尊重，但是仍然应该加强营销推广，应有计划地导入新商品，以求品牌的活化性，适应消费者的偏好。因而在这一市场周期，应当树立特定细分市场的领先品牌形象，并以活动来加强品牌力。

4. 衰退品牌

衰退品牌是指处于市场衰退期的品牌，即该品牌开始老化，逐渐失去活力，其产品质量开始缩减，市场开始萎缩。因为市场环境的变化，既有品牌已经不适合新的市场环境，厂商一般将重点放在开发新市场上，往往以新品牌来取代原有品牌，重新开始新品牌的资产创造工作。处于此市场周期的品牌厂商，还可以采取以下三种策略：一是通过对该品牌产品的革新改进来避免此种商品市场利润的下滑；二是尽全力开拓新市场，开发出能带来新利润的新产品，并将已经获得的品牌优势转移到这些新的领域；三是采取规模经济，降低成本，增加该品牌产品的销售量，从而提高其营销的整体效果。

拓展案例

登上行业细分 TOP1，这些新锐品牌是如何实现从 0 到 1 的？

初创品牌能不能快速地打响市场，赛道的选择很重要。头部的企业在大赛道的聚拢效应愈发的明显。如果产品没有差异化，没有创新，没有渠道能力，要胜出是非常难的。但从大的赛道中开辟细分赛道，找到消费者尚未被满足的需求填补市场空白，却有很多的机会。

比如新锐内衣品牌“Ubras”，就发现随着女性自我意识的崛起，越来越多的年轻女性对内衣的需求已不满足于好不好看，而是越来越在意自己的身体以及内心的感受，于是无钢圈的内衣成为了消费的一大趋势。但问题是在没有试穿的情况下，她们在线上仍然很难买到适合自己尺码的文胸。于是，“Ubras”开创了无尺码内衣的新品类，解决了女性消费者购买内衣普遍存在的不舒服、网购尺码有偏差的痛点，连续三年拿下内衣品类“TOP1”，2021 年的“6·18”更是预售加购超第二名 6 倍，销售额也是第二名的 3 倍，达到了第二名到第五名的总和。

四、按生产经营环节分类

根据产品生产经营所属的环节可以将品牌分为制造商品牌和经销商（自有）品牌。

1. 制造商品牌

制造商品牌由制造商推出，并且用自己的品牌标定产品，进行销售。制造商是该品牌的所有者，像我们非常熟悉的一些品牌，如索尼、格力、长虹等都是制造商品牌。

2. 经销商（自有）品牌

经销商（自有）品牌是经销商自己创立并拥有的品牌，可以是自己商店的名字，也可以是自己独立拥有的品牌名。它包括批发商品牌和零售商品牌，但常见的是零售商品牌。目前比较著名的经销商品牌有美国的“沃尔玛”、瑞典的“宜家”、日本的“7-11便利店”等，我国有“屈臣氏”和“王府井”等。

随着产业链上竞争的不断升级，传统的制造商品牌正受到来自经销商（自有）品牌的威胁和挑战。近年来国际大型企业普遍采用经销商（自有）品牌的经营战略，通过自有品牌建设，提升企业的信誉，最终提高了企业的效益，使企业得到了更好的发展。如美国最大的零售集团沃尔玛公司拥有2万个供货商，较大的制造商有500个，它们必须按照沃尔玛公司设计的造型和包装、规定的质量要求进行生产，并印上“沃尔玛”自有品牌标记。

五、按产品数量分类

根据品牌所包容的产品数量，分为单一产品品牌与系列产品品牌。

1. 单一产品品牌

单一产品品牌是指只包容一个产品的品牌，像可口可乐、万宝路、波音飞机、海尼根啤酒等。这类品牌因其形象单纯稳定，消费者易于识别和记忆，所以容易建立起稳定的目标消费者，容易获得成功。一般企业在最初都以树立单一产品品牌为主。

2. 系列产品品牌

系列产品品牌是指一个品牌包容许多甚至是该名称公司下属的全部产品，比如“雀巢”“柯达”“娃哈哈”“维维”等。冠以雀巢品牌的产品就包括雀巢咖啡、雀巢奶粉、雀巢饼干等。系列产品品牌多由单一产品品牌发展而来，通常源于原有品牌的延伸。

六、按价值和消费层次分类

按照性质、价值和消费的层次不同，品牌可以划分为大众品牌和高档品牌。

1. 大众品牌

大众品牌是面向广大群体，以高市场占有率为特征的品牌。其特征是价格适中，但产量很高。像“麦当劳”“佐丹奴”“可口可乐”等，其价格与同行同类相比不见得高，具有一般消费公众能承受的特点，从而使企业获利甚丰。

2. 高档品牌

高档品牌是指面向少数甚至是极少数公众群体，以高定价、低产量为特征的品牌。例如劳斯莱斯汽车。这一品牌的汽车有史以来也只是生产过11万辆，一直被人们看作是身份地位的象征，所以从设计、生产到文化象征都极为讲究。再如“LV”“Prada”“Chanel”等奢侈品品牌，也都定位于少数富裕阶层。

第四节

品牌管理概述

一、品牌管理的定义

品牌管理是指管理者围绕培育品牌资产而展开的各种以消费者为核心的营销活动或相关工作的管理过程。

这一定义明确地指出以下几层含义。

第一，管理者是品牌管理的主体力量。

第二，培育品牌资产是品牌管理的目的，主要包括品牌联想、品牌知名度和品牌忠诚度三部分内容。

第三，消费者是品牌管理研究对象的核心，一切品牌管理活动都要以消费者为核心来展开。

第四，营销活动或相关工作是品牌管理的内容，其中以营销活动为主，通常包括品牌的规划、传播、提升、维系和评估等一系列工作。

第五，管理过程是品牌管理各项内容的程序步骤，通常人们将此分为计划、组织、人事、指挥、协调、报告和预算等。

二、品牌管理的流程

毫无疑问，品牌管理是一项非常复杂的系统工程，无论是在资源还是在环境等其他因素上，涉及面都相当的宽广。为此，学者们根据自己的看法提出了各种框架。以下是几个较具代表性和权威性的经典观点。

（一）凯勒的战略品牌管理流程

凯勒教授在《战略品牌管理》一书中，将战略品牌管理的流程概括为以下四个主要步骤。

1. 识别和确定品牌定位与价值

首先要清晰地理解品牌代表什么及应该如何定位。品牌定位是指“设计公司承诺或形象的行动，从而可以在目标顾客的脑海中占据独特和有价值的地位”，也就是让消费者信服该品牌的优势或者相对于竞争者的差异点，同时减少任何可能不利的劣势。品牌定位通常也规定了核心品牌联想和品牌精粹。核心品牌联想是指能最好地描述、刻画一个品牌所具有的联想子集（属性和利益）。品牌精粹被看作品牌的精髓或者核心品牌承诺，它可以用三言两语来概括品牌的关键部分及其核心品牌联想。核心品牌联想、共同点、差异点和品牌精粹可以被看作品牌的心脏和灵魂。

拓展案例

新茶饮品牌是如何实现脱颖而出的?

最近的新茶饮市场可以说是热闹非凡,“蜜雪冰城”凭借3支魔性MV成功斩获10亿+流量,成为营销圈一大吸睛案例;“沪上阿姨”再次获得嘉御基金追投的近亿元融资,引来了“沪上阿姨”将可能弯道超车的猜想;无独有偶,“喜茶”的新一轮融资也将尘埃落定,其估值高达600亿元;而“奈雪的茶”也在港交所挂牌上市,新茶饮脱颖而出的秘密是什么呢?

1. 定位差异化

差异化定位的难点是如何找到优于同行竞品、打造品牌的记忆点,让用户快速记住品牌,在注意力抢占上获得先机。以“沪上阿姨”“奈雪的茶”“书亦烧仙草”为例,看这些品牌是如何打造自己的差异化竞争的。

“沪上阿姨”。专注于为年轻用户提供现制茶饮的“沪上阿姨”,其品牌定位成功抓住了两大关键点。一是时髦,二是总部位于上海,将这两大核心关键点融入到了品牌的定位中——时髦之茶,源自沪上,赋予品牌时尚的韵味之余,更让用户将品牌与上海这样的时尚化都市联系到一起,极具辨识度。

“奈雪的茶”。以年轻用户群为品牌目标人群的“奈雪的茶”,在其他品牌以茶饮为主要发力点的时候,“奈雪的茶”采用“捆绑式”方式绑定人们的记忆点,让“一杯好茶,一口软欧包”成为品牌的记忆点,它打造的“茶+软欧包”形成了品牌的差异化竞争策略。

“书亦烧仙草”。与“奈雪的茶”主攻品方向有着异曲同工之妙的是“书亦烧仙草”。“奈雪的茶”采用的是两大产品捆绑的方式,而倡导“新鲜、健康、时尚”的“书亦烧仙草”则将产品成分特点作为自身的差异化竞争点,“半杯都是料”展现了产品的实力与区别于其他同类产品的差异点。

为了与竞品有所区别,“蜜雪冰城”将自己定位在下沉市场,主打平价产品。而“喜茶”则将用户聚焦在“灵感”上,让大众体验到喝“喜茶”是一件很酷的事情。差异化竞争除了表现在品牌的定位上,产品本身的差异化也有利于俘虏用户味觉与心智,以更纯粹味觉体验俘虏用户的心灵。

2. 产品差异化

可以说产品差异化是品牌抢占市场的核心,在这些新式茶饮品牌中,奶茶是其必不可少的单品,如何让自己品牌的奶茶产品极具辨识度,赋予产品传播力,就需要品牌在产品的创新上下足功夫。

如“沪上阿姨”,这个有着上海弄堂韵味的新式茶饮品牌,在其产品差异化营销上,可以说是具有颠覆性与创新性的。除了现煮五谷茶产品,更是将大众认可的具有健康属性的五谷杂粮(如血糯米、红豆、青稞、燕麦、芋头)融入到了自己的新式茶饮产品中,让产品足够新颖。

“奈雪的茶”将自身品牌定位为高端现制茶饮,将“现制”作为产品营销的核心,营造出高端、新鲜的体验感,让用户在体验健康茶饮之余,深化了品牌高端化的认知,也满足了当代年轻人追求的健康需求。

“书亦烧仙草”，这个四川本土品牌，在其奶茶产品中融入了清凉降火的烧仙草，让用户在享受细腻润滑口感之余，还感受到嚼奶茶的乐趣。实现烧仙草在品牌上的露出，又能作为主打产品的卖点，实现了品牌与产品特色的双重露出。

2. 规划并执行品牌营销活动

品牌营销活动的目的在于创建品牌资产，即建立消费者能够充分感知，同时能够产生强势、积极、独特的品牌联想的品牌。这种知识的构建流程取决于三个因素：①品牌要素的初始选择或者识别品牌的构成，以及如何进行组合搭配；②营销活动及营销支持方案，以及将品牌整合进去的方式方法；③通过与其他一些实体（如公司、原产国、分销渠道）相关联，从而间接产生的品牌联想。

拓展案例

聚划算×徐锦江

提到徐锦江，他的身上有很多梗。比如红帽子、白胡子的鳌拜形象，曾经被网友称为“中国的圣诞老人”。而鳌拜的名字也可以谐音为 all buy，形容“剁手党”们“买买买”时的心理非常贴切。所以，圣诞、元旦双节期间，聚划算就请到了徐锦江，将鳌拜的这些梗融在一起，拍了一支广告片“摸摸头·独占鳌头”。

在聚划算的营销语境中，鳌拜谐音的“all buy”，已经不仅仅是“买买买”的意思，而是各种美好的事物“我全都要”。再加上“鳌拜式圣诞老人”的形象，翻唱圣诞歌，非常有圣诞氛围；给打工人、“干饭人”“单身汪”、小孩子送上的“独占鳌头”祝福，也很有新年新气象的寓意。所以，聚划算的营销给人的感觉并不仅仅只有谐音梗，而是诸多“段子”集合下呈现出的让人耳目一新的玩法。

3. 评估和诠释品牌绩效

评估和诠释品牌绩效对了解品牌营销活动计划的效率非常重要。其中，品牌审计是对品牌的全面考察，它可以评价品牌的健康状况，揭示品牌资产的来源，并就改善和提升品牌资产提出建议。而品牌价值链则是测最和诠释营销绩效的有效工具，是追踪品牌价值的创造过程、更好地理解品牌营销活动支出和投资的财务效果的工具。

4. 提升和维系品牌资产

品牌资产管理活动是从广阔和多元化的视角理解品牌资产——理解品牌战略应如何反映公司所想，以及根据时间、地理位置或者细分市场进行调整，包括多品类品牌管理、品牌延伸管理、品牌的长期管理、跨越地理界线的品牌管理等。

（二）彻纳东尼的创建品牌八阶段

英国著名品牌学者莱斯利·德·彻纳东尼在《品牌制胜：从品牌展望到品牌评估》一书中，将创建品牌分为了8个阶段。

1. 品牌展望

品牌展望阶段主要考虑记下有关期望的品牌未来的标志：首先是所展望的未来，对品牌未来的环境和趋势进行预测；其次是品牌目标，明确品牌所要达到的目标；最后是品牌的价值观，确定哪些信念是可以加强和支持品牌价值观的。

2. 组织文化

一个品牌可以通过一种特定的职员行为方式来实现其竞争优势的方法，而这种职员行为方式是与作为组织文化特征的价值观相联系的。组织文化能够作为一种“粘合剂”将各地区的职员凝聚起来，行动一致。它激励职员，并通过一致的职员行动帮助产生一种品牌稳定感。最终，强大的组织文化能够提高股东对品牌的信任水平，因而提高表现水平。

3. 品牌目标

品牌展望需要转化为扩展的而又现实的品牌目标，这些目标需要给予职员一个清晰的目标，并应该提供此品牌需要取得什么成就的理念。其又分短期目标和长期目标两种，长期目标指导短期目标。

4. 审查品牌环境

本阶段的目的是确定可能促使品牌路线向其目标发展的关键因素，并确定品牌在哪里会面临最大的挑战，其中主要审查 5 个环境因素：公司、分销商、顾客、竞争者和宏观环境。这次的审查结果可能会迫使品牌团队重新考虑品牌目标甚至品牌展望。

5. 品牌本质

在本阶段，管理团队需要定义品牌的中心特征，通过一个以区分属性作为开始的阶梯程序来定义出那些体现品牌的理性收益、感情回报、价值观和个性特征。这样将澄清思想，认明品牌应如何定位、个性隐喻将如何帮助人们认识到品牌的价值观。

6. 内部实施手段

本阶段的关键问题是决定系统的类型：从机械主义角度进行的考虑，能使品牌团队考虑价值链的细节，以便利用核心技能；从人文主义角度的考虑可能会探讨职工价值观、他们被授权的程度、他们与其他资金持有者建立的关系。

7. 寻找品牌资源

这一阶段我们需要弄清楚诸如品牌命名、传播媒介选择和质量等问题。品牌原子模型由用来表现品牌本质的 8 个元素组成：特色名称、所有权符号、功能能力、服务元素、降低风险元素、法律保护、速记符号和象征特征。

8. 品牌评估

品牌是多维的实体，因此也需要多维的指标进行评估，这些指标又被分为内部评估和外部评估两大板块。根据这些标准调整品牌，品牌团队就能够更好地发现品牌不足的地方，并做出能够强化品牌的调整。

（三）戴维斯的品牌资产管理框架

美国著名品牌学者斯科特·戴维斯在《品牌资产管理》一书中，从资产的角度出发去考虑品牌的管理途径。他将品牌资产化管理的整个过程分为 4 个阶段，共计 11 个步骤。

第一阶段：制定品牌愿景。首先要明确品牌能为企业带来的战略目标和财务目标。

第一步：品牌愿景的要素。

从战略的角度看，制定品牌愿景具有三方面的作用：①促使管理者在长期发展战略方面达成共识，并对增长点进行监控；②指明探讨研究的方向；③向所有利益相关者阐明企业为品牌所创建的最终目标。因此品牌愿景应该包括以下陈述：品牌含义、目标受众、品牌优势点、品牌的财务和战略目标，并且品牌愿景必须与企业战略和企业愿景完全结合。

第二阶段：描绘品牌图景。这一阶段的目的是在竞争和机遇并存的大环境下，了解消费者对我们品牌的看法和认知。

第二步：确立品牌形象。

品牌形象包括品牌的利益联想和“角色”（即品牌个性），它是顾客与品牌之间的利益关联点，是品牌在顾客眼中所具备的特征和个性。确定品牌形象有助于我们清楚地认识品牌在市场领域中的象征意义以及顾客对品牌价值的认知程度。

第三步：制定品牌契约。

品牌承诺是企业对消费者作出的承诺，以及消费者对这些承诺的认知程度，它的目的在于最大限度地获得顾客的满意和认同。良性的品牌契约必须讲求诚信，否则将会失去所有顾客的信任。

第四步：建立基于品牌的顾客模型。

通过顾客模型，企业可以清晰地了解到顾客从思考到行动、从产生购买意识到作出购买决定的整个过程；同时它也让我们认识到品牌成长的机会和障碍。尤为重要的是，它提供了顾客做出购买决策时自己习惯依据的特殊购买标准。另外，顾客模型也显示了顾客对品牌、行业和竞争的看法。

拓展案例

康师傅绿茶×易烊千玺：心中有风景，脚下就没有难走的路

康师傅绿茶携手品牌代言人易烊千玺推出新宣传广告片。短片以“心有活力 眼中有光”为主题，通过易烊千玺的演绎来鼓励年轻人勇往直前，跟随自己的节奏并坚持认定的道路，不停奔赴心中向往的热爱。

“康师傅”借助代言人来传递品牌主张，同时也巧妙地关联并释放产品原材料“高山云雾茶”来自海拔800米以上，历经雨雾与阳光变得饱含活力。在天然健康属性的基础上又为产品赋予了内涵，使产品更具传播力，去感染更多的年轻用户群体。

第三阶段：制定品牌资产管理战略。这一阶段的目的在于立足品牌制定正确的战略目标。

第五步：为了成功而定位品牌。

品牌定位实际上是品牌在顾客心中所处的地位。它是对一个目标市场所确定的品牌差异点以及利益卖点，包括三部分基本内容：①对希望进军的目标市场定义；②对所在业务范围或参与竞争的行业或产品类别的定义；③对品牌差异点和关键利益的陈述。通常可以使用以下形式表示：在（目标市场），×品牌是（业务范围定义），提供给顾客（陈述差异点和关键利益）。

第六步：延伸品牌。

确定品牌定位后，应该开始考虑品牌界限及品牌拓展的范围。由此可以发现品牌的潜力，并且判断品牌愿景里所建立的增长目标是否遥不可及。品牌拓展必须要致力于以下几点：①最大限度地提升品牌价值；②使目前的客户保持满足愉悦；③为逐渐发展的顾客群提供更多的机会和利益。

第七步：宣传品牌定位。

品牌定位宣传涉及的是选择怎样的信息传播组合工具，最大限度地发挥企业达成既定目标的潜能。

第八步：利用品牌实现渠道影响最大化。

最大限度地强化品牌能够提升企业的渠道地位。品牌越强势，企业控制渠道的能力就越大，而受制于渠道的可能性也越小。

第九步：溢价定价。

溢价定价是以品牌为基础的定价，它是相对于竞争对手而言品牌所得到的溢价。品牌忠诚度激发消费者愿意支付溢价。通常，市场认为这样一种战略不仅是可接受的而且是值得期待的。当然，实际情况还得看具体的品牌定位和品牌形象。

第四阶段：支持品牌资产管理的文化。这一阶段的目的是决定如何使企业重整品牌资产以及确定所施行的战略是可执行和可测量的。

第十步：衡量品牌投资回报。

不能测量就无法管理，品牌投资可以从定性和定量两个角度进行衡量。定性角度建立在与品牌相关联的市场感知和购买行为基础上，而定量角度建立在财务和市场的基础上。

第十一步：建立基于品牌的文化。

如果缺乏深入的以品牌为基础的文化，企业对品牌的期望就会受到限制。强势的品牌文化会影响每个职能领域的员工和高层管理者、内部沟通以及薪酬评估体系。建立强势品牌资产管理文化最关键的因素是持续性，它需要高级管理者的领导、员工的参与和激励以及内部沟通和培训。

拓展案例

华为的设计管理是怎么做的？

华为的寓意是“中华有为”。作为一家尤其注重企业文化的公司，早在1998年正式颁布的企业管理制度《华为基本法》中，华为便正式明确了“以客户为中心，以奋斗者为本”的企业文化，并将“成就客户、艰苦奋斗、自我批判、开放进取、至诚守信、团队合作”作为企业的核心价值观。秉持着上述理念，华为一直视创新为企业的核心驱动力，并随着企业国际化进程与消费者业务的开拓，经历了从技术创新驱动到设计创新驱动的发展过程。从华为品牌管理与营销策略上，可以很明显地看到这一变化。

华为在IT领域主要围绕云化进行多维度的自主创新，目标并不是做一个封闭的体系，而是旨在建立一个全球化的开放、务实、共赢的生态系统。此外，华为还有意以中国古代神话中的各类上古“神兽”为自主研发的国产芯片和操作系统命名，如麒麟、鸿鹄、鲲鹏等，并将首个5G操作系统取名为“鸿蒙”，这都成为“中华有为”的具体体现。

三、品牌管理的组织模式

品牌管理组织是实现品牌价值维护和提升的基本保障。为了合理配置企业的各种资源，提升企业各类品牌管理资源的累积效应，确保企业品牌战略的实施，企业管理者必须做好品牌管理组织的设计和优化工作，通过不断的变革和调整以适应企业内部和外部环境的变化，从而提升品牌的适应能力和品牌的价值。尤其是当企业采用多品牌策略时，企业应注意多种品牌之间的协调与管理，避免品牌个体力量的相互抵消。常见的品牌管理组织形式有以下几种。

（一）业主或公司经理负责制

业主或公司经理负责制是指品牌的决策活动乃至很多的组织实施活动全由业主或公司经理以及公司的高层领导负责，只有具体活动才授权下属去执行的一种高度集权的品牌管理体制。20世纪20年代以前，业主或公司经理负责制是西方企业中占主导地位的品牌管理组织形式。

业主或公司经理负责制的最大优点是决策迅速，协调能力强，同时，可以注入业主的企业家精神，从而为品牌发展提供强大的策动力。它一般适宜产品和品牌比较少且规模不大的企业。例如，海恩斯为了创立“Heinz”这一品牌，将大部分时间花在了产品的改进和重大促销活动的策划上。而可口可乐公司的业主和总经理凯恩德勒，从1891年到1916年，用一种近乎宗教般的激情建造全国性的分销网络，并亲身参与选择广告代理商等活动。

当企业的业务很多，或同一业务下已有多个品牌时，这种组织方式就会显现其弱点。这时，适当的分权或发展新的品牌管理组织形式则成为必然的趋势。

（二）职能管理制

职能管理制是指在企业统一领导协调下，品牌管理职责主要由公司各职能部门分担的品牌管理制度。这一制度在20世纪20—50年代的西方比较盛行，至今也仍被一些西方企业所采用。

职能管理制的主要优点是：由受过专门训练的专业管理人员负责对品牌的管理，一方面可使企业领导摆脱很多具体事务的纠缠，集中精力思考和解决企业发展中的重大问题；另一方面也可使品牌管理由传统的直觉与经验型管理转向以知识为基础的科学管理，从而提高管理水平。

在职能管理制度下，政策和计划不是由一人而是由一群主管人员共同参与制定的。这一制度所强调的价值观念是主管人员之间的相互合作，旨在充分运用各种职能部门专业人员的知识和技巧。但职能制最为突出的缺点有两个：一是职能部门之间如何有效沟通与协调；二是当公司拥有多个品牌，尤其是拥有多个类似的产品或品牌时，应当由谁对每个品牌的发展负主要责任？1926年，宝洁公司推出“佳美”肥皂时，公司的一些经理人员已经开始意识到将经营决策权集中到单个品牌上和对原有的“职能制”加以改进或改造的必要性。当时，“佳美”商标主要是针对“力士”等竞争品牌推出来的，但公司的高层认为，“佳美”的广告具有太多的“象牙（宝洁的著名肥皂品牌）”思维色彩，以致它在争夺竞争品牌领地的同时，也蚕食了“象牙”的市场。于是，公司决定为“佳美”物色一位新的广告代理商，发展一套完全不同于“象牙”商标的广告策略。宝洁公司的这一做法虽然在当时并未对其他公司产生影响，但实际上已孕育着下述的品牌经理制的胚胎。

（三）品牌经理制

品牌经理制是指公司为每一品牌的产品或产品线配备一名具有高度组织能力的经理，使他对该品牌的产品开发（包括产品概念、价格与成本、材料要求、包装要求、上市时间等）、产品销售额、产品毛利率全部负责，并由他来具体协调产品开发部门、生产部门以及销售部门的工作，负责品牌管理的全过程。

品牌经理制被认为是由宝洁公司首创的。在美国，到 1967 年，84% 的主要耐用品生产企业都已采用了品牌经理制。从某种意义上讲，品牌经理制融合了业主负责制和职能管理制各自的长处，又在很大程度上摒弃了它们的局限与不足。首先，品牌经理制使品牌的重心由公司层次转向每一具体的品牌，当企业品牌数目比较多时，品牌经理制减少了营销经理的协调任务并加强了品牌运作的全局性。其次，品牌经理制能使品牌定位目标更容易实现，有助于品牌的个性化，又避免出现职能管理制下办事拖拉的现象。再次，品牌经理制使企业对市场需求的反应更加灵敏。但这一模式也有缺陷，主要是对品牌经理的素质要求很高；企业的多个品牌风格自成一体，使公司品牌整体形象杂乱无章，可能出现企业资源内耗的现象。在 20 世纪 70 年代，百事可乐已放弃采用这一制度。为适应环境的变化，品牌经理制本身也在不断地发展完善。比如，为了减少公司内各品牌的相互竞争，协调各品牌与零售商的关系，宝洁公司于 1987 年设置了产品类别经理这一职能。这就是第四类品牌管理组织模式。

（四）品类经理制度

品类经理制度是品牌经理制度的演变，通常被称为品类管理。其特点为依据不同类别或性质的产品分别设置管理部门，目的在于减轻由于品牌过多产生的内部矛盾，提高资源的有效利用及管理效率，同时也是为了适应经销渠道及零售渠道对同类别产品采购的要求。在这一制度下，品牌经理对品类经理负责，品类经理对整个产品线负责，这使得产品种类管理更加完整、协调，并能更好地联结新的零售商“种类采购”系统。但各个品类之间可能存在缺乏整合、企业整体品牌形象不统一的问题。

（五）品牌事业部制组织

品牌事业部制组织将各品牌或品类扩大成不同的事业部，完全独立核算，对利润指标负责。总部可按此结构建立成本中心、利润中心、管理中心的组织体制，事业部属于利润中心，工厂属于成本中心，总部属于管理中心，这样就建立了反应灵活的组织结构。实行品牌事业部组织形式的公司，各事业部对本部门盈利负责，并直接建立各地的销售组织，不再实行统一的办事处机构。

在许多大型公司，还通过成立品牌管理委员会，以战略性的品牌管理部门或人员来通盘考虑品牌体系的建设。例如惠普公司就成立了品牌管理委员会，主要职责是建立品牌体系策略，确保各个事业部品牌之间的沟通与整合，委员会不再隶属于市场营销部门，而直接归属于公司的最高决策层。

总之，从品牌管理组织模式的演变历程，我们可以发现，这些组织机制都是为适应品牌发展而出现的品牌管理机制。中国目前的企业类型很多，经营水平参差不齐。采用什么样的管理机制最好，不能一概而论。机制没有绝对的优劣之分，只有最适合自己，最能有效促进品牌健康发展的机制，才是最好的机制。

本章回顾

第一节对品牌的内涵进行详细的概述。(1) 品牌的由来；(2) 品牌的定义：符号说、综合说、关系说、资产说；(3) 品牌的6层含义：品牌属性、品牌利益、品牌价值、品牌文化、品牌个性、品牌使用者；(4) 品牌、产品与商标：品牌与产品的区别、品牌与产品的联系、品牌与商标。

第二节介绍了品牌的特征与作用。(1) 品牌的特征：专有性和排他性、符号象征性、风险性和不确定性、市场竞争性、无形性、扩张性、品牌的价值属性；(2) 品牌的作用：①品牌对企业的作用，包括：区分竞争对手、提高市场占有率、获得高额溢价收益、形成法律保护资源；②品牌对消费者的作用，包括：降低搜寻成本、降低购买风险、展示自我；③品牌对竞争者的作用。

第三节将品牌按照6种不同标准进行分类，分别为：(1) 按影响力分为：地区品牌、国家品牌、国际品牌和全球品牌；(2) 按市场地位分为：领导型品牌、挑战型品牌、追随型品牌和补缺型品牌；(3) 按生命周期分为：新品牌、上升品牌、领导品牌和衰退品牌；(4) 按生产经营的环节分为：制造商品牌和经销商（自有）品牌；(5) 按产品数量分为：单一产品品牌和系列产品品牌；(6) 按价值和消费层次的分为：大众品牌和高档品牌。

第四节讲了品牌管理的含义、流程和组织模式。(1) 管理者围绕培育品牌资产而展开的各种以消费者为核心的营销活动或相关工作的管理过程称为品牌管理；(2) 详细介绍了凯勒的战略品牌管理流程、彻纳东尼的创建品牌八阶段、戴维斯的品牌资产管理框架三个管理流程；(3) 介绍了业主或公司经理负责制、职能管理制、品牌经理制、品类经理制度和品牌事业部制组织等5种常见的品牌管理组织形式。

课后思考题

1. 简述品牌的由来。

2. 谈谈你对品牌的理解。

3. 分析品牌与产品、品牌与商标的联系和区别。

4. 分析品牌的特征与作用。

5. 在品牌的经营过程中，应如何做好品牌管理工作，才能让品牌给企业带来最大效益？

6. 什么是品牌管理？选一个品牌，谈谈你对其品牌管理流程的理解。

课后案例

同仁堂推出中药咖啡，跨界营销还能这么玩！

当年轻一代消费力量崛起，使更多品牌想方设法与年轻人“玩”在一起。各类潮流营销层出不穷，不断地给年轻人制造新鲜感和惊喜感，以此达到有效触达年轻用户和实现品牌破圈的目的。特别是对于老字号品牌，它们更迫切地需要焕新品牌形象，重塑在消费者心中的品牌认知。不少老字号品牌也通过顺应当下的市场环境打造创新传播内容，成功为品牌注入了年轻活力。

如“百雀羚”借势国潮推出一系列文创联名款，将东方美学的潮流基因彻底激活，使品牌重新连接年轻用户；“五芳斋”以反套路的创意广告拉近与年轻人的情感距离，重新焕发了品牌生命力；“李宁”凭借新潮姿态持续打造时尚单品，惊艳众人，摆脱品牌在消费者心中的传统形象……

诸多年轻化营销案例给我们留下了深刻印象，而最近已有三百余年历史的同仁堂，其旗下的知嘛健康，在淘宝造物节上开设“良药苦饮”主题店，并推出名为“五味人生咖啡”新品，新奇玩法迅速吸引了大量年轻人围观打卡。主题店还荣登淘宝造物节十大神店榜单。

1. 咖啡与中药结合 制造新奇体验感

逐渐饱和的咖啡市场已经让咖啡融入大众生活，一杯传统咖啡并不稀奇，甚至咖啡＋牛奶、咖啡＋冰淇淋这样的组合也不足以对现代消费者构成很大的吸引力，但是中药＋咖啡的全新概念却是很多消费者闻所未闻的。

此次，知嘛健康将中药与咖啡进行中西结合，用“苦上加苦”的养生产品“刺激”年轻人的好奇心和味蕾，激发他们的购买欲望。这款五味人生咖啡分别有五种口味，分别是穿心莲美式、苦瓜美式、龙眼气泡美式、益母草玫瑰拿铁、竹炭黑芝麻拿铁。从名称上就能让年轻人感受到浓浓的苦味。

知嘛健康还直击年轻人的痛点，为每款产品精心设计苦味文案——有爱扎心苦、加班营业苦、年少早秃苦、母单 solo 苦、特别能吃苦。真实且扎心的生活窘境不仅能唤起年轻人的情感共鸣，将这些“苦”融入产品之中的概念也能把“喝得苦中苦，方为人上人”的品牌主张植入年轻用户心智，强化年轻人健康处世的心态。

除了打造独具特色的养生咖啡之外，知嘛健康还设置了新老中医问诊、互动咨询环节以及本草纲目装置，标签上显示的“起床困难”“熬夜成瘾”“职场内卷”“‘秃’如其来”等症状反映了当代年轻人面临的生活健康问题，让年轻人在感受新鲜有趣之外，也主动体验打卡，实现品牌与用户之间的互动。

当然，传统品牌想要刷新在年轻用户心中的认知，单靠打造产品远远不够，还需要依靠多样化传播渠道持续输出品牌文化和产品信息，才能全方位渗透用户心智，从而扩大品牌影响力，实现突围。

为了让更多人接受产品的全新概念，建立深刻的品牌印象，在线上，知嘛健康联合淘宝造物节这一超级 IP，成功锁定了年轻人聚集的主流沟通场景，并用他们喜欢的方式不断传播，激发他们的兴趣。自带流量的超级 IP 也为知嘛健康持续引流，让营销活动得到了迅速传播。

此外，知嘛健康还联合 KOL 在抖音、小红书等社交媒体上投放产品内容，在吸引年轻人注意力之余也完成了精准高效的产品“种草”。在线下，知嘛健康迎合年轻人喜欢盲盒的特征，在北京、上海的知嘛健康和同仁堂门店开设“全城 N 店盲盒免费领”活动，进一步扩展年轻消费圈层。

通过一场场年轻化的营销活动，知嘛健康的中药咖啡打破了传统医药在消费者心中的固有认知，为品牌贴上了年轻化标签。在进一步传递品牌养生理念的同时，也获得了更多年轻人的关注与认可。

2. 打造创意苦咖啡背后 蕴含着的营销逻辑

年轻一代在文化意识层面上特立独行，要想抓住他们的心，必须结合当下的潮流文化才能被年轻人记住，进而赋能品牌价值。

（1）焕新品牌形象。作为百年老字号的同仁堂，虽然已经成为家喻户晓的国民级品牌，然而这个时代随时都有新颖有趣的内容抢占大家的注意力，老字号品牌那套传统营销机制早已失灵。

知嘛健康作为同仁堂旗下的全新子品牌，将传统中医与潮流文化结合，碰撞出的火花给年轻人制造了不一样的品牌体验。并且，知嘛健康通过养生饮品与年轻人的“朋克”养生进行关联，来满足年轻人的健康消费需求。此番动作既帮助品牌笼络年轻群体，彰显品牌创新活力，又传承了同仁堂传统中医与当代健康整合的一站式精准健康生活方式，进一步提升品牌在年轻用户心中的影响力。

（2）圈粉年轻用户。面对工作、学习等压力引发的健康问题，让年轻人愈发重视健康生活理念。然而特立独行的年轻人却更加偏爱“朋克”养生，独特的养生之道更容易得到年轻人的青睐。

知嘛健康洞察年轻人的喜好，把他们喜欢的咖啡融入到中药里面，精准切中了年轻人追求新鲜和“朋克”养生的特点，一经推出便受到了许多年轻人的追捧。帮助缓解健康焦虑的养生产品可以让知嘛健康更好地走进年轻人的生活，拉近与年轻用户之间的距离，同时也形成了差异化的产品卖点，使品牌力得到大幅提升。

（3）赋予品牌社交属性。年轻人热衷在社交网络上分享有趣的内容，品牌一旦赋予产品社交属性，就能制造出热门话题，触动年轻人自主分享传播。一个老字号中药品牌跨界咖啡领域，本身就具有足够的吸引力和流量，赋予了产品话题属性。直击年轻人痛点的文案以及在线下体验店建立的趣味装置，更引发了主动实现社交传播，从而让产品变成热议话题，拉动品牌“声量”与销量的双重增长。

案例思考题

1. 同仁堂知嘛健康是如何实现老字号品牌的创新和管理的？
2. 本案例能给其他老字号品牌的经营提供什么经验或启发？

第二章

品牌定位

【学习目标】

1. 理解定位理论的定义、发展及意义；
2. 掌握消费者心智在品牌定位中的重要性；
3. 掌握品牌定位的工具、方法、原则及策略；
4. 掌握品牌定位的评估方法。

【导入案例】

新锐乳业品牌——“认养一头牛”

“认养一头牛”品牌诞生于2016年底，2018年正式入驻天猫，连续多年闯进了淘宝天猫“双11”亿元俱乐部，更在短时间内累计了全网2000万用户，成为新锐乳业的头部商家。中国的奶制品行业中已诞生了“伊利”“蒙牛”“新希望”等超级巨头，可谓强者环伺，品类众多。“认养一头牛”能够杀出重围，并快速取得不错的销量，其品牌定位的成功是赢得市场的关键。

2008年，三聚氰胺事件将整个牛奶市场拉入低潮，消费者对国产乳制品的信心陷入低谷，本土乳业品牌市场份额逐年下降，虽然经过十几年的消费者信心修复和整治，整个乳品市场已经逐渐回暖，但消费者对于安全的考虑还是购买决策中的重要一环。“认养一头牛”团队采用直播和质检报告的方式来突出产品的安全和品质。同时，观看直播的行为也能增强用户的体验感与黏性。

"认养一头牛"在2016年正式切入牛奶市场这个大赛道，在看似红海的市场中寻找蓝海。面对已经难以撼动的寡头垄断，"认养一头牛"选择了差异化道路，将自己定义为"不是一家卖牛奶的公司，只是一家替用户养牛"的公司，差异化定位使得"认养一头牛"诞生之初就具有很强的社交属性——强调与用户的紧密联系。

"认养一头牛"将自己的目标用户定位在了"90后"甚至"00后"等年轻的一代——这个群体更喜欢新生事物，更偏爱线上购买，更加注重意见领袖的意见，从线下商场超市，到全品类电商，再到精品电商、社交电商、内容电商、新零售平台等。"认养一头牛"借助互联网的全域营销避开了与巨头的硬碰硬，通过"种草"、内容电商、品牌联合推广，将"认养一头牛"打造成了活跃于牛奶界的"交际花"，让牛奶这一功能性产品开始有了社交属性。

"认养一头牛"打出"奶牛养得好，牛奶才会好"的口号，利用了其奶牛养殖优势，带给消费者"高品质牛奶"的感知，其三大品牌卖点是：更珍稀、好口感、高营养。通过"珍稀+高品质"的品牌形象、安心的情感价值、"买牛奶，不如认养一头牛"的品牌个性塑造了自己的品牌识别体系。

第一节

品牌定位原理

一、定位理论的产生与发展

品牌定位理论的产生、发展和演化始终紧紧遵循着营销历史的发展。市场营销的发展历程经过了商品导向、产品形象价值导向与市场定位导向时期，相对应地，品牌定位理论又经过了USP理论、品牌形象学说以及市场定位学说这三个重要阶段。

（一）USP理论

20世纪50年代后期，工业技术的提高和社会的经济发展促使企业生产急剧增加。和传统手工业不同，新工业化的经济发展要求更大规模的标准化商品在工厂中输出，商品之间的价格差别愈来愈小，产品同质性也愈来愈高，企业间往往面临激烈的竞争。在这个趋势下，商品本身形成的竞争优势充满挑战，营销观念也逐渐地由生产观念变为营销观念。在这个背景下，罗瑟·瑞夫斯创立了USP学说。该学说指出，公司必须向市场上的消费者宣传"独特"的销售主张，特色在于让产品区别于其他竞争对手，并创造其所无法实现的商品特色，该学说的重点有：找出该产品和品牌所独有的商品特色（Unique）；寻找真正能够打动中国消费者的营销方式（Selling）；充分发挥广告的建议功能（Proposition）。USP理论实际可以看成是品牌定位的萌芽。

（二）品牌形象理论

20世纪60年代以后，工业化提供的商品日益丰富，给人们的生活创造出了越来越多的可能性。随着人们生活水准的提升，消费者购物心态也开始转变，从强调功能实效逐渐向兼顾心理满足的过渡。消费者在关注商品特性的同时，也更加关注商品背后的企业形象与商品声誉。企业要赢得市场竞争，除了在提供具有优势的产品特征之外，还必须建立并保护自身的品牌，使自己在品牌上区隔于其竞争对手。在这一历史背景下，美国广告创意大师奥格威首次明确提出了形象（Brand Image）的基本理论，该理论要点如下：

1. 创造差异化

企业通过创造产品差异化能够给消费者带来更深刻的印象，在众多品牌中形成更优秀的形象，从而促进公司增加市场占有率，提升公司利润。

2. 通过广告为公司品牌进行长期投资

企业品牌是能够为公司创造长期收益的无形资产。利用广告加深在消费者心中的品牌印象，同时也为品牌进行长期投资。

3. 描绘品牌形象

在与同类产品没有太大质量上的区别时，竞争胜负的关键往往在于消费者对商标以及公司外在形象的印象上。所以，塑造品牌的整体形象和注重商品的具体功效特征就尤为重要。

（三）定位理论

20 世纪 70 年代，商品经济发展进一步加速，商品更加琳琅满目，而市场的增长变得相对稳定，丰富的同类商品使同业之间的竞争更加激烈。在这个背景下，1969 年，艾尔·里斯和杰克·特劳特以企业品牌传播的视角首先提出了定位的概念，从分析消费者的心智认知行为出发，提出了企业要想战胜竞争者，唯一的方法便是利用消费者心智特征，在消费者心中占领有利地位。1995 年，杰克·特劳特又与瑞维金合作，推出了著作《新定位》，强调：为适应内外部环境的激烈变化，避免丧失原有的定位，企业必须在竞争中再定位。

定位及其衍生理论对于营销界的影响一直持续至今。在互联网环境下，定位理论关于消费者心智的分析，尤其是对于人们信息过载的洞察愈加有指导意义。定位学说也被认作“有史以来对美国营销影响最大的观念”。

二、品牌定位的概念

艾尔·里斯和杰克·特劳特认为：品牌价值定位是指公司为自身的品牌价值，在社会市场上塑造的一种形象鲜明、不同于竞争者产品和品牌、满足市场消费者需求的新形象，在市场消费者心里处于一种良好的战略地位，从而引导市场消费者创造新消费。世界著名营销大师菲力普·科特勒从营销的角度出发，阐释了“定位”的概念，他给“定位”所下的定义是：企业设计出自己的产品和形象，从而在目标顾客中确定与众不同的有价值的地位。他认为定位是对公司提供的产品和形象的策划行为，目的是使它在目标消费者心中占据独特的有价值的位置。因此，销售人员必须从零开始，开发 4P，即产品（Product）、价格（Price）、渠道（Place）和促销（Promotion），以让产品销售特点真正适合其所选择的目标市场。可以说，定位及其衍生理论已成为营销的主流指导思想。

国内研究者在总结了国外品牌定位理论的基础上，也提出了品牌定位的新概念，即公司应以消费者、竞争对手以及公司本身为主体角度，以产业、中介市场等基本要素作为辅助角度，在商品、定价、销售途径、包装材料、产品售后服务质量、广告宣传等诸方面找出差异点，从而形成品牌价值的基础与核心精神内涵和价值、产品和品牌文化独特个性以及形象，以便在目标消费者心目中取得良好地位。

综上，本书对于品牌定位的定义是：品牌定位本质上是企业在处于激烈市场竞争中的一种重要并有效的差异化竞争手段，该手段要求企业对其提供的产品、市场竞争以及市场中的消费者所具有的特点进行全面研究分析，通过洞察与创新，对产品中所蕴含的功能、消费心理以及寄托在其中的文化情感等要素进行设计，从而使品牌形象获取目标消费者的认可，并成功在消费者心中植入品牌独特的价值。

三、品牌定位的意义

（一）品牌定位是企业的竞争手段

市场竞争是市场经济的基本特征。除了少数行业里的垄断寡头，大多数企业都面临着非常激烈的市场竞争，而品牌定位可以帮助企业在竞争中获得相对明显的竞争优势。准确的品牌定位有利于品牌形象的传播，同时能够让消费者更容易记住品牌特征和品牌优势，也更容易引导消费行为，从而建立品牌资产，最终有助于形成企业的竞争优势。

（二）品牌定位是需求的精准划分

对消费者的需求进行深入的调研和分析是品牌定位的核心环节，这样可以保证公司推出新品前有充分的市场基础，能更精准地把握消费需求，能提升消费者的体验感，增加消费者的满意度，以此保证新品推出的成功。在消费者发生多次购买行动后，还能使消费者和企业品牌形成一种特殊关联，从而使消费者建立起品牌的忠诚度，实现企业、产品、消费者的有机联系。

（三）品牌定位是产品信息传播的重点

美国品牌研究专家大卫·艾克和乔瑟米赛勒认为：品牌定位能突出品牌识别的焦点。品牌定位能够帮助企业确定传播的目标。企业通过品牌定位向消费者传播最能体现自身差异化的信息，从而吸引目标市场。在互联网时代，除了传统的平面纸媒与电视广告，品牌传播媒介和形式更加多元化，微博、微信、短视频等也能提供丰富的品牌推广内容。而统一的品牌定位内涵，能够整合多元化的产品信息传播内容，让消费者更容易接受企业产品的卖点，同时加深消费者对于品牌的记忆与联想。

四、品牌定位与其他定位的关系

（一）品牌定位与企业定位的关系

通常，企业会有多个层面的品牌定位设计，可以提供功能性的主张或者价值性的主张。尤其是在企业拥有多个品牌时，不同品牌需要有不同的定位来针对不同的目标市场，从而实现市场份额最大化。比如像日本的丰田汽车公司，同时拥有丰田和雷克萨斯两个品牌，分别定位于普通和高端市场。这时候，企业还需要把这些品牌定位与企业定位相统一。企业定位是把一系列关于企业的符号组合传达给消费者与公众，并让消费者与公众建立起品牌、企业以及产品之间的联想。良好的品牌定位是一个系统化的企业定位的基础，企业的品牌定位战略服务于企业定位。同时，如果企业拥有一个成功的整体定位，也会反过来保证企业的品牌定位得以实现。

（二）品牌定位和产品定位之间的关系

品牌是产品的标志。因为消费者对不同品牌会从心里产生不同的概念和联想，所以企业的产品可以和竞争对手区分开来。树立一个强势的品牌，要先在消费者心里做好产品形象背书，如果没有产品作为满足消费者需要的基本保证，那品牌就成了无源之水、无本之木。没有产品定位的支撑，品牌只能是空中楼阁。

第二节

品牌定位的工具和实施

一、品牌定位的工具选择

在品牌定位分析中，品牌定位工具使定位更为直接、精准。品牌定位的前提之一是用科学的品牌研究方法，如 3C 分析法、SWOT 分析法等，对品牌在消费者心里的实际情况作出全方位判断和分析，以便能更精准地确定品牌战略位置。

（一）3C 分析法

3C 分析法，是通过对公司所处的微观结构市场环境——消费群体（Customer）、市场竞争者（Competitor）、公司本身（Corporation）三个方向，展开全方位的市场营销扫描。营销的根本目标是“满足消费者本身的需求”。可见，消费群体分析工作大致涵盖如下几方面：消费群体的人口统计特征（包含年龄段、社会性别、职位、生活水平、教育程度等）、消费群体的性格、消费群体的生活方式、消费群体的品牌偏好和品牌忠诚度，以及消费者的消费习惯和行为模式等具体内容。竞争对手分析一般包含以下内容：公司重要对手的品牌价值、公司在竞争中所处的位置、重要竞争品牌的产品特性、竞争品牌的品牌定位和企业形象、竞争品牌的宣传策略等。企业分析主要是根据公司的品牌价值状况进行评估，大致分为：竞争品牌的传播策略、公司商品的特性、公司存在的目标市场、公司在消费者心目中的形象、公司目前的品牌宣传策略、公司目前的品牌知名度、美誉度等。

（二）SWOT 分析法

SWOT 分析法，是公司战略管理理论中最常用的分析方法工具之一，是在 20 世纪 80 时代初期由美籍旧金山高校的管理学博士韦里克所创立，它是一个通过综合考察公司内外部条件的综合影响，并作出系统评估，以便选定最优化策略的具体方法。其中，S 指内部所拥有的竞争优势（Strengths），W 指内部所具有的竞争劣势（Weaknesses），O 指公司外部环境的机会（Opportunities），T 指公司外部环境的威胁（Threats）。针对公司品牌定位目标的前期调研，SWOT 分析工具简单易用，其分析的数据相对具体化和微观化，大多聚焦于和公司品牌价值有关的具体内容。

二、品牌定位的实施

品牌定位前必须做好大量关于行业市场分析与评估的准备工作，其中运用范围最广的是 STP 基础理论。该理论于 1956 年由美国营销学家温德尔·史密斯（Wendellr Smith）首先提出。STP 理论是由细分市场、选择目标市场和品牌的具体定位三部分构成，三者之间的相互联系可以用图 2－1 表示。

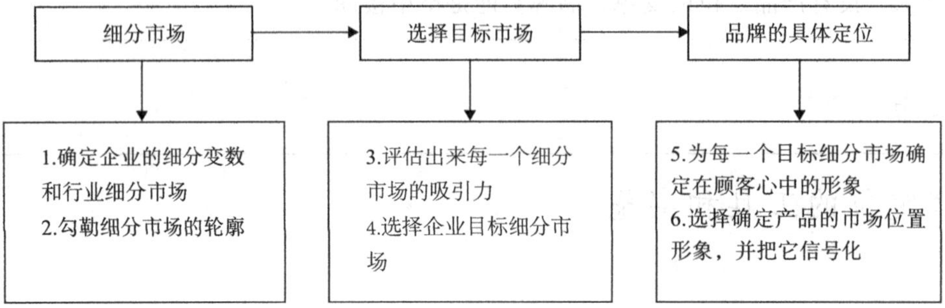

图 2－1　STP 营销理论

（一）市场细分

目标市场是企业按照某种标准，将一个整体市场的消费者划分为多个消费者群的过程。同一个消费者群可能代表了相似的消费需求，同时又能和其他的消费群体区分开来。有效的细分行业市场发展必须具备以下 4 个主要特点：一是可衡量性，指每个细分市场的购买行为能力和规模可以被评价；二是可赢利性，指企业新选定的细分市场足以使企业获利；三是可进入性，指所选定的细分市场必须与企业经营状况匹配，企业可以有绝对优势占领该市场领域；四是差异性，指“细分市场”在理论概念上可以被区别对待，并可以对不同组合的营销策略方案产生不同的影响。

（二）选择目标市场

企业应以市场细分为基础，确定自己的目标市场，即要为什么样的用户提供服务，并满足他们的需求。选择目标市场有三种策略：无差异性市场策略、差异性市场策略和市场集中性的策略。“无差异性市场策略”是指该企业将目标市场设定为整个市场，不考虑其差异性，只考虑相同的市场需求，用产品、价格或营销手段吸引更多的目标客户。“差异性市场发展策略”一般是把整个市场细分成多个子市场，针对企业不同的子市场设计有差异化的产品，并制定差异化的营销管理策略，进而满足不同消费者的需求。“市场集中性策略”是在分裂后的市场上，以专业化的生产和销售模式，选择两个或多个细分市场作为目标市场，以提高市场占有率。

（三）品牌具体定位

企业在进入目标市场之前，应对潜在市场大量的数据进行详细准确的分析，然后对预定的目标市场进行品牌宣传。品牌在进行具体的定位时，应针对确定的目标市场，对消费者的需求进行深层次的挖掘，换句话说，其定位一定要符合目标市场中消费者的特别需求，并且通过一定的渠道和方法将企业的特色和理念传递给他们。通过品牌的具体定位，可以帮助企业制定其他的品牌策略，包括品牌传播、品牌架构和品牌战略等。

第三节

品牌定位与消费者心智

一、消费者的心智特点

艾尔·里斯和杰克·特劳特从分析消费者心智模式的特点出发，认为现代消费者处于信息过载的状态，如果营销者希望广告的传播达到期望的效果，就要对于传播的信息进行选择和设计，从而使得品牌广告的有关信息能够占据消费者大脑。其中，品牌传播要尽量表达“第一”的概念，因为人们大都只对“第一”的事物感兴趣。比如我们往往记得奥运冠军的名字，但很难记住亚军及以下的人。顺丰快递之所以在消费者心中能和其他普通快递区分开来，就在于其打造了“最快的快递”的服务形象，从而获得了消费者的认可。

二、消费者心智资源

心智资源是某一事物在人们心智中经过长期积累而形成的优势认知，而且这样的认知形成后很难轻易改变。“消费者心智”是消费者对某一类别的产品或者品牌认知的总和。根据特劳特的观点，定位主要是在消费者头脑中的定位，因此，消费者的心智资源成为了既重要又稀缺的资源。消费者在进行消费决策时，会以固定的认知模式来指导自己的消费行为，执行某种默认的购买程序。品牌定位就是引导消费者如何按照内心的秩序对大脑中的品牌信息进行搜索，从而下单。

（一）关联网络记忆模型

从消费者心智的角度出发，对企业产品和品牌定位展开深入研究，并取得奠基性重要成果的是由凯勒（Kevin Lane Keller）提出的“建立客户群体的企业品牌文化资产（Customer - based Brand Equity）”定义，又称 CBBE 框架。该框架还指出，考虑到消费者的心智特征，品牌资产的核心是消费者对于产品和品牌的认知。顾客记忆中的品牌认知对顾客的购买决策具有重要意义。

凯勒首次把心理学中的“关联网络记忆模型（Associative Network Memory Model）”（见图 2 - 2）用来进行品牌资产的相关研究。凯勒指出，消费者的品牌认知由消费者记忆中有关品牌的各个节点以及对各节点的连接所形成的结构组成，这一结构称作品牌形象（Brand Image）。品牌形象也就是在消费者记忆当中对于品牌内涵或者品牌价值的各类联系。

（二）品牌联想

20 世纪 50 年代，广告大师 David MacKenzie Ogilvy 提出品牌形象时引入了品牌联想的概念。他指出，品牌形象是消费者对品牌的一种感知，通过存在于消费者头脑中的关于该品牌的各种联想反映出来，而这些品牌联想是由消费者保存在头脑中的与品牌相关的信息和品牌对消费者所具有的意义构成的。品牌联想的强度、结构是某一个品牌信息是否能够被消费者回忆，并最终影响到消费者决策和反应的主要的起决定性作用的因素。在消费者认知结构中，品牌形象以多种形式的概念和信息存在，既可以是与情感与价值观相关的品牌信息，也可以是产品功能性方面的品牌信息。既可以是有形实体的品牌信息（如商标、品牌名、口号、符号、颜色等），也可以是无形的品牌信息。

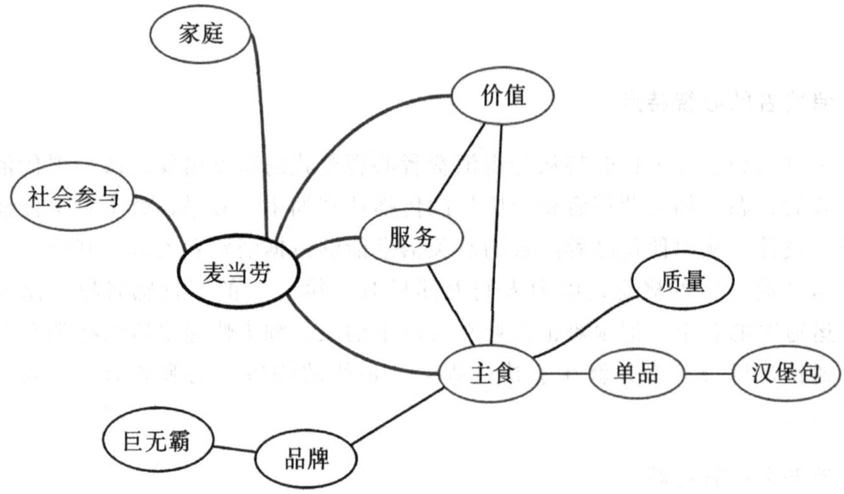

图2-2　麦当劳关联网络记忆图（Aaker，1996）

在凯勒的研究中，品牌联想被分为三类：属性联想、利益联想和态度联想。

属性联想是消费者关于产品和服务的简单联想。可以分为两大类：一是和产品相关的联想，二是产品无关的联想。前者包括消费者所追寻的、完成服务或完成产品的功能所必要的产品要素，具体而言指的是决定产品特质和表现水平的产品物理特征。后者包括价格、感觉以及体验、使用者的形象、使用情境和品牌的个性。

利益联想指的是消费者所赋予服务或产品特性的内涵和个人价值。利益联想可分三大类：象征性利益（社会认同及自尊等）、体验性利益（感官乐趣和刺激等）和功能性利益（基本需求等）相关的联想。

最抽象和最高水平的品牌联想是态度联想，它是消费者对品牌的总体评价。品牌态度和与产品有关、无关属性的联想，功能利益，经验利益以及与象征利益间均存在着相关性。

（三）品牌熟悉度

人的记忆过程分为编码—储存—提取三个处理阶段。与此类似，消费者对品牌的熟悉度由品牌回忆（Brand Recall）和品牌识别（Brand Recognition）构成。品牌回忆反映的是在当消费者面对关于产品类别以及其他线索的情境之下，能够回忆并且提取出该品牌相关信息的能力；而品牌识别反映的是消费者对那些以前与这个品牌相关的经历的识别能力。品牌熟悉度只是构建品牌资产必要但非充分的要素。消费者通过品牌联想识别特定的形象是否独特、某品牌与其他品牌是否不同。因此，品牌联想对于品牌回忆和品牌识别，即品牌在消费者心目中留下了哪些形象、这些形象对品牌资产创建的影响是负面还是正面，都有着紧密的联系。

消费者对品牌相关信息的记忆决定了消费者的品牌认知。消费者经过企业营销活动的多次刺激，包括朋友的口头推荐、企业广告等及亲身体验，从现实中感知、获取服务或产品的特定属性，并形成与自身特殊认知结构相一致的情感或信念。品牌认知的基础就是这些由感知推断出的信念或情感。最终，每当消费者受到外在刺激，联想到特定品牌的时候，那些从记忆中调出来几个显著的属性维度从而便成为品牌的表征。这些品牌的认知包括品牌信息联想关联节点的内容（Association Type）和节点的强度（Association Strength），也就是说消费者将品牌意识以及品牌知觉（品牌形象、企业形象、属性和利益、品牌个性等）不同的维度整合成品牌认知，通过大脑的关联网络-记忆模型的形式存储于消费者的大脑之中。

在消费者品牌知识结构中，品牌联想和品牌熟悉度缺一不可。品牌熟悉度决定了消费者对这些信息或概念的熟悉程度，品牌联想反映消费者从品牌联想到什么信息或概念。

综上，我们看到了消费者在进行消费决策前大脑运作的复杂度以及相应的运作规律。关于消费者心智的研究，可以让我们在进行品牌定位前，更加自信地去把握和预测消费者的心智规律。

拓展案例

"滋源"对消费者的心智占领

长期以来，我国的洗护市场被外资品牌所垄断，国产洗护品牌在市场上的占比微乎其微。直到2014年，"滋源"品牌的出现改变了这种局面。一经推出，"滋源"便在国内掀起了一阵无硅油的潮流。

近几年，越来越多的"无硅油"洗发液悄然出现，有诸如"潘婷""清扬"这样的国际品牌，也有一些不知名的新品牌，开始占据越来越多的超市货架。

转瞬间，"无硅油"洗发水成为洗护产品里的新宠，从细分概念已经足够多的洗护产品中脱颖而出，让消费者发现，原来在"柔顺、去屑、滋养"之外，还有这样的品类。

2015年中开始，"滋源"投入重金，以"洗了一辈子头发，你洗过头皮吗"为突破口，以"无硅油洗头水"为定位，凭借强大的媒体攻势，在洗护类市场上快速撕开一条口子。"滋源"后来居上，带动了整个无硅油品类的快速发展，成为护发市场的一匹大黑马。

从规律上来说，想要在品类已经非常齐全的红海市场开辟出一块全新的领地是非常困难的。广告大师叶茂中总结了一句话：不要去教育消费者的认知，而是要迎合消费者的认知。对于新品牌而言更是如此，因为"教育"用户的成本太高，并且也很难起到立竿见影的效果。

从产品利益点的角度来看，天然、无硅油、不刺激、头皮护理等都是"滋源"洗发水明显的特征。但"滋源"最终聚焦在"无硅油"这一点，是从消费者和竞争对手两个层面进行考虑的。选择无硅油作为"滋源"的聚焦点，是因为无硅油的需求以及洗护发产品升级的趋势早就存在。随着人们生活节奏不断加速，工作压力和生活压力越来越大，头发问题、脱发问题日益严重，人们开始关注洗发精中的成分，形成了"硅油会堵塞毛孔，造成脱发”的认知，而长期的认知积累形成了巨大的需求。

对于“滋源”来说，好消息是，洗护市场中的国际巨头们无法满足消费者这一新生需求，或者说短期内不愿意去满足。因为“清扬”“飘柔”“海飞丝”“潘婷”“多芬”等成熟品牌的产品都含有硅油。

中国人过去没有护发的习惯，所以国际巨头宝洁、联合利华等进入中国市场的时候，为了传播洗护二合一的利益点，推出大量含硅油的洗发水，以使头发更柔顺，这逐渐成为中国市场的主流产品。

巨头们知道消费者的认知正在改变，甚至“潘婷”和“多芬”在很久以前也推出过无硅油配方产品，只是十分低调，不敢大力推广。因为“宝洁”和“联合利华”含硅油的洗发水占据着中国日化线洗发水80%的份额，如果大力推出无硅油产品并推广，岂不是打自己的脸?

面对消费认知已改变的市场，“滋源”要做的就是抓住机会，找到方式，收获市场。

第四节

品牌定位的原则与策略

一、品牌定位的原则

（一）消费者需求导向性原则

基于消费者需求导向型的品牌定位符合一般规律。在品牌定位的过程中，对于消费者需求的把握，是重要且基础的营销工作前提。企业要充分考虑消费者有什么样的心理诉求，在功能上到情感上都找到打动消费者的突破点，在消费者心中深深地植入该品牌，并得到消费者的认可和支持。使消费者在日后的买卖经营活动中，只要有相应的需求就可以首先想起该品牌，并且进行重复购买，提高企业品牌忠诚度。然而，在品牌定位的过程中，企业应避免试图考虑并满足所有客户的所有需求，因为这样的产品是没有特色和个性的，反而达不到最开始想要的结果。

（二）价值理念差异化原则

企业应注意目标客户的需求和竞争对手的品牌定位，价值理念必须与竞争对手的区分开，突出差异化优势，同时具备创新和突破性，这样的定位才可能获取消费者的芳心。品牌可以通过差异化和个性化的产品包装、差异化的渠道、差异化的价格以及品牌传播方式等，将品牌定位特色传递给消费者，给消费者留下不一样的美好体验，从而吸引消费者更多的关注、刺激他们的购买意愿。比如，与欧莱雅等外资化妆品牌专注于传统传播渠道不同，“完美日记”利用了小红书、抖音等新兴互联网媒体，依托KOL的“种草模式”，成功在中国彩妆市场取得了较大的关注。

（三）动态调整原则

随着经济的发展，市场上出现越来越多的新产品新品牌，旧有的产品和品牌出现老化，进入生命周期的衰退期。同时，消费者的需求也随着选择过多而变化。因此，品牌定位很难一劳永逸，总是要随着市场要求的变化来调整和优化，进行定位的更新，从而保证品牌活力。当今中国的民族自尊心和自信心都有极大的提升，年轻的消费群体开始视中国品牌为民族崛起和民族文化的象征。人们越来越接受中国品牌在高端市场的定位。而对于部分外资品牌，傲慢的价格和形象引起了中国年轻人的反感，无法再赢得市场竞争。

（四）关键简明原则

企业提供的产品和服务比较多元化，同时企业希望能够满足各种类型消费者的购买需求，给他们尽可能多的购买理由。但这样往往南辕北辙，反而模糊了企业品牌定位的核心卖点，让品牌和产品的关键信息都无法进入消费者的心智。所以，向消费者传达简明关键的品牌定位理念是企业品牌定位的重要出发点。在市场细分的基础上，企业要选择目标消费者的特定需求，并且细化品牌定位。在品牌定位过程中，企业要准确地抓住一个独特的品牌主张，同时用直接明了的语言呈现或表达出来。相对于多样化难以识别和记忆的品牌定位和标语，简洁、个性的品牌定位更容易被消费者识别和选择。

二、品牌定位的策略

基于消费者的心智模型，近年来出现的品牌定位策略有数十种之多，可单独使用，也可相互组合，以达到更好效果。下面重点介绍一些常见的品牌定位策略。

（一）以产品属性为导向的定位

1. 品类定位

品类定位和消费者对于产品的概念息息相关，产品在生产的过程中有自己的价值属性，同时在消费者心目中也会形成一个新的概念。消费者基于对这个概念的认同和欣赏，才会产生购买的欲望。品类定位便是产品在消费者心中占据的位置。我们都知道茅台、五粮液、山西汾酒分别在酱香型、浓香型、清香型酒类中名列前茅——白酒主要香型的龙头位置都已被占据。这时，其他品牌在这三个品类赛道上就很难进入消费者心智，几乎不能形成有竞争力的品牌认知。洋河蓝色经典于是建立了一个新赛道，它的品牌宣传是“中国绵柔型白酒领袖品牌”。这个典型的品类定位，为自己设下了前排的位置。

2. 功效定位

消费者购买产品的动力为是获得产品的功效，即实现产品的使用价值，因此在通常的品牌定位中，主要聚焦于产品的功效作为消费者的诉求。很多产品的功效并不单一，甚至有多种功效，那么向消费者传达时到底是传达一种还是将所有效用悉数告知？根据心理学研究，人的注意力有限，不能对所有接收的信息保留印象，只能对某一个反复强调的诉求有所记忆，因此综合比较，用一个功效点反复传达给消费者比所有功效悉数告知，能够产生更加成功的品牌定位。在美国快消巨头宝洁公司旗下的品牌中，能常见这样的定位方式，如洗发水中“飘柔”的定位是“柔顺”，“海飞丝”的定位是“去头屑”，“潘婷”的定位是“健康亮泽”，香皂中的“舒肤佳”定位为“抑菌”，“佳洁士”定位为“健康专家”。

3. 档次定位

档次定位主要是人为地从质量和价格两个维度为品牌建立起区分标志。消费者通常希望购买到“物美价廉”的东西，因此质量和价格是日常消费者所重点关注的产品特征。在平时的商业市场宣传中，商家主要以强调质量好、价格便宜、物有所值来吸引消费者。而消费者也往往有“好货不便宜、便宜没好货”的基本认知，所以，品牌被划分为不同档次，暗示会给消费者带来不同的消费体验和感受。通常理解为高档次的商品即代表其具备高品质特性，往往利用高昂的价格来体现其价值，从而满足消费者自我认同的心理需求。很多占领了档次定位高地的奢侈品牌，比如“法拉利”“保时捷”“劳力士”“江诗丹顿”“香奈儿”等，给予消费者独特的精神体验，以表达“高贵、成就、完美、优雅”的形象和地位。

4. 质量价格定位

产品的质量和价格可以作为产品定位的要素。产品质量和价格通过产品的外观、制作材料、使用期限、使用感受来体现。因为消费者的需求各种各样，所以消费者对产品质量和价格的心理预期也不同，因而消费者的消费行为也不同。若产品的价格定位高于产品的价值，即高于消费者的预期，消费者通常不会选择购买，只有消费者认为产品价值与价格相当甚至高于价格时，消费者才会购买产品。产品的质量属性在出厂时往往已经固定，不易进行调整，因此调整价格是商家通常会采取的方式。如日本服装品牌“优衣库”，提供给消费者富有科技含量的服装材料，消费者却只需付出低于市场平均价格的价款。价格的制定包含着一定的原则，对消费者而言，价格低的产品通常被认为质量差，而价格比较高的产品意味着质量有保证，因而定价会反过来影响消费者的预期，从而影响消费者对于产品的体验。对于企业来说，定价还会影响到企业利润以及长期发展的潜力。所以，定价是艺术，也是战略。

5. 历史定位

历史定位是产品所在的企业将成立至今的时间作为一种身份标识建立品牌定位。一个企业存续了这么多年，一直发展壮大，说明经得起时间和市场的考验，也会有值得信任的产品质量和售后服务，因而消费者对历史悠久的品牌会更加信任，也更加愿意购买。历史定位对于消费者具有强大的说服力。同时，具有历史定位的商品对于消费者来说也能满足一定的精神需求。近年来，故宫文创产品出现了很多“现象级”的商品，尤其是口红深受女性消费者的喜爱。故宫通过挖掘包含着大量历史信息的数百万件文物藏品的价值——建筑、文物背后的历史故事等，设计出了贴近群众实际需求、深受消费者喜爱的故宫元素文创产品。“故宫文化”通过极具历史文化价值的商业载体，不仅有美学含义，还有传承传统文化的内涵。其成功的历史定位为消费者带来了非凡的消费体验。故宫文创的案例对于我们保护民族文化遗产有很好的借鉴意义。

（二）以心理需求为导向的行为

1. 消费群体定位

绘制精准的目标消费者画像，针对该目标群体制定精准的产品设计、售后服务体系以及营销推广方案，并稳定地占据相应市场份额就是消费群体定位。一个消费群体应该具备某类相似的消费特点。所以，在进行定位的时候，就要从这类群体共同的消费需求特性出发，让目标消费群体明确感受到企业为其服务的理念、提供给目标消费群体购买的理由，以获取他们的信任。在进行目标消费者画像时，可以从消费观念、社会地位、年龄结构、个性偏好等多方面进行考虑，找到的描述标签越多，目标消费者的定位越准确。以消费者群体定位的品牌还能彰显消费者的身份和地位，能够展现消费者对生活的思考和态度，和消费者达到心意相通。比如，美国运动品牌 Vans（范斯）以极限运动起家，包括滑板、冲浪、BMX、单板滑雪等。范斯以滑板运动为基础，将生活方式、艺术、音乐和街头时尚文化等注入到它的品牌美学理念中，形成别具个性的青年文化标志，从而成为年轻极限运动爱好者和潮流人士认同的国际品牌。

2. 文化价值定位

在打造品牌的过程中加入文化要素，赋予产品一定的文化内涵，可以让品牌更加具有个性化特点，使消费者在某个方面获得与产品在文化或情感上的共鸣，从而升华品牌定位的内涵，这便是文化价值定位。品牌文化定位会受到消费者价值观的影响，而消费者的价值观会受到包括社会文化、经济地位、家庭结构、个体特征等诸多因素影响。因此，文化定位所传播的内容需要符合特定群体认可的文化。名人、质量、诚信、地域、流行、企业、民族文化等都有相应的共鸣群体，消费者在选择品牌时就展现了他们的文化认可方向，包括消费者的价值取向、社会地位等，也反映了消费者的自身形象及其心理活动的需求等。这些对于企业的品牌建设来说会有较长的影响。所以，进行品牌定位的时候要注重文化价值方面的塑造，使品牌能够代表某种独特文化，用文化和价值观来影响消费群体，使他们对产品的形象更加深刻，从而获得长期可持续市场份额。

3. 生活方式定位

在今天消费升级的大背景下，越来越多的品牌开始给消费者灌输“生活方式”的概念。“生活方式”一词，最早是由心理学家阿尔弗雷德·阿德勒提出来的。他认为，生活方式是人们根据某一中心目标而安排其生活的模式，并通过活动、兴趣和意见等体现出来。所以品牌对于人们生活方式的定位本质上是对于一个人价值体系和个性特征的定位，企业应关注人们如何进行活动、兴趣是什么以及发表什么样的意见。如星巴克“第三空间生活方式”的品牌定位——家庭和工作以外的一个舒服的社交聚会场所，营造一个人们对咖啡的体验场所。同样的，以“标记我的生活”为品牌宣传口号的“小红书”APP，更是中国年轻人分享生活方式的一个代表平台。在“小红书”社区，用户通过文字、图片、视频笔记的分享，向人们展示令人向往的生活方式，从而创造了较高的商业价值。再比如，小米以“年轻人的第一件×××”为路径展开了生活方式的品牌定位，整个品牌的产品线除了手机以外，还有年轻人生活所需的各种电子产品、智能家电、办公用品、生活用品等。更进一步，小米还设计了专属于目标消费群体的精品生活电商平台“小米有品”，该平台的推广语为：小米有品生活，更好选择。一站式精品生活购物平台，致力于为您提供高品质、高颜值、高性价比、有科技感的生活消费类产品。

（三）以行业竞争为导向的定位

1. 首席定位

首席定位着眼点在于“首”，即第一，立足于追求本品牌在市场中的行业领导者地位。如广告中通常使用的“第一家”“老字号”“市场占有率”等关键词，都是首席定位运用的体现。心理学研究中发现，人们对于“第一”的印象最为深刻，如“第一次成功或失败”“第一次见到的某个人”等。为了在信息过载的今天，让品牌信息快速进入消费者内心，直接告诉消费者“自己为行业第一”是个简单直接的方法。比如“瓜子二手车直卖网”的广告语中强调：创办一年，成交量就已遥遥领先。类似的，王老吉、香飘飘奶茶也都成功在消费者心中植入行业遥遥领先的概念。

2. 加强定位

基于消费者对于购买的产品的先前定位，加强定位要求品牌塑造者加强在消费者心中的形象。这是指在品牌已经取得相对明显的竞争优势时，在消费者心目中不断强化现有形象的定位，让竞争对手没有可乘之机，以确保第一的地位。

3. 空档定位

品牌是可以被设计的。当企业在市场竞争中处于劣势状态且竞争对手十分强大时，企业可以采取另外的方式另辟蹊径。例如，美国跨国食品公司玛氏（Mars）公司在中国推出的德芙巧克力，其广告词“牛奶香浓，丝般感受”，相对于一众巧克力产品给消费者留下了丝滑的印象；露露集团开发的杏仁味“露露”饮料由于独具降血压、降血脂、补充蛋白质等多种功能，因而定位为“露露一到，众口不再难调”，同样是成功的空档定位。

4. 对比定位

对比定位是通过与市场中同类别的竞争产品进行比较，从而找到自己的市场定位。在实践中，企业找到市场中满足消费者需求的空白并非是一件容易的事情，因此可以采取求同存异的方式，争取在消费者心中留下独特的印象。通常的做法是分析竞争产品的劣势，将自己的产品的优势针对竞争对手的劣势优化提升，从而提升消费者在对比过程中选择自己的概率。

5. 比附定位

新品牌在进入市场时，常常已经有知名的品牌存在于市场中，此时可以借助这个大品牌的光让消费者注意到自己的品牌。实践中通常可以先表明自己和“第一”有所不同，再承认自己“第二”的属性，这种谦卑端正的态度往往会赢得消费者好感，增加对企业的信赖。例如，在可口可乐的地位难以撼动的情况下，七喜汽水的广告语是“七喜非可乐”，利用行业“第一”的强大认知来帮助自己的品牌在消费者心中形成新的品牌印象。这样的方法也曾经被国内乳业领军企业蒙牛公司的创始人牛根生运用到前期的推广中。蒙牛刚刚成立时，面对伊利稳居市场第一的情况，蒙牛在呼和浩特街道边竖起了几百面广告牌，上面都写着“向伊利学习，为民族工业争气，争创内蒙古乳业第二品牌”。再如内蒙古的宁城老窖，宣称是“宁城老窖——塞外茅台”。

拓展案例

打破餐饮的传统定位——超级“文和友”破圈之路

2021 年 4 月 2 日，深圳“文和友”正式开业，引发了一轮排队狂潮，当天下午预约排队的人数突破 5 万！有网友评论，一个“文和友”差不多就要顶深圳排名前十的大型购物中心的业绩。

“文和友”创始人文宾从长沙的路边摊小吃开始做起：2012 年，“文和友”老长沙龙虾馆；2014年，“文和友”老长沙大香肠；2015年，“文和友”老长沙臭豆腐……有意识地集合长沙特色美食，直到2019年，超级“文和友”诞生。这是一个7层楼的商业综合体。和千篇一律的大型购物中心不同的是，它还原了一个80年代的老长沙，包含20多家本地特色小吃店，成为了长沙本土饮食文化展览馆，并不定期开发周边产品。

在“文和友”创始人文宾的构想里，“文和友”不仅是一个餐饮店。他的梦想是“做餐饮界的迪士尼”。

“我们是做餐饮，但不是单纯做餐饮，我们还要挖掘地方市井文化。”这位梦想家在一次采访里说，“如果仅定位于餐饮，就会有业务上的局限。”

餐饮消费的三大趋势“速食化、品牌化、个性化”，“文和友”都做到了，通过B站来做精准营销也充分说明他们的粉丝就是年轻人，只要有扎实的客户基础，有人不喜欢并不重要。按照传统购物中心逻辑，商业动线要尽量清晰、明了、平整，而“文和友”反其道而行之，不追求在一个大空间里看到最多的商铺，而是通过层层递进的，激起消费者强烈的探索欲。“文和友”的场景和其他复古街区不一样，其他的只是仿古，而“文和友”的基础是城市文化、城市记忆，在复古场景里找“年轻”。在亚文化生态里有一种表达，叫做“废墟文化”或“废土文化”，这种复古与未来的冲撞感，也是“95后”的场景审美。

“文和友”除了迎合年轻一代审美的场景营造，还有落地性很强的招商团队在不断地和老店谈同步迭代（包括挖掘这些小店背后的成长故事），将业态、老店的文创价值、场景、游客和年轻人这几个要素完美契合。这时的“文和友”不仅是一个商业运营平台，还是一个内容平台。品牌赋能平台，品牌对“文和友”的黏性也会越来越强。

第五节

品牌定位评估

一、品牌定位知觉图

品牌定位知觉图是测量品牌定位是否符合企业预期的较为直观的分析工具。其方法是，先确定在品牌定位时需要考虑的重要品牌因子，即品牌特征，比如品牌可靠性、品牌形象、产品美观度、品牌知名度等。然后通过问卷调查、访谈等多种方式，收集消费者对与品牌相关的各项因子的评价信息（如各项因子评分以及因子权重）。再通过一定的数据处理步骤，将消费者对于品牌的知觉和偏好进行形象化的表述，同时利用设立的各类评价因子对品牌形象和认知进行比较。最终探索关键品牌定位问题：消费者认为哪些品牌是相同的？哪些品牌具有区别于其他品牌的属性？有没有新的市场机会？知觉图可以是多维的，但多维的需要复杂的数据处理过程，同时失去了直观判断的优势，所以，最常用的工具是二维知觉图。以汽车品牌为例，图2-3通过两个品牌因子维度（运动型/紧凑型；高档独特/低廉实用）的描述，显示了消费者对于不同品牌的汽车的感知情况。如品牌A（右上角）在消费者心中就是最偏运动型和高端独特的，而品牌E

（左下角）就是最低廉实用的品牌。如果圆圈的位置靠得比较近，则可以认为圆圈所代表的品牌对消费者在相关维度上是相近的。比如消费者认为品牌A、品牌B和品牌C都属于高端运动型汽车品牌；而品牌G和品牌F属于低端运动型品牌。紧邻的品牌存在竞争关系，形成了竞争组群。新车型进入市场时，企业通常会挑选在知觉图上没有其他竞争对手的位置进入。图中圆圈的大小可以用来表示不同竞争品牌的销售量或市场份额。

通过以上分析我们可以看出，品牌知觉图对于发现市场竞争的空白点，帮助企业发现品牌定位的新机会，以及在帮助企业准确分析目前品牌竞争的具体情况等方面，都是一个比较直观与方便的工具。

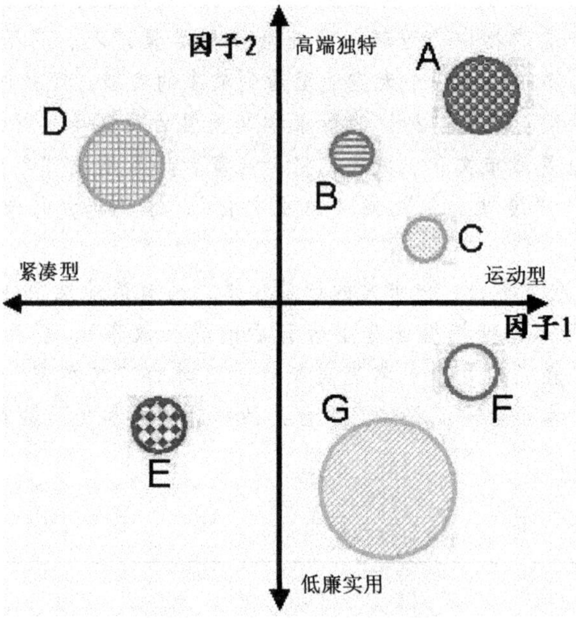

图2－3 竞争产品品牌知觉

制作知觉图的步骤：

首先，确定关键的特征因子。知觉图可以绘制成二维甚至多维的，调研的主要内容一般由调研者来决定。确定衡量品牌特征的关键因子维度，是非常关键的步骤，因为这会直接影响到知觉图的评价效果和结果。所以，需要通过对消费者进行问卷访谈、小组讨论等多种市场调查的方法去了解影响消费者购买决策的诸因素及各自的权重。

其次，确定各品牌在知觉图上的位置。调研者收集并整理消费者对各品牌关键因子的评分数据后，通过更加专业的统计方法和工具（常用的是社会科学统计软件SPSS）进行可视化处理。SPSS包含了很多市场分析的方法，其中的对应分析和多维尺度能有效支持知觉图的绘制工作。

最后，绘制知觉图并解释图中展示的市场及竞争信息。知觉图直观地显示了消费者对品牌之间特性差异的评价。在明确了自己品牌的位置以及与竞争对手的差异后，就可以确定定位的方向。这时，既要考虑品牌位置的独特性，又要注意各个细分市场的竞争激烈程度。

二、品牌定位排比图

太多的特征因子会损害品牌知觉图本身的可读性和直观性。而在现实中，影响消费者购买决策的因素有很多。且我们在设计产品特征与品牌形象时，又希望能有足够多的元素能够为我们所用。这时，我们可以借助于品牌定位排比图。品牌定位排比图，是将各评价因子按其重要性程度排列出来，在每一因子上分别比较各品牌的强弱表现，最后在此基础上确定品牌定位。

图 2－4 是用排比图表示的中秋节前后月饼市场中产品性价比的例子。其中 A、B 是两家老字号企业的产品，C、D 是现代品牌的产品。该研究者按照调研的数据，认为影响月饼评价因子的因素按照重要性排序，从高到低分别是包装、口味、价格、质量、历史、知名度、广告和服务。老字号 A 品牌的竞争力比较强，在包装、价格、质量、知名度和历史方面有优势，但在口味的多样化、服务上不如现代品牌 C；C 是 A 的强有力的竞争对手，而且在口味和服务上具有创新性；B 虽然也是老字号企业，有较强的知名度，但在包装、口味、价格、质量和服务上都不如现代品牌 C，因此要改进，注重创新和时代潮流；现代品牌 D 在各方面都表现不佳。老字号品牌 A 通过该图可以了解自己的优势，明确定位方向。老字号品牌 B 通过该图，可以着重宣传其历史和文化传统，在口味、质量上改进。

重要性（高→低）

7			D		B	C	A				包装
6				B	D	A	C				口味
5				B	C	D	A				价格
4					D	B	C	A			质量
3				D		C	B	A			历史
2						C	D	B	A		知名度
1					C	D	A	B			广告
0			B	D		A	C				服务

弱　　竞争品牌表现　　强

图 2－4　月饼市场的品牌定位

通过以上调研者的分析，可以看到品牌定位排比图简单易操作，同时可以包含多个维度的评估因素。但其局限性也比较明显。在寻找最佳定位机会时，不如知觉图那么直观。同时，如果各品牌之间的重合度比较高的话，定位排比图的准确性和理解性都会下降。

本章回顾

第一节介绍了品牌定位理论的原理。包括：(1) 定位理论的产生与发展；(2) 品牌定位的概念；(3) 品牌定位的意义。

第二节阐述了品牌定位的工具和实施。品牌定位的工具有：(1) 3C 分析法；(2) SWOT 分析法。品牌定位的实施包括：(1) 市场细分；(2) 选择目标市场；(3) 品牌具体定位。

第三节介绍了品牌定位和消费者心智的关系。包括：(1) 消费者心智特点；(2) 消费者心智资源，其中又包括关联网络记忆模型、品牌联想和品牌熟悉度。

第四节讲述品牌定位的原则和策略。品牌定位原则包括：(1) 消费者需求导向性原则；(2) 价值理念差异化原则；(3) 动态调整原则；(4) 关键简明原则。品牌定位策略包括：(1) 以产品属性为导向的定位；(2) 以心理需求为导向的定位；(3) 以行业竞争为导向的定位。

第五节介绍了品牌定位评估。包括：(1) 品牌定位知觉图；(2) 品牌定位排比图。

课后思考题

1. 简述品牌定位理论发展过程中的三个主要理论。
2. 简述品牌定位的核心概念和意义。
3. 品牌定位的工具有哪些?
4. 品牌定位的实施过程包含哪三方面?
5. 如何利用消费者心智的特点进行定位?
6. 品牌定位的策略有哪些?
7. 有哪些定位评估的方法?

课后案例

疯狂的茅台

2019 年 10 月 1 日上午 10 点，天猫正式开售 53 度飞天茅台 1499 元一瓶的销售活动，结果秒光。物美在北京分 4 天投放 8 万瓶茅台，引来上千人一大早排队。类似的故事也先后在 Costco 和苏宁易购上演。53 度飞天茅台的市场指导价 1499 元，但零售价格在年初就突破 2000 元，入秋后不少已经涨到 2300—2500 元，有些地方甚至曾接近 3000 元。在升值预期下，不少经销商囤货惜售，黄牛党们也加入进来，参与炒作。

在茅台零售价格节节攀升时，公司股价也屡创新高。2019 年 9 月最后一个交易日，贵州茅台收盘于 1150 元。总市值高达 1.44 万亿元，高居沪深两市第四位，仅列在中国工商银行、中国建设银行和中国平安三大金融企业之后。

一家烈性酒企能达到如此高度，在世界各国中是绝无仅有的。

在中国的诸多名酒中，茅台的历史其实相对比较短。虽然有人考证说，在汉武帝时期，在当时的南越国（今茅台镇所在的仁怀县一带）已开始出产酒，但茅台镇真正开始产酒，应该在明朝嘉靖年间。

新中国成立前，茅台镇真正上规模的烧房有三家，始建于同治二年（1863 年）的成义酒坊，创始人华联辉；创立于同治十二年的荣和烧房，创始人王立夫，以及成立于 1929 年后来被贵州财阀赖永初买下的恒兴酒坊。这三家烧房生产的茅台酒后来被简称为华茅、王茅和赖茅。

如果茅台仅凭这点酿酒历史，谈出身、谈祖上，谈血统，汾酒、古井贡酒、泸州老窖、五粮液们都会笑了。

汾酒是中国最古老的名酒之一。在南北朝的北齐（公元 550—577 年）时，汾酒就以名酒为世人所珍爱。据《北齐书》记载："帝在晋阳，手敕之曰：'吾饮汾清两杯，劝汝于邺酌两杯。'"到了唐朝，已有"借问酒家何处有，牧童遥指杏花村"的诗句，说明在唐朝汾酒已经声名远播，比茅台几乎早了一千年。

五粮液产于四川宜宾。宜宾出产名酒有文献可查的就有 1200 多年历史。从唐至宋的数百年间，曾出产过重碧、荔枝绿、春碧以及后来的姚子雪曲酒。目前公司有 400 多年连续使用的古窖池和由此演化来的窖池群，这点是茅台无法比拟的。

出产古井贡酒的古井集团在安徽亳县城西，素有美酒的赞誉。酒厂的古井有 1400 多年历史，从明朝万历年间起，在明清两代均被列为进献皇家的贡品，故得古井贡酒之名。

四川泸州县有产优质白酒的历史，最出名者当属泸州老窖，公司最老的窖可以上溯至明代。始建于 1573 年的老窖是我国连续使用时间最长的窖池群。建于清朝的窖池群还有一堆，这点也完胜茅台。

新中国成立以后，汾酒长时间占据行业老大。80 年代初，泸州老窖也一度是酒业头牌，其年销售额一度超过四川其他五朵"金花"之和（五粮液、郎酒、沱牌曲酒、全兴大曲、剑南春）。

汾酒在 1985 年成为全国最大的名白酒生产基地，1988—1993 年，山西汾酒连续 6 年在销售收入和经济效益连续居于首位，是名副其实的"汾老大"。

1988 年 7 月，国务院决定放开名烟名酒的价格，不再由国家统一定价，改为由酒企按市场供应，自由定价。

这个决定深刻改变了白酒行业的格局。

汾酒采取了"老百姓喝得起的名酒"策略，在价格上调后又主动降下来。泸州老窖当时的厂长王明藻提出"变名酒为民酒"的战略，不断降价以拥抱消费者。

价格战通常是扩大市场份额的利器，但这一规律并不适用于高端白酒。多少年后，当茅台和五粮液们曾先后使出"限量保价"的大招，并牢牢占据高端酒前两位时，汾酒和泸州老窖才体会到这个错误的代价。

在中国，喝酒是一件大事。价格下来了，档次也就下来了。

名酒价格放开后，五粮液成了最大的受益者。1994 年，在当时的厂长王国春的带领下，五粮液提价 3 次，晋升"白酒一哥"。1998 年，五粮液第 4 次提价后，成为当时单价最高的名酒。次年，五粮液被摆上新中国成立 50 周年庆典的宴会桌。

此后的十余年，五粮液一直是白酒之王，贵州茅台只是一个跟随者。2003 年，五粮液的年销售收入为63.3亿元，贵州茅台只有24亿元。53度飞天茅台的单瓶价格在200元左右，比五粮液便宜几十元。

在大经销商体系的框架下，五粮液后来推出了一大堆子品牌，如五粮春、金六福、五粮醇、熊猫酒等。这些中低价酒虽然有助于提高营业收入，却损害了五粮液作为高端白酒的品牌力。

反倒是茅台集中精力走高价路线，执行超级大单品战略。从2000年至今，飞天茅台先后10次提价。出厂价从每瓶218元一路上调至969元。2013—2014年，限制“三公消费”重挫高端白酒业，五粮液在价格上先上调后下调来回折腾，飞天茅台却始终坚持819元的出厂价格，并严令经销商不得随意降价销售。

光提价还不行，茅台还很会讲故事，比如离开茅台镇就造不茅台酒，赤水河神秘的微生物、生产周期长，受限于基酒产能等。总之，虽然是工业化生产的产品，但如果能增加些神秘色彩或制造短缺概念，就更容易有市场。

2005年，五粮液的营收达到63亿元，贵州茅台只有30.1亿元。但是，贵州茅台的净利润达到8.5亿元，首次超过五粮液。2006年，飞天茅台市场零售价超过经典五粮液，次年，出厂价又超过了经典五粮液。2008年，贵州茅台营收达到82.4亿元，五粮液只有79.3亿元。这是贵州茅台首次在营业收入和净利润上全面超越五粮液。

五粮液时代由此结束了，贵州茅台成为新的白酒之王，并和其他白酒企业之间距离越拉越大。

2021年6月21日，凯度BrandZ最具价值全球品牌排行榜发布，贵州茅台以1093.3亿美元的品牌价值位列第11位。相较2020年，茅台排名不仅上升了7位，品牌价值更是增长103%。

在凯度BrandZ看来，中国消费者的文化自信随着国内疫情的好转而强势崛起。白酒精妙的制造工艺正在被人们所熟知，这也助力了白酒能够凭借品质和文化传承方面的竞争力与洋酒品牌分庭抗礼，逐鹿中国市场。凯度BrandZ专家认为，中国白酒现已成为一种文化标志，代表着国人发自内心的坚定自信。茅台等白酒品牌几乎成了品牌忠诚度带来的超额利润的最好例子。

案例思考题

1. 茅台为何能成为中国白酒第一品牌？本案例中体现了茅台的哪些品牌定位策略？

2. 结合消费者需求变化的趋势，未来对于其他白酒品牌，还有哪些占领消费者心智，打造品牌定位的方法？

第三章

品牌设计

【学习目标】

1. 了解品牌的构成要素，对品牌有更深入认识；
2. 掌握品牌名称设计的分类及原则；
3. 掌握品牌标志设计的分类及原则；
4. 了解品牌理念设计的主要内容。

【导入案例】

澳门手信以文化符号赋予品牌附加价值

手信，又称为贽，是中国古代对礼品的称呼。在日常生活中，人们也更倾向于以手信所蕴含的文化体验性和象征性意义作为选择的标准，购买突出地域特色或人文价值的礼物。

文化符号是一种能够承载、表述、传达、储存某种文化信息和理念的载体。我们正处于一个符号化的世界中，并通过符号及其系统来传承文化。就手信而言，人们正是借助于在包装以及传播形态中的文化符号特征，来增强对地域文化特质的理性认知与感性体验。澳门手信业具有悠久的历史，成为人们了解澳门的名片，被誉为“能带走的澳门文化”。澳门手信在品牌形象设计、产品包装设计、专卖店（柜）设计、服务设计、广告传播形态等方面，积极融入文化符号，形成鲜明特色，对吸引消费者关注、购买，进而在市场上获得成功起到了助力作用。同时，这些品牌在包装设计、广告传播活动中与时俱进地植入大众流行文化符号；而创新地使用网络和AR互动技术也吸引了大批年轻消费者的关注，为品牌注入了新鲜的活力。澳门手信在品牌设计中充分应用了文化符号增强产品价值。

1. 品牌形象设计中的文化符号

钜记手信连续14年在澳门市场的占有率达到第一，甚至曾达到75%的市场份额，但与其他同类品牌相比，钜记品牌历史非常短，从1997年拥有第一家店铺至今也不过22年，而同类品牌很多是近百年的老字号。因此，钜记的标志在设计时注重以多重信息传达品牌的历史感。其品牌标志由文字和图形双重元素构成，中文印章形态的商号名称表达了中华文化的根源属性；一个印有钜记商号、被称为“车仔档”的售卖小车则是商号创立之初售卖形式的再现，也传达出钜记手信——澳门街头传统美食的历史形象（见图3－1）。

图3－1 钜记品牌

2. 产品包装设计中的文化符号

产品包装设计是打造手信品牌的重要环节。宝洁公司设计部门认为，出色的包装设计是创造成果品牌的关键所在，包装设计应能够承载品牌讯息以及体现品牌承诺与个性。钜记手信正是在产品包装上运用多重符号传达优良品质的信息。(1) 以手绘插画形式再现原料与制作工艺流程，并用浅棕、米黄、金黄等暖色系，呈现手工艺与质朴的农耕文化气质；(2) 在包装醒目位置展示品牌获得的奖项，发出品质保证宣言，增加消费者对产品品质的信心，如特首颁发的“澳门特别行政区旅游功绩勋章”“消费者最爱澳门美食”等；(3) 突出澳门本地代表性文化特色，在包装中充分展现大三巴、岗顶剧院、灯塔等澳门世界文化遗产形态。包装为建筑形铁罐（零钱）盒，使美食兼具旅游产品特色，成为很好的纪念品。这些文化符号印制在产品包装上，获得了游访客的认同与共鸣，并促进他们产生分享体验、赠送亲友的愿望。此外，为了吸引青少年的关注喜爱，与Hello Kitty等国际动漫合作，推出Hello Kitty特别限量包装；为强调品牌创新、拼搏、真诚服务的精神，还将创始人梁灿光推车售卖的老照片应用于产品包装侧面，让澳门本地老街坊倍感亲切。

3. 专卖店设计中的文化符号

钜记手信在店铺中设立传统“车仔档”——立体售卖小车，展现品牌草创之初的本地街头售卖风情。并在店铺中现场制作、现场售卖。高超的制作技艺及浓浓的饼香成为吸引游客光顾的要素，也成为钜记手信专卖店的独有特征。同时，为强化“正宗中国传统口味”，店铺装潢采用中国传统建筑风格，如以窗格屋檐构建专卖店空间，选用深褐色加浅黄木色作为店铺和产品包装主色调，用汉字书法作为字号招牌。

英记则凸显英记“中西文化交融”的特质，长期以动漫卡通形象Snoopy设计多款限量版包装；在大三巴附近设立

图3－2 英记饼家品牌

Snoopy 英记手信美食体验馆；结合店铺空间、产品包装设计，主打“环游世界”的旅行概念。合作形象还包括“蛋黄人”、电影《捉妖记》中的小妖胡巴等。

咀香园力求获得青少年的青睐，与本土文创品牌“澳门佳作”合作，支持品牌发展，并在澳门氹仔老城区官也街口设立澳门佳作咀香园体验店“官也墟”。不仅售卖澳门特色“熊猫梳打”纪念品，更请设计师现场绘制澳门市井风俗插画，将三层高楼的墙面包裹起来，成为“文青”“网红”打卡圣地，在自媒体上得到广泛传播。这些文化符号助力咀香园品牌成为2019网络评价最受欢迎十大手信品牌。

品牌设计是基于品牌核心价值的视觉表达。具有创新性、代表性的品牌设计不仅能够吸引人们的注意力，还能成为企业持续发展的动力。钜记手信正是把特有的文化符号赋予到品牌设计中，打造了一系列品牌形象与产品，塑造了其品牌核心价值，从而赢得消费者的青睐。

第一节

品牌的构成要素

一个完整的品牌不仅只是一个名称而已，它含有许多信息，只有将这些信息最大限度地整合起来，品牌才是完整的。品牌的构成要素主要有以下两个方面。

一、品牌构成的显性要素

品牌的显性要素是品牌外在的、具象的东西，可以直接给消费者感觉上的冲击，主要包括品牌名称、标识与图标、标记、标志字、标志色、标志包装和广告。

（一）品牌名称

品牌名称是基本的构成要素，它往往简洁地反映产品的中心内容。品牌名称不仅将产品本身的内容加以概括而且还反映企业的经营理念、价值观念和文化等。它在整个品牌中起着提纲挈领的作用，是消费者记忆品牌和传播品牌的主要依据。从某种意义上讲，它还是货真价实的标志，是一种产品品质一如既往的保证。比如当你再次使用某品牌产品时，会充满信心，因为它的品质不会变。

拓展案例

三生花——“三生有幸，天然如初”

三生花，是百雀羚集团专为年轻消费者（20—35岁）推出的文艺花草系护肤品牌。致力于发现花朵生生不息之美的奥秘，以花酿工艺提炼中国十大名花的自然花草护肤能量，赋予肌肤美丽生命力。以文艺、时尚、清新、轻复古的格调，以天然花草惠泽的低刺激性护肤理念，观照百雀羚的海派风华文化底蕴，传承1930年代海派文化，打造精致生活。围绕花草植物元素，与现代时尚风格交融，倡导“美丽在生长”天然护肤方式，以天然植物萃取精华与以花养肤的产品初衷，打造“三生有幸，天然如初”的品牌理念。

（二）标识与图标

标识与图标是品牌用以激发视觉感知的一种识别体系，它能给人以更具体、更可感的形象记忆，帮助消费者更好地识别和记忆品牌。如果说品牌名称是品牌的核心要素，那么标识与图标就是品牌建设的关键要素。

标识是表示起源、所有权或组织的一种方式。在中世纪的欧洲，贵族们在马车、餐具、家具等上面印上家族的徽章，这是一种代表所有权以及身份地位的标识。标识可分为几种，一种是文字标识，用独特的形式书写，标示公司名称和商标。例如 Coca - cala 和 Kit - at 等；一种是抽象的标识，没有具体的含义，与公司名称或者公司产品毫不相干。例如梅赛德斯的星星、劳力士的皇冠、哥伦比亚广播公司（CBS）的眼睛。这些没有文字的标识被称为图标（见图 3 - 3）。

图 3 - 3 品牌标识图

（三）标记

标记是一种特殊的图标，它往往取材于现实生活，非常具象。标记通常是通过广告推出的。在广告和包装设计中，标记起着重要作用。标记可以是某种有生命的事物，例如花花公子的兔子，可口可乐酷儿果汁饮料的酷儿精灵等，它也可以是活生生的人物，例如肯德基上校、麦当劳大叔、万宝路牛仔等。标记能给品牌带来诸多好处。由于它色彩丰富，充满想象力和趣味性，因此它能使品牌的视觉体系变得活泼生动，品牌形象变得饱满、鲜活，并且使品牌个性得以具体化。标记可向消费者充分传递产品的特性和品牌的个性，拉近品牌与消费者之间的距离。

总而言之，标识和标记都是事物本身的代表和形象宣传，两者都可以通过文字、图形等符号进行艺术呈现。但它们也有一定的区别。即品牌标识是品牌或企业名称的官方视觉表征（Schechter，1993）。作为一种大众传播符号，品牌标识通过精练的形象，借助人们的识别、联想等思维能力来传达特定信息。最初，品牌标识仅是促进品牌识别和品牌差异化的一种标记。如今，品牌标识已经成为品牌个性、品牌价值等所有品牌内涵的高度浓缩。就企业品牌而言，品牌标识向外界表明企业的身份，成为企业的视觉签名（Snyder，1993）。企业为了便于消费者辨认并区别于竞争对手而专门设计的标记，出现在商品实体和包装、商业信笺和名片、广告促销资料、企业网站甚至企业建筑物上，形成品牌的视觉资产（Lightfoot 和 Gerstman，1998）。

（四）标志字

标志字是品牌中可以读出来的文字部分，它常常是品牌的名称或企业的经营口号、广告语等。如雀巢咖啡——Nescafé 英文的含义是舒适安顿下来和依偎（见图 3－4）。

NESCAFÉ

图 3－4　雀巢品牌标志字

（五）标志色

标志色是指用以体现自我个性以区别其他产品的色彩体系。它一般选用鲜明的色彩，将欢快的情绪传达给消费者。例如柯达的黄色、可口可乐的红色、百事可乐的红蓝相间（见图 3－5）。

图 3－5　可口可乐与百事可乐的标志色

（六）标志包装

标志包装是为了便于识别，便于运输和货物交接、防止错发错运，便于仓储和海关等有关部门进行查验，也便于收货人提取货物，而在外包装上标明记号。现在很多产品的标志包装都具有产品个性，如“元气森林”。品牌名称中，“元气”首先是指能量，这种说法更具有东方传统文化的特点。所谓“元气森林”是暗示消费者这个产品是一个能量场，或者说能给消费者赋能（见图 3－6）。

图 3－6　“元气森林”包装瓶

（七）广告

广告是指向社会广大公众告知某件事情或某个事物。广告就其含义而言，有广义和狭义之分。广义广告不以营利为目的，如政府公告；狭义广告特指市场营销行为，即商业广告，它是工商企业为推销商品或提供服务，以付费方式通过媒体向消费者或用户传播商品或服务信息的手段。如“农夫山泉”广告词“我们不生产水，我们只是大自然的搬运工。天然的弱碱性水，农夫山泉”，就是在向消费者传递产品的品质。

以上的品牌要素不一定全部出现在品牌中。品牌的外在形象依赖于这些显性要素的组合，不同的组合塑造出不同的品牌形象。

二、品牌构成的隐性要素

隐性要素是品牌内涵的因素，不可以被直接感知，它存在于品牌的整个形成过程中，是品牌的精神、品牌的核心。它包括品牌承诺、品牌个性和品牌体验。

（一）品牌承诺

品牌承诺（Brand Promise），是一个品牌给消费者的所有保证。一个品牌向消费者承诺什么，反映出一个企业的经营理念。承诺的实施方是企业生产者，受方则是消费者。就消费者而言，品牌是一种保证，保证生产者始终如一地履行诺言。许多优秀品牌的产品在不断地改变，但这些品牌仍受消费者青睐，就是因为灌注在产品品牌中的经营理念、价值观、文化观始终保持不变。好的品牌承诺会使消费者在接触这个品牌时充满信心。如“麦当劳”带给顾客的理念不是简单地吃饱吃好，而是高一层次的“生产快乐”，有了这样的理念和承诺，顾客在任何时间用餐都会体验到轻松快乐的氛围。“农夫山泉”坚持“天然、健康”的品牌理念，从不使用城市自来水生产瓶装饮用水，也从不在饮用水中添加任何人工矿物质，前瞻性地在中国布局了十大稀缺的优质天然水源，奠定了为消费者长期提供天然健康服务的基础和能力，从而形成长期稳定的竞争优势。

（二）品牌个性

品牌个性是消费者所感知的品牌所体现出来的一套个性特征。用人作比喻很容易使消费者接受该品牌。就像人有人格一样，每个品牌都有它自己的“风格”，如一提到万宝路，人们就会想到阳刚、强健；而一提到维吉尼雅苗条香烟时，人们想到的则是阴柔。因此，品牌不同于商标，它不仅是一种符号，更是一种个性。大卫·爱格在《品牌经营法则》中提到品牌有五大个性要素：纯真、刺激、称职、教养和强壮。将品牌个性化会使消费者更容易接受这个品牌。

人们通常会选择自己认同的品牌，比如喜爱追求时尚的年轻人往往会选择个性化的服装品牌，而不会去选较传统的休闲品牌。企业创造了品牌的个性，而这种个性带来的相关情感暗示，会满足不同人的需求，从而更好地使品牌与消费者建立良好的关系。通常，相对于死气沉沉的产品而言，绝大多数消费者还是愿意和那些有灵性、有情感的品牌打交道。

（三）品牌体验

品牌体验（Brand experience），是消费者对品牌的具体经历和感受。Schmitt 和 Brakus（2009）指出，品牌体验是消费者被品牌设计、品牌识别、包装、沟通和环境等和品牌相关的刺激物所激发的主观的心理反应和行为反应。在品牌的形成过程中，消费者扮演了一个把关人的角色，他们对品牌的信任、满意、肯定等正面情感，能够使品牌历久不衰，而他们对品牌的厌恶、怀疑、拒绝等负面感情，必然使品牌受挫甚至夭折。使用一个品牌的主观体验不同于同类的非品牌产品。例如，人们往往能迅速在众多产品中挑选一个市场占有率高的品牌；但若给他同类两种无标识产品时，消费者就拿不定主意了。所以，品牌确实能改变人们选用产品的真实情感，这就体现了品牌的无形的价值。

Schmitt（1999）提出五个体验维度：感官体验、情感体验、思考体验、行动体验和关联体验。(1) 感官体验是创造知觉体验的感觉，诉求目标是运用视觉、听觉、嗅觉、味觉和触觉达成刺激的过程，为消费者提供美学的愉悦、兴奋与满足。例如迪士尼乐园的提供的丰富感官体验。(2) 情感体验即体现消费者内在的感觉和情绪，以唤起消费者的情感。例如：一句“孔府家酒让人想家”，引起在外游子对父母、对家乡无限的思念之情，使得顾客在品味中也感受到“想家”的亲情体验；“喝杯青酒，交个朋友”，贵州青酒的这句广告语，会让消费者在宴请宾朋的时候多一份“友情”的体验；一句“爱她，就请她吃哈根达斯！”会让消费者享受哈根达斯冰淇淋的美味时，感受到美滋滋的“爱情”体验。(3) 思考体验是引发人们的思考和想象，使消费者获得认知和解决问题的体验。如苹果公司让顾客在体验中获得解决问题的成就感。(4) 行动体验是通过影响消费者的身体感受，向消费者展示不同的做事方式、生活模式和互动方式，从而丰富消费者的生活。如洛克汽车的微型汽车组装空间。(5) 关联体验包含感官、情感、思考与行动体验等层面。关联体验超越了私人感情、人格、个性，增加了“个人体验”，而且与理想自我、他人或是文化产生关联。例如：一款瑞士名表上附上一张卡片，上面说明400年后回店里来调整闰年。其寓意是该表的寿命之长、品质之精，即便拿它当作“传家之宝”也不为过。而非一般电子表——虽有400年自动调整闰年的功能，但谁会认为电子表可以使用那么久呢？该表店以此关联的寓意来传递商品机械表比电子表有更大的价值。

不同于显性要素，隐性要素不能一蹴而就，它要在长期的品牌营销推广中逐步形成。显性要素可以由品牌拥有者完全掌握，而隐性要素则还高度依赖于品牌与消费者的互动，涉及消费者和品牌商之间的每一次互动——从最初的认识，通过选择、购买、使用，到坚持重复购买。

第二节

品牌名称设计

品牌名称是指品牌中能够读出声音的部分。它可以是企业名称，也可以是商标名称。品牌名称是品牌的核心要素，不仅是形成品牌概念的基础，也是消费者识别产品与服务的重要依据。

一、品牌名称分类

（一）内涵型

内涵型包括明喻式、隐喻式和空瓶式三种形式。

1. 明喻式品牌名称

直接使用产品的属性或功能作为名称。这种命名方式除制药行业外，其他行业很少运用，因此应用范围较小。

2. 隐喻式品牌名称

通过含蓄和暗示的手法，将产品的功能或特征表达出来的名称。对企业经营者来说，隐喻是一种非常简洁地表达经营理念的方法。如饮料品牌“红牛”，向用户传达一种活力、年轻化的生活方式。

3. 空瓶式品牌名称

品牌名称本身没有任何意义，不会让消费者产生任何联想。如阿里巴巴，初次了解它的消费者很难从这四个字的名称中联想到这个品牌是干什么的。

（二）内容型

内容型即根据名称的内容不同，将品牌名称分为商标式品牌名称、数字式品牌名称、人物式品牌名称、动物式品牌名称、植物式品牌名称、时间式品牌名称和地名式品牌名称。

1. 商标式品牌名称

商标式品牌名称是借用产品商标的名称作为品牌名称。商标式品牌名称又可分为全称式和缩写式两类。全称式品牌名称，如飞利浦电器公司的飞利浦电器。缩写式品牌名称是用商标名称的缩写来为品牌命名，基本做法是将品牌名称的每个单词首字母组合起来，如 IBM（全称为 International Business Machine）。缩写式品牌名称的特点是简单明了，但不容易记忆，因为缩写字母既未能说明企业特质，也难以使人联想到该企业的产品。

2. 数字式品牌名称

数字式品牌名称由数字或数字与文字的组合组成。它的突出优点是便于企业进行国际营销推广，因为阿拉伯数字是世界通用的。著名的数字式品牌名称，如 999 感冒灵、“香奈儿”5 号香水、7－11 便利店等。

3. 人物式品牌名称

人物式品牌名称直接以人物名字作为品牌名称。该人物有可能是品牌创始人或设计者，如戴尔电脑、福特汽车和麦当劳食品等。中国的“李宁”牌体育用品也是体操王子李宁利用自己的体育明星效应创建的体育用品品牌。人物式品牌名称可以充分利用名人效应，吸引消费者的关注和认同，容易给消费者留下深刻印象。

4. 动物式品牌名称

以动物名称作为品牌名称便于消费者记忆。著名的有“熊猫”香烟、“大白兔”奶糖等。需要注意的是，由于不同民族的风俗习惯有所不同，同一动物在不同民族文化里的象征意义也可能不同。

5. 植物式品牌名称

以植物名字作为品牌名称的有“两面针”牙膏、“苹果”电脑等。由于植物生长深受自然环境限制，不同地区的人们对植物的熟悉程度有差异、对植物的偏好也不同，因此植物不宜作为全球性品牌的名称。事实上，以植物命名的全球品牌并不多见。

6. 时间式品牌名称

以时间概念作为品牌名称的特色不够鲜明，只能用于地区性或地方性品牌，不宜用于世界性品牌。如七天连锁酒店。

7. 地名式品牌名称

以产品出产地或所在地的山川湖泊作为品牌名称的有青岛啤酒、万宝路香烟等，都是地名或地名的演变。以地名为品牌命名时要注意，地名要有特色、有知名度，还应有利于品牌的推广。

二、品牌名称设计的原则

易读、易记是品牌名称设计中最根本的原则。只有易读、易记，才能高效地发挥品牌的可识别性和传播功能。

1. 简洁明快

名字简单、好记，易于与消费者信息交流。名字越短就越有可能引起消费者的遐想，含义也越丰富。国内外许多著名品牌的名称都简洁，如华为、苹果以及奔驰等。

2. 个性独特

品牌名称应具备独特的个性，这不仅是区别其他品牌的依据，也是吸引人们注意力的有效设计。

3. 新颖别致

名称要有新鲜感、时尚感，要跟随甚至引领时代潮流，创造新概念。

4. 读音响亮

品牌名称的文字要易于发音，音韵欠佳的文字不宜用作品牌名称，朗朗上口的品牌名称才有利于使用与传播。

5. 高雅出众

品牌名称要有内涵、有气魄、有情怀，带给消费者耳目一新的感觉。

6. 启发联想

品牌名称要有一定的寓意，让消费者能从中得到积极而非消极的联想。如老凤祥（珠宝）——凤凰在消费者眼里是美好、高贵的象征（见图 3－7）。

图 3－7　老凤祥启发联想图

7. 与标志物一致

标志物是指品牌中可被识别但无法用语言表达的部分，如可口可乐的红白标志、华为的八瓣花等。标志物需要与品牌名称的文字一起考虑。当品牌名称能够支持标志物的识别功能时，品牌的整体效果得到加强。

8. 适应地域文化

品牌名称能使人产生积极的联想是因为它们符合消费者的文化背景。因此，品牌名称需要适应目标市场上广大消费者普遍接受的文化价值观念。

文化价值观念是一个综合性概念，包括风俗、信仰、文化、语言和民间禁忌等，不同地区有不同的文化价值观念。企业经营者要想开拓新市场，就需要入乡随俗，设计适应当地文化环境的品牌名称。不少国际知名品牌进入中国市场时，既保留了原品牌名称的精华，又兼顾了中国消费者的文化、生活习惯和审美心理，深具文化内涵。例如，宝洁公司将中华文化的内涵融入品牌，创出了具有中国文化风格的“飘柔”“潘婷”“海飞丝”“舒肤佳”“汰渍”“玉兰油”等好听、好记、意蕴丰富的名称；“爱立信”刚进入大中华区时，品牌名称直译为“埃瑞克森”，后采用中国营销专家的建议改用“爱立信”，被赋予了深厚的中国文化内涵，为“爱立信”这一洋品牌实现中国本土化、塑造美誉立了大功。

9. 受法律保护

企业经营者应该意识到，所设计的品牌名称要能够注册，以受到法律的保护。因此，在设计品牌名称时应该特别注意两个事项。一是该品牌名称是否有侵权的行为，企业要到有关部门查询是否已有相同或相近的名称被注册，如果有，则必须重新命名。二是应向有关部门或专家咨询该品牌名称是否在允许注册的范围之内，有的品牌名称虽然不构成侵权，但违反了商标法或其他规定，仍无法注册，难以得到法律的有效保护。

三、品牌名称设计的作用

1. 体现核心价值

品牌名称是品牌最重要的组成要素之一，它表明了品牌最核心的要素和价值。品牌名称会带给消费者品牌的整体印象和基本评价。当提到某一品牌名称时，人们对该品牌所代表的产品质量、技术、服务等就有一个概念和印象。好的品牌名称不仅是巨大的无形资产，还能给企业带来丰厚的物质回报。如“奔驰”代表性能卓越的轿车，“苹果”“华为”代表先进的移动通信技术。与此同时，品牌名称携带的信息长期影响着人们的消费行为。因此，企业经营者在品牌名称设计时应挖掘名称所代表和象征的核心价值观。

2. 体现品牌文化

品牌名称不仅是一种符号，它也反映了企业的格局修养、文化水准和对品牌寄托的希望并反映品牌的文化品位，更是一种宝贵的文化财富。好的名称更能使品牌代表的文化与价值观深深地根植在消费者心中，长此以往会影响人们的消费意愿与消费行为。如“绿箭”。当提及“绿箭”，大部分人会和“清洁牙齿、清新口气”联系在一起。“绿箭”的商标为绿色的双向箭头，颜色亮丽，造型醒目。消费者根据其品牌形象进行解码，可以获得“绿箭”健康生活、产品质量值得信赖的信息，从而产生购买欲望。

3. 体现民族文化

作为语言文字的一种独特表现形式，品牌名称具有鲜明的文化性和民族性。它扎根于民族文化的土壤，从中汲取养分，同时也能够反映一个民族的社会制度、历史传统、风俗习惯、宗教信仰。中华民族有五千多年的文明史，形成了独具特色的方块文字。因此，我国的品牌大都以汉字来命名，体现了汉民族的文化特色。作为经济发展的一种自然现象，品牌名称也能折射出特定时代的经济文化与民族心态。如期待发财致富心态的“老凤祥”“周六福”体现了人们追求吉祥、好运的心态；“华为”“中兴”等则体现了在祖国日益发展的当代，企业家们希望国家和企业能对世界产生重大影响的愿景。

第三节

品牌标志设计

图像比文字更吸引用户的注意力。品牌标志作为企业的视觉表达符号，属于企业的重要资产，长期以来，品牌标志都受到企业管理者的重视。

构成完整品牌标志的要素包括品牌标志物、标志字、标志色和标志包装等，其中，品牌标志物最为重要，它是指品牌标志中可以被识别，但不能用语言表达的视觉认识系统，即品牌标志的图形记号。品牌标志物能在消费者形成品牌认知、品牌联想、品牌偏好以及品牌忠诚度的过程中发挥润物细无声的作用。

一、品牌标志的作用

品牌标志对于强势品牌的传播具有重要作用。心理学家的研究表明：人们凭感觉接收到的外界信息中，83%的印象来自视觉，11%来自听觉，3.5%来自嗅觉，1.5%来自触觉，另有1%来自口感或味觉。标志正是品牌给消费者留下的视觉印象，在企业运营和理念传播等方面都扮演着非常重要的角色。与产品和品牌名称相比，品牌标志更容易让消费者识别。品牌标志的作用主要表现在以下几个方面。

1. 生动形象，易于识别

不识字的幼童看到麦当劳金色的“M”标志，便想到要吃汉堡包；熟悉汽车的人看到四个相叠的圆圈就知道是奥迪，看到三叉星的标志就知道是奔驰。这些简洁形象的品牌标志十分容易被识别，从而消费者在第一眼就能够彻底将其与其他品牌区分开来。

2. 引发消费者的联想

风格独特的标志能够刺激消费者产生美好的幻想，恰当地传达出品牌的定位、价值观和目标消费者的形象，使他们从中找到归属感，从而对该品牌产生良好印象。例如，汽车品牌标志汽车（PEUGEOT）的标志是一个狮子，它张牙舞爪、威风凛凛的兽中之王形象，使消费者联想到该车具备高效率、大动力的属性；星巴克“双尾鱼女神”标志，使消费者联想到异域风情和浪漫色彩。

3. 促使消费者产生喜爱的感觉

风格独特的标志能够刺激消费者产生幻想，一定程度上能促进消费者对该品牌产品产生好感。例如，QQ 的企鹅图像、康师傅方便面上的胖厨师等，这些可爱的、易记的标志能够引起消费者的兴趣，激发他们产生好感。一般来说，消费者倾向于把某种感情（喜爱或厌恶）从一种事物传递到与之相关的另一种事物上。因此，消费者对企业或品牌的标志产生的好感，往往会转移到企业或品牌上，这将有利于企业经营者开展营销活动。

4. 提高产品附加值

在品牌具有内在的高品质的前提下，优质的包装设计和品牌标志将提升顾客对品牌认知的价值。在白酒领域，“水井坊”将品牌以贴花工艺创新性地用到了包装上，再加上文物保护认证、地方购物的描绘图、“世界之星”设计大赛等附加因素的支持，构成了独特的品牌形象，从而打开了高端市场。

二、品牌标志物的分类

（一）表音品牌标志物、表形品牌标志物和图画品牌标志物

1. 表音品牌标志物

表音品牌标志物，就是表示语言音素及拼合语言的视觉化符号。大小写字母、汉字、阿拉伯数字、标点等这些常用的文字、语素或音素等都属于表音品牌标志物。

表音品牌标志物简洁明了、歧义性低，但过于普遍，个性不突出，标识能力低。因此，品牌形象塑造者要在表音标志物的构图上下功夫，使其造型新颖别致、颜色醒目。表音品牌标志物可细分为以下三种。

（1）连字品牌标志物，是由音素、字母和汉字连接而成的相对完整的词语或句子。这种品牌标志物意义明确，不易产生歧义，但标识能力较弱，难以给人留下深刻印象，使用时要加背景图案、装饰、形象性结构字等。如“哈根达斯”（Haagen－Dazs，见图 3－8）。

图 3－8　“哈根达斯”连字品牌标志物

（2）组字品牌标志物，是由品牌标志名称的字头字母组成。这种标志物的图案性较强，可利用字母的变形和排列来突出形象，简洁、表现力强，其缺点是有时容易产生歧义。由于它的图案性较强，所以很容易与表形品牌标志物结合起来，以取得更好的视觉效果。如 IBM。

（3）音形品牌标志物，是表音品牌标志物和表形品牌标志物的组合。表音的要素可以是连字也可以是组字；表形的要素可以是抽象的也可以是具体的。通常，组字和抽象结合的较多，表现力较强，印象性和辨识性也较高，同时避免了歧义性。

2. 表形品牌标志物

表形品牌标志物，指通过几何图案或形象图案来表示标志物。表形品牌标志物靠形而非靠音，形象性非常强。通过适当的设计，能以简洁的线条或图形来表示特定的含义，同时利用丰富的图形结构来暗含一定的寓意。其缺点是不利于消费者将品牌标志物与品牌名称联系起来，因此在使用表形品牌标志物时，最好能配之以品牌名称。

表形品牌标志物的设计要求充分抓住事物的本质、感觉特征、运动规律以及几何图形自身的组合结构规律，充分研究几何图形中的点、线、面、单形、复形的形态组合。它的设计要有意境情调，几何形态但不呆板虚无，在变化中寻求灵动韵味。表形品牌标志物可以细分为以下三种。

（1）抽象品牌标志物，即用非形象图案或几何图形来表达一定事物的某种意义和概念。此类设计最重要的是处理好线条。线条的长短、粗细、曲直等都能影响消费者的心理反应。如教育品牌“混沌学园”（见图 3－9）。

图 3－9　“混沌学园”抽象品牌标志物

（2）形象品牌标志物，即直接表达企业或产品特征的符号性标志物，其特点是形象生动活泼、含义清楚、歧义性少。因其来源于现实生活，能给消费者留下深刻的印象。

（3）形征品牌标志物，即抽象标志物与形象标志物相结合，使标志物生动活泼而不至于呆板，含义也更容易理解。

3. 图画品牌标志物

图画品牌标志物，指直接以图画的形式来表达企业或产品特征的标志物。早期有些企业用图画来表示，后来日渐简化，逐步向表形品牌标志物靠拢。这种标志物的缺点是画面复杂，不利于传播。如早期的苹果标志和现代的“苹果”标志的逐渐变化（见图 3－10）。

图3-10　“苹果”品牌图画品牌标志物

（二）名称性品牌标志物、解释性品牌标志物和寓意性品牌标志物

1. 名称性品牌标志物

名称性品牌标志物，即品牌标志物就是品牌标志名称，直接把品牌标志名称的文字、数字用独特的字体表现出来。这类品牌标志物通常将名称的第一个字母或汉字艺术化放大，以使其突出醒目。如“咸鱼”，一款闲置交易平台 APP（见图3-11）。

图3-11　“咸鱼”名称性品牌标志物

2. 解释性品牌标志物

解释性品牌标志物，即对品牌标志名称本身所包含的事物、动植物和图形等，用名称内容本身所包含的图案来作为品牌的标志物。解释性品牌标志物又可分为图案类品牌标志物和符号类品牌标志物两种。

（1）图案类品牌标志物，即以一定的图案来解释名称的品牌标志物。它的特点是形象生动、真实，缺点在于其表达的含义容易产生歧义。

（2）符号类品牌标志物，即用特定的符号来作为品牌的标志物，多数是简单几何图形的组合。此类标志物可以由品牌标志名称演变而来，也可以与品牌标志名称无直接关系，后者又称为寓意性标志物。它是企业经营理念的一种图形表达，但对广大消费者而言，它只是某产品的代表符号。如奢侈品品牌“香奈儿”“纪梵希”“迪奥”等（见图3-12）。

图3－12　“香奈儿”“纪梵希”“迪奥”符号类品牌标志物

3. 寓意性品牌标志物

寓意性品牌标志物，即以图案的形式将品牌标志名称的含义间接表达出来的标志物。根据文字、图形等组合因素的不同，可细分为以下三种。

（1）字母式品牌标志物，即在品牌标志名称前面、中间或后面加上字母，以构成独特的品牌标志物。如“VIVO”“OPPO”等手机品牌（见图3－13）。

图3－13　“VIVO”“OPPO”字母式品牌标志物

（2）线条式品牌标志物，即在品牌标志名称周围艺术化地加上一段线条的标志物。这种标志物充分利用了集合图形的内在美感，增加了品牌标志物的艺术性，从而也加强了标志物的视觉效果。如美国的“耐克”和中国的“鸿星尔克”（见图3－14）。

图3－14　“耐克”“鸿星尔克”线条式品牌标志物

（3）图画式品牌标志物，即对品牌标志名称进行加工和提炼，然后以一定的图画形式将其表现出来的标志物。许多全球知名企业采用这种品牌标志物，如美国汽车“福特”（见图3－15）。

图3－15　“福特”图画式品牌标志物

三、品牌标志物设计原则

（一）简洁鲜明原则

品牌标志物不仅是消费者辨认企业的途径，也是提高企业知名度的手段。在设计品牌标志物时，图案与名称应简洁醒目、清晰新颖，呈现独特的造型和出奇制胜的视觉效果，这有助于吸引消费者的视觉注意力，产生强烈的感染力。为了启迪品牌标志物设计的研究思考，下面简单介绍一些图形所代表的特征。

直线代表果断、坚定、刚毅、力量，有男性气息。

曲线或弧线代表柔和、灵活、丰满、美好、优雅、抒情、纤弱、犹豫，有女性气息。

水平线代表安定、寂静感。

垂直线代表崇高、肃穆、悲哀、激情、生命、尊严、永恒、权利，有抗拒变化的能力。

斜线代表危险、崩溃、行动、冲动，无法控制的感情和运动。

参差不齐的斜线代表闪电、意外事故、毁灭。

锯齿状折线代表紧张、压抑、痛苦、不安。

螺旋线代表升腾、超然、脱俗。

圆形代表圆满、简单、结局，给人以平衡感和控制力。

圆球体代表完满、持续的运动。

椭圆形代表妥协、中和、不安定。

等边三角形代表稳定、中间、永恒。

（二）独特新颖原则

品牌标志物既用来表达企业或产品的独特个性，又以此为独特标记，让消费者能够识别出品牌独特的品质、风格和经营理念。因此，在设计上必须别出心裁，使标志物富有显著的个性特征，令消费者有耳目一新的感觉。

（三）准确相符原则

准确相符是指品牌标志物要与品牌标志名称相符合，且寓意准确。品牌标志物要巧妙地赋予耐人寻味的寓意，这样才有利于扩大企业的知名度。

（四）优美精致原则

优美精致原则是指品牌标志物要符合美学原理，在线、形、大小等方面做造型处理，保持视觉上的均衡感和协调性，使图形兼具动态美和静态美。20 世纪初，劳斯莱斯汽车公司的早期总经理克劳德·约翰逊邀请《汽车画册》的绘画师查尔斯·塞克斯为劳斯莱斯轿车设计标志。经过多次研究，赛克斯决定以气质高雅的埃莉诺索斯顿小姐为原型，以“飞翔女神”为品牌标志物。埃莉诺索斯顿小姐身材修长、体态轻盈，有着淡金色的长发、深蓝色的眸子、小巧而坚挺的希腊鼻子等体态特征，无不显示美的旋律。以她为模型的“飞翔女神”代表着“静谧的速度、无震颤和强劲动力”。克劳德·约翰逊这样来描述，“雅致的小女神将公路旅行作为至高享受，她降落在劳斯莱斯车头上，沉浸在清新的空气和羽翼振动的音乐声中”。

（五）稳定适时原则

品牌标志物要为消费者熟知和信任，就必须长期使用、长期宣传，以便在消费者心中扎根。但是，如果标志物使用时间过长，不能跟上时代步伐，就会适得其反。因此，品牌标志物的设计需要不断完善、与时俱进，适应变化中的市场环境。

第四节

品牌理念设计

品牌理念是指能够吸引消费者，并且建立品牌忠诚度，进而为客户创造品牌优势地位的观念。品牌理念包括品牌宗旨、品牌使命、品牌价值观、品牌目标、品牌口号和品牌精神等方面，对企业的发展具有导向作用。

一、品牌宗旨

品牌宗旨指品牌的主要目的、意图和品牌存在的意义。制定品牌宗旨就是要清晰品牌存在的价值，明确要做什么、如何做，使品牌内部成员、相关单位及市场大众能够清晰地认知品牌。品牌宗旨不是一成不变的，它需要随着公司变革、市场环境变化和时代变迁，适时调整。

拓展案例

五菱："人民需要什么，我们就造什么"

长期以来，"五菱"始终秉承着"人民需要什么，我们就造什么"的发展理念，在激烈的汽车行业竞争中保持着自己的差异化优势。面对巨大的流量红利也清醒地专注品牌打造，走出了一条高品质与好口碑兼具的广阔道路。

品牌在长期建设下，靠着明确的品牌定位锁定目标消费群，用低调务实、创新求变的精神不断打造出高品质的多元产品升级品牌形象，强大的实力让"五菱"成为2020年中国纯电动汽车销量第一的民族品牌。其中"五菱宏光"MINIEV更是夺得全球电动车销量冠军，成为新能源领域中的一匹黑马。

二、品牌使命

品牌使命指品牌肩负的重大责任。使命是指导组织行为的总则，它客观地为品牌描绘了建立目标、选择路线和实施战略的框架结构。制定品牌使命就是明确历史赋予的职责，唤起内部成员的工作热情和状态，唤起品牌内部成员、相关单位及市场大众对品牌的认知和识别。

品牌使命的设计是决策层在自身业务分析的基础上，明确品牌所承担的市场职责和社会职责，分析自我扮演的角色，主动赋予品牌以相应内容与形式的过程。企业是社会的细胞，其使命必然存在于社会之中。品牌使命的设计涉及品牌的业务、产品或服务方面的特征。在设计品牌使命之前，要对企业自身有充分的认识，分析市场现状和市场潜力。设计品牌使命不仅要明确品牌短期、中期和长期的目标，还要明确谁是消费者，消费者为什么会购买，如何接近消费者，以及消费者的价值观是什么等问题。

拓展案例

为什么很多新锐品牌，出道即“爆款”？

市面上并没有特别适合烧烤、火锅的饮品，传统的汽水饮料含糖高、易胀气，而普通的乳品饮品又少了点氛围感。因此，好望水（饮料品牌）以酸甜解腻的山楂创造了一个切口，用精酿啤酒的设备与工艺，在加入乌梅、洛神花等传统草本原料的同时，避免对防腐剂、香精、色素的使用，让产品多了一份健康养生的属性。

好望水打造的望山楂、望桃花、望梅好等一系列草本为主的健康饮品，为大家在参与烧烤、火锅这些气氛局时，多一个健康的“佐餐伴侣”。

三、品牌价值观

品牌价值观是在一个经营性组织内部形成的一致性的价值体系。它主要反映团队成员对自身以及无形财富的看法和观点，在理念系统中占据重要地位。

价值观是团队的“万能胶”，是成就任何一项伟大的事业的基础。有什么样的价值观就有什么样的经营表现。首先，品牌价值观是企业决策层和全体员工的最高追求，是衡量事物的标准，它对于品牌的发展具有高瞻远瞩的指导意义；其次，品牌价值观存在于品牌的生产、经营和组织生活等一切活动中，对品牌的经营、技术和组织因素具有支配作用。作为一个系统，它包括效益观念、竞争观念、发展观念和社会责任感等。

品牌价值观是沉浸于品牌组织中被成员普遍接受的价值体系，是品牌文化构成的主要部分。它具有规范性的特征，为全体成员制定了评判正确与否的标准。作为全体人员共享的规则体系和评判体系，它决定了品牌创作及实施的全体人员共同的行为取向。

品牌价值观制定的目的是追求一个共同的理想和目标，依靠全体成员对共同信仰的团体力量，品牌才能长久不衰。要做到员工认同品牌价值观，就必须把品牌的价值观强化为一种信念，使品牌因此获得强大的内在动力。

拓展案例

熊掌咖啡为什么火了？

上海的熊掌咖啡馆选在 12 月 3 日国际残疾日开业，因为这家店是为了帮助残疾人士就业而开设的咖啡店。街边一堵灰色水泥墙上有一个碗口大小的洞。从洞中不时伸出“熊掌”，为顾客端出一杯杯咖啡。与前来买咖啡的顾客互动的是一位面部烧伤者，而店铺里的咖啡师为聋哑人，他们通过专业的培训后上岗，希望通过自己的方式给消费者带来快乐，并且通过熊掌互动的方式，回馈那些前来购买咖啡的消费者。

在社交媒体发达的今天，创意的生命周期显得格外的短促，当新鲜劲过了之后，一切很容易回归平淡，消费者渐渐被新的创意吸引。而“熊掌咖啡”被认同的背后，是大众对残疾人的尊重，他们拥有获得社会尊重和平等就业的权利。据央视新闻报道，“熊掌咖啡”还提供免费的咖啡职业技能培训。

物欲横流的今天，品牌的价值观决定着用户对品牌的忠诚度和认可度，而“熊掌咖啡”这个为残疾人士提供就业平台和机会的品牌，在向更多人传递着积极向上的品牌价值观和积极的正能量。这样的品牌更值得尊重和肯定。

四、品牌目标

品牌目标是企业在一定时期内，按照品牌经营思想，综合考虑品牌的内外条件，所制订的经营计划和预期成果。它通常以产量、品种、质量、销售收入、资金利润率和市场占有率等指标作为标准。不同时期、不同类型的企业，确定经营目标的重点也各不相同。

品牌目标可分为长期、中期和短期三种，这里主要介绍品牌长期目标的设计。总的来说，品牌长期目标包括生产力、产品结构、财力资源、物质设施、技术开发与创新、人力资源与开发、盈利能力、市场占有率和社会责任目标等。品牌长期目标是指导品牌经营策略和各项业务工作的工具，是品牌进行资源分配时考虑轻重缓急的依据，也是衡量企业成就和内部工作成效的标准。长期目标规定了品牌执行其使命时所预期的成果，它通常超出该组织一个会计周期。它是特定的、具体的和可衡量的结果，是品牌在计划时间内可以达到的。在长期目标指导下，短期目标才能避免目光短浅，也为长期目标的实现提供可靠保证。

五、品牌口号

品牌口号是品牌表达经营思想的形式，可分为企业口号和产品口号两大类。企业口号指体现企业文化并以企业整体为背景而创作的短句；产品口号是指针对特定商品而创作的。品牌口号是品牌理念或主张的高度浓缩，是企业理念和产品理念的口语化表达方式，通常是消费者印象深刻、耳熟能详的。它的核心作用是识别，即在语言层面上便捷的品牌识别和认知。

品牌口号的创作素材主要来自于品牌定位系统和理念系统。品牌口号的内容覆盖面广，从企业的宗旨、精神、使命和目标，到产品的档次、形象和质量，各种各样。好的品牌口号通常是品牌定位思想的表达和集中反映，其创作原则为：句式精练、诉求明确、富于创造、方便传播。优质品牌口号往往可以流传几年甚至几十年。

拓展案例

耐克的品牌口号：Just do it.

“Just do it.”这句口号的创作者 Dan Wieden 认为：“do it”很洒脱，很符合体育精神。为了加强这句口号的语气和感染力，他在前面加了“Just”。

从 1988 年至今几十年，这句口号经久不衰，几乎每一代人，就算是不以英文为母语的人，也都能感受到其中传达的毫无顾虑的体育精神——随时随地，想做就做。它所传达的品牌理念无国家、无时代印记，能够跨越时空与每个热爱生活的人产生共鸣。

从“遣词造句”上来看，这句口号的单词组成极简单易懂的，只要学过英语，无论学得好不好都会认识这三个单词。相较于阿迪达斯的“Nothing is impossible”，很明显，“Just do it”会更加没有理解门槛，记忆点也更明显一些。

用最少的语言传递最多的、最清晰的信息，用最简单易懂的话说服顾客认同你的品牌价值、购买你的产品，才是品牌口号的创作要义。

六、品牌精神

品牌精神是能够代表企业的、富有个性的精神，是品牌或品牌决策者在长期生产和经营中逐步形成的事业信念、价值观念和经验宗旨。品牌精神受不同领域内容、方式、历史传统和现实追求的制约，具有一定的差异性。品牌精神可以是决策者对品牌的全局性、战略性认识，也可以是全体员工在企业长期发展过程中自觉形成的。品牌的信念和追求扎根于员工心中，能够促进全体员工形成默契和共识，提高觉悟。

品牌精神来源广泛，表达方式多元，最好的来源渠道存在于品牌组织中。品牌精神应秉持应用精神。品牌精神是在生产经营实践中形成的，并为生产经营提供精神支柱和动力。缺乏应用价值的品牌精神，只是抽象的文字游戏。

品牌精神设计的基本方法是，通过对一个经营组织的整体观察，对它最具代表性、最突出的部分进行提炼整合。它的表现内容可以是具有代表性的任务、事件、信念和思想等，反映品牌的凝聚力和活力。

品牌精神是品牌文化的主体，是实施文化管理的关键。因此，企业不仅要注重其内容，还要讲究表达方式。可以采用具体明了、精炼准确的文字形式，生动活泼的表达方式，通过多种渠道进行传播，这对于强化员工的品牌意识、促进品牌的市场推广都有重要作用。品牌精神提炼是否成功，不仅要看品牌管理层是否满意，还要看它对全体员工的教育和激励作用，看它对品牌的发展是否发挥了积极作用。

拓展案例

从工具到平台，Keep 如何做到价值百亿？

“自律给我自由”，一直是健身指导品牌 Keep 倡导的精神内核。2016 年 Keep 发布了首支品牌广告片“自律给我自由”，向外界传递品牌的价值观，让大众对 Keep 产生认知；2019 年 Keep 推出了“怕就对了”广告片，呈现一群普通人的真实故事，鼓励大众将害怕变成动力。高燃的广告片给了大众克服“害怕”的勇气。

随后又推出了《这都算Keep》重塑大众对运动的认知——原来运动不只是存在于健身房或运动场里，它已经融入到生活的方方面面，真实的生活元素使大众产生了强烈的代入感，加深了对Keep产品功能的记忆；2020年，基于疫情大背景下，Keep与上海广播电视台纪录片中心联合出品纪录片《无常·四重奏》，聚焦人生四个阶段，提出“练日常，战无常”的有力主张，激发全民健身意识，构筑个人能量场。通过一系列优质广告片的发布，Keep不断刷新用户对品牌的认知，将专业运动硬核形象深入到用户心智。

运动带来身体健康的前提是要树立科学健身理念，Keep用实际行动践行着，不论是训练课程还是定制计划，都在向用户传播科学健身技能。Keep陆续引入了帕梅拉、周六野等知名运动达人，持续输出深受用户喜爱的专业健身内容。另外他们还依靠生产内容成功变现，吸引更多运动达人入驻，最终形成达人运动文化，帮助Keep提升平台专业度和品牌影响力，构建起完善的运动内容生态系统。

Keep在发展品牌的同时，深刻诠释了“自律给我自由”的理念，以激活用户认同感。今天，Keep取得的成就既能助力让世界动起来的品牌愿景，也给整个运动健身行业作出了极好的示范。

本章回顾

第一节对品牌的构成要素进行详细的介绍。品牌的构成要素包括品牌构成的显性要素和隐性要素。

第二节介绍了品牌名称的分类、品牌名称设计的原则以及作用。

第三节介绍了品牌标志的作用、品牌标志物的分类以及设计原则。

第四节介绍了品牌设计的相关理念。

课后思考题

1. 品牌构成的显性要素有哪些？
2. 品牌构成的隐性要素有哪些？
3. 品牌名称设计的原则有哪些？
4. 品牌标志的作用有哪些？
5. 品牌的理念设计包含哪些内容？

课后案例

农夫山泉的包装有多惊艳？

在这个社会化媒体时代，可以说是万物皆媒介。产品包装除了保持着外包装功能外，还承载着制造互动、营造新鲜感、实现营销传播、传递品牌价值等多重属性。包装不仅是包装，更是品牌与用户维系情感与增加联系的重要纽带。

在这个“看脸”的时代，农夫山泉将长白山中的魅力风景、生灵与自然等融入到瓶身的设计中，在展现自然纯粹之美的同时，更凸显了设计的微妙之处。

农夫山泉设计中人文与自然情怀兼顾

此款产品的包装图案由东北虎、花栗鼠、中华秋沙鸭、松雀鹰和长白山美景组成，展现了长白山原始纯粹的山、林、泉、雪（见图 3 - 16）。在农夫山泉建立的品牌认知系统中，只有来自健康森林系统的水源的水，才是具有生命力的。长白山森林里的生灵正是检验水质的标准之一。

图 3 - 16 “长白雪”包装设计与广告设计

农夫山泉极具生态化的包装设计，不仅承载着品牌的营销价值，更承载着审美品位与个性。农夫山泉长白雪这款产品，除了设计极具心思，在内容上也与长白山融合到一起。4 种包装分别印着不同的数字：58、240、1000、1588，这并非为了好看，而有着深刻的意义。

58 寓意：长白山中已知的国家重点保护动物有 58 种，其中东北虎为国家一级保护动物。

240 寓意：长白山中已知的野生鸟类有 240 种，其中珍稀鸟类鹗为国家二级保护动物。

1000 寓意：在长白山栖息的中华秋沙鸭是从第三纪冰川期留存下来的稀缺物种，目前全球仅存的不足 1000 只。

1588 寓意：长白山中已知的野生动物多达 1588 种。

可以说农夫山泉的“长白雪”包装图案，是其水源地的水源与生态的剪影，在自然与生命的交融中，既展现了自然之美，又彰显了品牌对设计的严苛与纯粹。

在年轻一代逐渐变成市场消费主力的时代，能够吸引这部分消费者目光的，首先要创意过硬。农夫山泉选择在瓶身上融入大自然的“资产”，用创意与具有视觉冲击力度的内容去吸引与感染用户，展现品牌的人文情怀，从而让人过目不忘。

苛刻的设计成就了品牌的审美

究竟农夫山泉对待瓶身文化有多执着？在农夫山泉的高端水瓶身制作中，仅设计时间就超过了3年。5家国际顶尖设计公司经历了58稿、300余次设计后才定稿。而这款设计也折射出农夫山泉对自然的尊重与敬畏，并成功斩获五大国际设计奖项（见图3-17），形成了农夫山泉特有的品牌形象。

图3-17　“农夫山泉”包装设计

包装产生的影响力

农夫山泉的瓶身设计，为什么能够迅速赢得用户的关注？

1. 干净纯粹的视觉体验

在农夫山泉的包装中，基本上每一款产品的瓶身设计，都有着独特而纯粹的视觉体验。“长白雪”“东方树叶”“茶π”等，极简的静谧画面都将自然生灵的纯粹、灵动展现出自然感召力。营造出一种别致、纯粹的视觉体验，干净明亮的设计，能够将人们的思绪带入品牌设定的情景中：清新空气、潺潺流水。

2. 配合纪录片，赋予产品灵性

在农夫山泉“长白雪”上市之前，农夫山泉就推出了90秒的“长白山”纪录片，给潜在消费者带来视觉盛宴，让人们在欣赏自然风光的同时，与品牌产品产生关联。

农夫山泉用心做设计还提升了自身的品牌力。据中商产业研究院发布的“2019年中国瓶装水品牌力指数排名”数据显示，农夫山泉凭568.8分稳居榜首，占据行业第一的位置。

第四章

品牌个性

【学习目标】

1. 理解品牌个性理论的定义、分类及传播；
2. 掌握品牌个性塑造的途径和原则；
3. 掌握品牌个性的维度和测量；
4. 掌握品牌个性的应用及价值。

【导入案例】

“气味图书馆”——本土品牌破局千亿嗅觉市场

“气味图书馆”品牌注册于2009年，在国内较早涉足香水市场，2014年推出花香系列、城市系列等同名自主品牌，以符合当时市场趋势。从最受欢迎的祖玛珑蓝风铃、鼠尾草与海盐、罗勒与橙香来看，消费者愿意为此类产品买单。这一阶段的销量也维持着70%左右的增速，但市场记不住“气味图书馆”，早期甚至很多人以为它是外国牌子。这是由于国人香水消费尚未形成习惯，海外品牌强势主导：据Euromonitor数据，2017年中国香水市场本土企业（市占率>0.1%）所占份额仅为0.9%，欧洲品牌占据47.9%，头部三家是“香奈儿”“迪奥”和“科蒂”，行业集中度较高。

而“气味图书馆”这个本土的香水品牌，在2017年底推出的香型“凉白开”成为社交网络上被刷屏的爆品，2018年“双11”卖出了40多万瓶，全年累计销售超百万瓶，系列产品占到品牌销售的3成以上。

在这之后，“气味图书馆”开始以“国民香氛洗护品牌”的面貌出现，2018年线上收入较前一年翻逾3倍，连续3年排名天猫国产香水品牌排名第一，线上洗护品类占比从10%跨越到50%。此外，“气味图书馆”拥有60多家线下门店，分布在北京大悦城、上海太古汇、成都太古里等核心商圈。

“气味图书馆”的创始人曾表示：“我们观察海外品牌的成长路径，发现‘bath & body works’品牌的成功有一条不可忽视的因素：主打美国人的味道，讲美国家庭的故事。”BBW（Bath & Body Works，美国沐浴类产品品牌）宣称自己“straight from the heartland（来自美国腹地）”，强化自己是“美国国货”，与当时市面上各类欧洲品牌形成差异。“Heartland”同时也包含美国本土价值观，有着“中产回归乡村生活”的意象。BBW瞄准对应群体，推出了不少让他们回忆起童年、青春期、圣诞节或感恩节的味道，比如黄瓜甜瓜代表夏天、姜饼拿铁代表冬季、一千个愿望代表圣诞等，恰好牵动了千禧年前后美国人民的情绪。

“相对应的，中国香氛的真正机会，一定属于本土化的品牌。”“气味图书馆”创始人告诉记者，“要将中国人的回忆和情感具象化”。

而这恰好是香水领域的一个空白。消费品领域创业不得不考虑大品牌、大企业带来的压力，而这些成熟品牌往往有他们自己的文化，中国人的香水并不符合他们的基调，因而存在机会。

基于这一逻辑，“气味图书馆”设计了两款产品：“凉白开”和“姜丝可乐”，对于20世纪80、90年代成长起来的年轻消费者，这两者明确勾勒出某种童年回忆，是铝壶烧开后放凉的水，以及感冒时被妈妈灌下的姜煮可乐。“凉白开”在半年发酵之后，成为网红爆品。可以用来对比的是，同期推出的“白玫瑰”与“木兰”，“鼠尾草”与“海盐”虽然也都是不错的味道，但与中国消费者的回忆并无直接关联，结果并没有爆火。

“‘凉白开’的本质，是理解和诠释中国，我们总结为IP气味化。”这一代国人是有特定集体回忆的，比如“旺旺”在愚人节宣布推出仙贝粉、旺仔牛奶炼乳等，基于消费者童年记忆中的味道去做跨界营销。这是个已经验证的、能持续打造爆款的思路。

这也是为什么，在“凉白开”之后，“气味图书馆”将自己定义为“国民香氛洗护品牌”，希望专注于当代年轻人有共情的味道。味道本身并没有意义，意义来自于味道背后产生情感的联想。

第一节

品牌个性的概述

1955年，著名广告人大卫·奥格威在对美国4A会员的一次演说中提出了品牌个性这个词。他还有一句名言："每一个广告都应是对品牌长期个性的贡献。"品牌个性概念的提出，是基于当时的时代背景：第一是市场供过于求，产品同质化问题严重，销售商品必须寻找新的销售主张；第二是个人主义，自由与个性张扬、自我是西方社会一向宣传的价值观。伴随着这个价值观，个性消费思想不断地发展和壮大，使产品需要以独特的内容来与个体消费者进行沟通。

品牌个性从一产生就具有神秘的色彩，它背负着区别产品同质化、满足消费个性化、感性化需求的重任走上了历史的舞台。

近50年来，越来越多的社会心理学家和消费者行为研究者开始关注品牌个性的研究。研究者对于品牌个性的研究不断深入。这些研究主题可以归纳为三个方面。一是关于品牌个性概念性的研究，比如结合心理学，用关系法、叙事法、特质法等定义品牌个性，还包括品牌个性的由来、品牌个性对于消费者的意义、品牌个性与品牌形象、消费者形象的区别等概念。二是品牌个性的描述和测量的研究。通过设计量表和测量方法提供可操作的品牌个性测量工具。三是品牌个性实际应用层的研究，探索品牌个性对于品牌资产的作用、广告对品牌个性的作用等。

一、品牌个性的定义

著名品牌学者 Keller（1993）将品牌个性定义为"有关品牌的人格特质的组合"，相较于产品特性，它提供了象征及自我表达的功能。

品牌学者 Aaker（1997）将品牌个性定义为"品牌联想出来的一组人格特质"，品牌的个性来源则为消费者对品牌的联想、公司努力塑造的形象以及与产品属性有关的方面，比如产品类别。

从品牌个性价值来看，Fournier（1998）认为为消费者提供了象征性意义及自我表达的功能，这种象征值可能主要源于消费者会把品牌的个性看作符合消费者自己的个性特质，通过品牌的象征性意义来塑造自己挺拔自信的形象或表现自己的个性。

J. Aaker（1997）描述品牌个性作为一种人的特性与品牌间关联。J. Aaker 提出的定义是关于品牌个性最著名的描述。品牌个性可以使用人的个性来描述其特征，如：社会人口（性别、年龄、社会阶层等），生活方式（休闲时间、爱好、兴趣等）和特定性格特征（友好、温暖、冷静、大胆、粗心、独立、自信等）。

品牌形象说认为：品牌的形象中有两种属性是与消费者相联系的。一个是硬性的，即对品牌的有形或功能性的认知；另一个是软性的，即反映品牌的情感利益，这种反映情感利益的属性应归于品牌个性和品牌价值。

综上，本书将品牌个性定义为：品牌个性与人格特征相似，是由公司刻意塑造并维持的品牌形象所反映出来的明显个性特征，该特征对于消费者具有一定的吸引力，同时可以帮助品牌与消费者建立感情链接与长期的品牌忠诚和伙伴关系。

二、品牌个性的分类

由品牌个性的定义可以看出，品牌个性不同于人格特质，前者需要刻意塑造和精心设计。同时考虑到品牌个性对于不同性格特征的消费会有不同的影响力，企业在塑造品牌个性的时候要充分考虑目标消费群体的价值取向和人格特征。在此，我们介绍品牌个性的三种分类。

（一）自我表达型

自我表达型的品牌个性往往代表了某一特定消费群体的渴望和理想。通常是某一类消费群体个性的代表和象征，是他们的世界观、人生观和价值观的体现。由于个性的类聚作用，它会强烈地吸引具有相似生活主张的消费者。奢侈品往往都拥有自我表达型的品牌个性，现在一些普通消费品也开始奢侈品化，让消费者感受到理想的目标形象，这在私人和社交型商品上被运用广泛。如2020年在年轻女孩间突然火了一款叫做BOP的口喷，口红的管状设计和社交平台上的使用场景，都在表达美妆到牙齿的精致气质。

（二）目标消费群欣赏型

目标消费群欣赏型的品牌个性不是要表达目标消费群的诉求，而是把自己塑造成为他们欣赏的个性，也就是把品牌个性塑造成人的形象，让目标消费群体在该品牌的个性中能发现他们期望的属性。比如像"江小白（白酒品牌）"，不仅有具体的年轻人卡通形象，还通过文化瓶的创意包装，向消费者传递了"再平凡的人也有价值"的价值观，塑造了一个寻常人的品牌个性。

（三）情感象征型

情感象征型的品牌个性，既不强烈地表达自己的个性和价值观，也不需要通过把个性拟人化来获得目标群体的欣赏。这类品牌把自身塑造为人类情感的象征，如同消费者身边的亲人或者朋友一样的存在。比如坚果品牌"三只松鼠"，刻画出三只活泼可爱的松鼠形象，与消费者建立情感链接，还通过各种分享美食的方便包装和充满感情的明信片来进一步感动消费者。"海底捞"服务品牌的个性塑造，也有这个类型的特征。虽然这个类型的品牌不一定要突出自身的特性，但作为传递人类之间感情的媒介，也让消费者对其产生了个性上的共鸣。

总之，企业可以选择采取一种或者多种方式来进行品牌个性的塑造，其中，需要注意的核心问题是，三种类型都需要重点突出品牌个性的吸引力，让消费者对于该品牌个性进行互动和认可。

三、不同媒介上的品牌个性传播

品牌个性研究诞生于20世纪，随着品牌推广的方式越来越多元化，企业对于品牌个性的传播也越来越重视。同时，品牌个性的传播方式和特征也因媒介技术的发展而改变。结合目前互联网发展和人们生活方式的变化，品牌个性传播的途径可以分为三大类：第一是通过传统媒介，比如传统平面广告、电视广告；第二是互联网新媒体，主要包括微博、网站、手机APP（微信、抖音、小红书、B站等）；第三是线下分众传媒型媒介，包括电梯间广告、地铁广告、公交车广告、飞机广告、高铁广告等。

（一）传统媒介中的品牌个性传播

传统媒介包括报纸、广播、电视、杂志等，其关于品牌或企业的信息宣传俗称为广告。广告作为传播品牌信息的重要方式，也是塑造和传播品牌个性的重要途径。有学者认为，广告虽然不是塑造品牌个性的唯一工具，却是很重要的工具。正如广告大师大卫·奥格威所言，每则广告都应以塑造、传播、维护品牌个性形象为目标，以有助于品牌资产的积累。根据奥格威的观点，广告在塑造、传播品牌个性方面的作用主要有：第一，提升品牌知名度；第二，提高品牌美誉度；第三，强调品牌的核心价值；第四，维护品牌忠诚度。但是，作为传统媒体，其对于消费者注意的吸引力还不断下降，同时也难以维持消费者的关注度。所以，企业若采用广告形式进行品牌个性的塑造与传播时，应该注意与品牌定位紧密相关，宣传其独一无二的个性特征，同时与消费者感兴趣的栏目内容紧密联系，才可能比较有效地传播个性化符号、塑造和传播品牌个性。

（二）新媒体中的品牌个性传播

"新媒体"，指的是利用互联网、数字网络、无线通信等技术，以电脑、手机为主要终端的媒介形态。新媒体的概念是建立在与传统媒体的比较基础之上，由于基于互联网的数字技术不断更新发展，"新媒体"并不是狭义地指代某几个特殊的媒介形式，而是当下时代中最新的、最有代表性的媒介形态。除了以下重点讨论的网站、微博、公众号、短视频等，VR 全景新媒体营销也是近期出现的新媒体发展方向。

1. 网站的品牌个性传播

有学者认为，网站在品牌形象塑造与个性传播上有着至关重要的作用，网站所传递的独特品牌个性，是获得网民忠诚度的关键所在。网民将网站的个性特点视为品牌形象的组成部分，消费者也会根据自身的交互体验赋予网站个性特点，这会反作用于原有的品牌形象认知。小米创立之初，就是通过在网站上建立小米发烧友论坛，通过具有标示性的网站设计、特色的信息内容和友好的交互体验，全方位打造属于自己的品牌个性。百度贴吧、豆瓣小组等方式，企业也可以用来通过打造网络社群，让消费者在互动中感受到品牌个性与消费者个人个性特征较高的一致性，从而影响其网站品牌体验行为和忠诚度。

2. 微博中的品牌个性传播

微博曾经引领过国内的线上社交潮流。其特点是用户数量庞大，话题引爆能力强，尤其是有各种知名人物的入驻和日常分享，因而成为了品牌与消费者沟通的重要渠道。很多品牌在微博上都开启了官方的账号。有学者通过分析"海尔"的官微，认为品牌在微博上的拟人化经营有利于增强用户感知和记忆行为，可能会在用户心中形成更为直观的品牌个性形象。还有学者通过分析"三只松鼠"的微博，认为其微博内容展示的个性从开始的多元化逐渐倾向于展示"乐"这一个性维度。因此建议品牌或企业在利用微博进行品牌个性塑造、传播时，初期以丰富为主，后期应当维持某一主要品牌的个性特征。

3. 微信公众号的品牌个性传播

微信交流已是中国当代人的一种生活方式，截至 2017 年 6 月 30 日，微信的月活跃用户数已经达到 9.63 亿。微信作为一种具有强社交属性的即时通信软件，对人际交往方式、社交方式、广告营销、品牌营销等方面都产生了重大影响。针对微信在品牌个性塑造和传播的研究当中，"微信公众号"这一专属信息推送平台受到了更广泛的关注。

微信公众号主体与用户之间像微博一样可以进行双向的信息交流，同时还提供评论、点赞等多种互动的功能。微信公众号以个体形式与用户直接对话，让其得以弱化传统媒介所带来的社会距离感和权威感。同时，微信还具备了人际传播的私人性、人格化和个性化的条件，带给消费者定制化的感受。微信公众号的内容表达，可以同时传递情感、价值观、生活方式等多种主张，从而更容易形成自身的风格和个性；也能让企业更方便地进行品牌个性的塑造以及人格化的完善。

另外，与传统的广告媒体规模化的感受不同，微信公众号带给消费者的是专属定制化的认知。注重受众的“自我意见”和“自我感觉”，让消费者体会到个性的认同。如果企业能通过公众号展现富有人格魅力的品牌个性特征，就能快速积累起忠诚的客户群。“罗辑思维”公众号的创始人罗振宇曾经这样表述：“自媒体拼到最后是人格，是我常说的魅力人格体。”“罗辑思维”以“个性、趣味”的传播方式运营，提倡“不说教、不灌输”，避免了大众传播时代下“被动式说教灌输”的传播方式，因而快速被受众认可和接受。

4. 短视频中的品牌个性传播

随着5G时代来临，信息碎片化的短视频逐渐替代微信公众号成为互动性更强的新兴社交模式。在生活的快节奏下，人们的注意力资源愈加紧缺，短视频从消费者知觉的角度，给消费者带来更多维度的感官刺激。因此，短视频的传播力和影响力都在逐渐超越微信公众号。

短视频允许企业以即时和微时的方式，通过精巧的故事叙述来向消费者呈现品牌个性和品牌形象。通过艺术与商业的结合，短视频广告可以利用故事性与情怀来调动消费者的情绪和情感，传播产品和品牌的价值，同时还能引发消费者自发传播，达到理想的宣传效果。

拓展案例

李子柒 IP 的价值

深耕优质内容，让李子柒收获了千万计的巨量粉丝，紧接着个人品牌IP的构筑也有了飞速跨越——“乡村古风生活”“传统美食”“传统文化”的身份标签慢慢开始加持在李子柒的身上，自此李子柒便演变成了“IP李子柒”。而李子柒变成“IP李子柒”之后，把流量转化成商业利益，尽可能地扩大其身上隐藏的商业价值。在完成了商业化的构建之后，“IP李子柒”的商业属性从营销上开始淡化，因为持续打广告，对于粉丝来说是一件极容易败坏好感的事情。如何一方面保证IP形象不受损，对粉丝的吸引力不减弱，另一方面又要有保证能够实现足够的商业价值，是大多数“网红”持续追求的目标。

李子柒不轻易破坏其视频的纯粹性，不在视频内容中植入商品广告，因而，她也被赋予了“文化传播”的更大“使命”。

2018年其原创短视频登上了海外视频平台YouTube，同样受到了观众的追捧，不到两年便积累了高达700多万的粉丝。随后，李子柒的经历又受到了包括人民日报社、新华社、共青团中央、中央电视台的肯定，自此李子柒又多了“文化输出大使”的美称加持。

这些亮眼的光环，显然其他网红是难以比拼的。

李子柒始终保持着一致的风格，视频虽然质朴，舍弃了对商业利益的追求，却让人感到有趣、有味，处处蕴藏真情实意和人生感悟，例如“水稻的一生”。

把受众的注意力用情感锚点连接，以增强价值上的认同，是李子柒跳脱网红跃迁超级 IP 的核心所在。

综上，今天，品牌可以同时统筹多种广告形态，持续塑造、传播一致的、具有情感价值的品牌个性信息，逐渐培养用户的品牌喜好度、忠诚度等。多元化的品牌个性的传播途径，让用户对于品牌个性形象的感知变得更加立体与直接，从而让品牌与消费者建立起持续的情感联结。

第二节

品牌个性塑造原则与途径

一、品牌个性的塑造原则

（一）持续一致性原则

持续一致性原则可以从内容和形式上来理解。内容表现为品牌的内在属性与其目标消费者群体所追求的价值理念保持一致；形式上是指品牌在传播过程中所使用的广告词、图案视频、形象代言人等在整体风格上连贯融合，不要让任一元素在这过程中显得突兀。如可口可乐、星巴克等知名消费品牌，一方面它们几十年来都坚持使用这个个性形象，保持了持续的一致性，但另一方面又随着时代的进步发展更新审美观念，做一些局部的改变。要贯彻持续一致性原则，企业应当建立一个稳定长期的品牌管理机制，同时配备具有专业知识和丰富管理经验的品牌管理人，否则即使品牌在发展的过程中形成了独有鲜明的品牌个性，但“个性”却与品牌管理人的命运息息相关。所以一个能够制约品牌管理、保持品牌个性管理的连贯性机制，以及具备知识和修养的品牌管理人，对于一个企业的发展都至关重要。

（二）独特性原则

品牌个性的独特性原则主要有两层意义：首先，自家建立的品牌个性应当与市场中其他竞争的品牌具有明显的区分；其次，这里的“独特”并不是脱离实际情况，天马行空地博人眼球，而是能够发挥作用和价值的独特。而评价品牌是否具备有效的独特性，主要是看它是否能够打动消费者群体，与消费者产生心理上的共鸣。想要达到这种效果，就需要品牌塑造者先做好市场调查，由个别消费者推广到一般消费者，去探索消费者内心的感受和情感的需求。例如中国的新晋碳酸饮料品牌“元气森林”，在有“零度可乐”和“健怡可乐”系列、并且其他竞争者在激烈“厮杀”的情况下，仍然杀出重围——它有比传统碳酸饮料更为年轻化的独特包装，以及“0 糖 0 脂 0 卡”的独特健康个性。但是对于“独特”的理解不能过于狭隘——不是要求自己的品牌与市场中其他所有的竞争品牌都要有所不同，因为同一类型产品所面对的消费者群体是相同的，品牌在塑造个性时又要反映目标消费者群体的价值理念，因此自家的品牌与市场竞争品牌在品牌个性中有重合或者部分重合也是可以理解的，通常也是一种求同存异的方式。

（三）人性化原则

人性化原则对于品牌个性的塑造也是必不可少的。被赋予人性化原则的品牌会使人们感到亲切，在品牌和目标群体沟通时会减少障碍。日常生活中，人们也习惯将身边的事物赋予人的个性：羊是温顺的，老虎是凶猛的，狐狸是狡猾的，这些性格都是人为贴上的标签。甚至城市也被赋予了人的性格；热情的重庆，温婉的江南，豪爽的东北等。

因为产品的类型不同，所以也并非所有的品牌都适合被赋予人的个性。通常来讲，具有社交类属性及私人性的用品因为需要表达自我，所以更加适合，也更容易进行人性化。但是一些大型家电，如冰箱、空调、洗衣机等，因为没有表达自我的刚性需求，所以进行品牌人性化的难度很大。但是难以进行人性化并不意味着完全不可以将其塑造成一个个性鲜明的品牌。比如“海尔”，一直以来秉持“真诚到永远”的服务理念，就以“真诚”作为自己的品牌个性特征。

二、品牌个性的塑造途径

（一）广告

广告主要是通过言语、肢体表现，以及广告中的风格倾向来塑造品牌。首先在表现形式上，广告可以单独运用文案，单独运用画面或者文案和画面相结合的方式，并在此过程中融入相应的价值倾向来形成独特的形式风格。其次在表现内容上，文案作为广告的主体部分，所叙述的内容可以围绕目标群体所信奉的价值观、关注的兴趣、长期以来所形成的品位等来塑造具有个性的广告风格。对于有些品牌来说，一个具有鲜明品牌特色的广告就足以塑造出鲜明的品牌个性。而形式和内容的多方面融合则更能助力于塑造独特的品牌个性风格。

（二）赞助

首先，赞助不可以盲目，要有目的性和针对性。赞助之前应该做好初步的调研，找到赞助品牌的目标消费群和潜在消费群，并将具备这些属性的活动挑选出来列出清单，赞助活动才有可能吸引消费者。虽然清单上的活动不会全部都赞助，但也会成为未来赞助活动的首选。其次，赞助的活动，其活动的气质内涵应当与塑造的品牌个性相符，这要联系上一步的调查活动来确定该活动在目标受众中的个性形象是怎样的，从而选择一些更加贴切自己品牌风格的活动。最后，再结合企业当前的实际情况预算、传播力度等来选择一个或几个最为合适的活动进行赞助。

活动赞助和产品塑造一样，活动也有自己的专属个性。有的活动历史源远流长，有的活动追逐时尚潮流，有的活动又代表了国家和权威。例如奥运会，有的活动具有男性化特质，如拳击；还有一些活动女性化，如女子花样游泳等；有些活动蕴含高兴、愉快的个性，有的看了令人狂热、兴奋、与活动参与者感同身受。再如在春节这个中国人的传统重要节日中，亿万中国人都会观看春节联欢晚会。微信正是利用这样一个重要的个性场景，成功推广了微信红包——2015 年春晚节目进行过程中由主持人口播，让观众一起“摇一摇抢红包”，而红包则由广告品牌商赞助。这一举措，正式将“微信红包”从个人社交场景转向了企业营销场景，不仅让微信支付在中国市场快速渗透，而且还与其他广告品牌商共同合作共赢，让广告商的信息不仅在电视上呈现，还会伴随着人们抢红包和分享红包的过程继续向下层层传递，给品牌信息带来多层的裂变式传播。微信作为中国人民使用得最多的手机应用之一，成功地在中国人最重要的节日中传播了自己的品牌形象。

可见在塑造品牌个性的时候，若采取赞助活动的方式，需要对不同活动的特质洞察清楚，找到与自己品牌最为相符、在价值理念的表达上异曲同工的活动再进行赞助。

（三）品牌代言人和品牌象征物

品牌代言人和品牌象征物与广告是“你中有我，我中有你”的关系。现代意义中的广告通常会邀请品牌代言人，而广告也主要以品牌代言人和品牌象征物来呈现。如果把广告比作是在品牌个性塑造中的“动力航母”，则品牌代言人和品牌象征物是这艘航母上的战略导弹。首先，品牌代言人和品牌象征物都是广告在塑造品牌个性过程中至关重要的因素；其次，品牌代言人和品牌象征物并不仅仅在广告中发挥作用，还可以在公关、赞助活动的多种表现形式中发光发热。品牌代言人可以只作为产品的使用者和推荐者在广告中出现，还可以作为公关、品牌形象大使出现，突破单一的广告领域。品牌象征物通常表现为卡通人物，能够让消费者看到这个物品立刻就想到该品牌，产生一种密不可分的联系，如京东的小狗品牌标志，B 站的“小电视”形象等。

在西方国家早期的经济发展过程中，品牌代言人和品牌象征物都在品牌个性的塑造中发挥了巨大的作用。如美国杂志《广告时代》在 20 世纪从社会影响力、公认程度、文化冲击等方面评选出十大最具商业价值的品牌形象代言人（品牌象征物），有大家所熟悉的麦当劳叔叔、米其林轮胎的米其林男子等，这些形象都极大地促进了产品在消费者群体中的传播，也给我们如何更好地运用品牌代言人和象征物带来了启示。

中国品牌在打造品牌形象时，也有很多成功利用了品牌象征物的案例，比如“三只松鼠”的可爱松鼠形象，“江小白”的卡通男孩形象。有时候我们的品牌代言和品牌象征还可以是公司创始人或者灵魂人物，比如像华为的创始人任正非，他基本上就是华为精神的核心代表；还有小米的创始人雷军、格力空调的董明珠、老干妈陶华碧，都为该企业的品牌个性带来了非常浓烈的个性化色彩。

拓展案例

“内外”NEI WAI：属于新女性的互联网内衣

2012 年，中国内衣市场销售额 1000 亿元以上，年增速 20%，却有几大“病状”：同质化严重、品牌弱、百货渠道老化。

一线品牌爱慕、黛安芬、曼妮芬等，有资金有投入，铺设渠道、开放经销代理，业绩遥遥领先。而剩下的二三线品牌则却同质化严重。一条街上几家内衣店，除了名字不同，设计基本都一模一样。

同时，中国的内衣，强加工弱品牌是软肋，因而溢价偏低，无法和国外品牌抗衡。随着国内女性时尚意识提高，消费观念提升，女性内衣消费也从功能消费层面上升到情感体验方面，自我尊重、接受、认同的女性情感文化不断重塑。通过调研发现，中国的内衣市场发生了很大的变化，传统的钢圈文胸年增速 10% 左右，而无钢圈文胸年均增长在 30% 左右，成为当下涨势最快的一个子品类。中国女性开始寻找特别舒服的、没有额外负担的内衣。

内外牌内衣品牌目前有 100 万女性用户，200 万社交粉丝，40 家门店，是一个主打舒适自由的内衣、家居服、运动服饰的品牌。该品牌的粉丝认为“内外”崇尚女性本身的感觉，追逐自由和真实，而不是去愉悦、讨好男性。

2017年，“内外”创始人发现“内外”的品牌很难用文字简单去表述……人人眼里都有一个“内外”，三个关键词都很难表达。品牌在新的阶段需要一个更具象的想象来助力品牌的影响力，创始人决定找一个代言人。

但代言人是一把双刃剑：如果用流量明星，可能会带来销售，但是对品牌价值是损害的。该请谁呢？

“内外”内衣希望找一个和“内外”气质最一致的女性。当团队提到杜鹃的时候，大家的眼睛都亮了，觉得就应该是她了。杜鹃当时品牌代言非常少，甚至没有微博，这也是团队最终决定选杜鹃的原因——这样的代言人往往能给品牌带来更清晰的认知，作为品牌的第一位代言人，契合比什么都重要。“内外”内衣优雅而又坚定的品牌气质通过杜鹃深入人心。

第三节

品牌个性的维度和测量

一、品牌个性维度两种测量方法论

对品牌个性的认知经历了不断发展的过程：在20世纪中后期，随着市场营销观念和营销理论的发展，差异化成为企业竞争的战略重点，USP理论、品牌形象论等陆续出世，而品牌个性也在同一时期被提出并强调。但这一阶段对品牌个性的认知多以品牌定位的辅助手段为主，即追求品牌形象、营销的个性化。20世纪末，随着品牌个性理论的不断发展，学者开始结合心理学的研究基础，将“维度”概念引入研究中，试图科学测量品牌个性，比如美国学者Jennifer Aaker的品牌个性维度理论。有学者认为品牌个性理论可以对消费者与品牌个性的互动做出准确判断，即“个性相似”或“个性互补”，消费者倾向于购买那些与他们自己具有相似个性的产品或那些使他们感到能让自己的某些个性弱点得到弥补的产品。

纵观国内外有关品牌个性维度的研究，将品牌个性与人类个性做类比是基本前提，下面介绍两种主要的方法论。

（一）定性分析的品牌个性维度

从定性分析角度，较有代表性的品牌个性维度模型为Heylen模型（见图4-1）。通过结合心理学精神分析流派中的个性相关理论，Heylen构架出了一个品牌个性阴阳二重性理论模型。该模型包含的两个维度分别是“表现—压抑”和“顺从—武断”。虽然Heylen认为大多数的品牌可以在该模型中找到相应的位置，但由于该模型都是抽象的个性描述，同时较为依赖主观判断，不同的人可能会通过该模型分析出差异较大的结果，缺乏数据上的有力证据，使得结果并不具备说服力。所以在实际的运用中，并不常见。但该模型将品牌个性和人类个性进行类比，加入了消费者需求，将品牌个性的影响范围提升至与消费者关系这一层面。值得肯定的是，Heylen模型能够帮助研究者在宏观上对品牌个性进行把握。

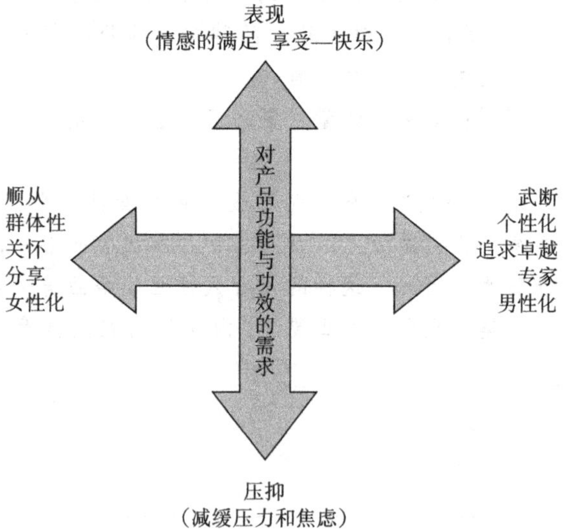

图 4－1　Heylen 品牌个性二维模型

（二）量化分析的品牌个性维度

对于个性测量这项繁重的工作，是从美国人格心理学家奥尔波特开始进行的。他让助手从英语辞典中精确地数出了 17953 个描述人格差异的词汇，最终挑选出具有代表性的 4500 个。随后的几十年，通过对更多样本的量化因素分析，心理学家们归纳总结出了更具普遍意义的大五人格模型（见表 4－1）。

表 4－1　　大五人格模型（OCEAN）

大类	人格	特点	高分典型描述
Openness	开放性	幻想对务实、变化对守旧、自主对顺从	刨根问底、兴趣广泛 不拘一格、开拓创新
Conscientiousness	尽责性	有序对无序、细心对粗心、自律对放纵	有条有理、勤奋自律 准时细心、锲而不舍
Extraversion	外倾性	外向对内向、娱乐对严肃、激情对含蓄	喜好社交、活跃健谈 乐观好玩、重情重义
Agreeableness	宜人性	热情对无情、信赖对怀疑、宽容对报复	诚实信任、乐于助人 宽宏大量、个性直率
Neuroticism	情绪稳定性	烦恼对平静、紧张对放松、忧郁对陶醉	焦虑压抑、自我冲动 脆弱紧张、忧郁悲伤

美国加利福利亚大学 Jennifer · L · Aaker 教授，通过借鉴个性心理学中的大五人格理论模型，以美国本土品牌为研究对象，构建了一个系统科学的品牌个性维度量表，包含纯真、刺激、称职、教养和强壮 5 个主维度以及 5 个维度下的 15 个次维度，总体包括 42 个特征词（见表 4－2）。

表 4－2　Jennifer · L · Aaker 品牌个性量表

品牌个性维度	次维度	特征词
纯真（Sincerity）	淳朴（Down to earth）	家庭为重的/小镇气质的/淳朴的
	诚实（Honest）	真实的/诚挚的/诚实的
	有益（Wholesome）	原生的/有益的
	愉悦（Cheerful）	感性的/友好的/愉悦的
刺激（Excitement）	大胆（Daring）	时髦的/刺激的/大胆的
	有朝气（Spirited）	酷的/年轻的/有朝气的
	富想象力（Imaginative）	独特的/富于想象的
	时尚（Up to date）	独立的/现代的/时尚的
称职（Competence）	可靠（Reliable）	勤奋的/安全的/可靠的
	聪明（Intelligence）	技术的/团队协作的/聪明的
	成功（Successful）	领导的/自信的/成功的
教养（Sophistication）	上层阶级（Upper class）	魅力的/好看的/上层阶级的
	迷人（Charming）	女性的/温柔的/迷人的
强壮（Ruggedness）	户外（Outdoorsy）	男子气概的/西部的/户外的
	强硬（Tough）	粗犷的/强硬的

由于人格特征受到地域文化的影响较大，同时语言对于个性描述也有差异性，所以本土的个性量表在跨国文化的运用中需要重新调整。各国的学者基于不同国家的文化和品牌的个性维度和结构进行了进一步的研究整理后发现，美国最显著的维度是强壮（Ruggedness），日本、西班牙两国品牌个性最为显著的维度分别是平和（Peacefulness）和激情（Passion）。

二、品牌个性的测量

品牌个性测量是建立在品牌个性维度的基础上，相当于品牌个性维度给我们绘制了一张关于品牌的全貌地图，我们通过这个地图来寻找相关品牌的所处位置。在品牌个性的理论研究早期，由于相关的理论支撑不足，在实践中，品牌个性的测量都是根据产品的具体特点，把应用心理学研究中的个性词汇直接运用在品牌个性的测量中。

随着科技发展和研究方法的进步，学者们进行品牌个性测量时会用更系统、更科学的方法来研究。JenniferAaker 通过测定 37 个品牌在 114 个人格特质上的表现，再使用因子分析法得到了品牌五个个性维度，这一发现确定了基于西方文化背景的品牌个性维度，并创造出了品牌个性结构的理论框架（如表 4－3 所示）。经验证，这个品牌个性维度的框架可信、有效，并有一定的普适性。

表 4－3　　品牌的五个维度

名称	构面	解释变量	特征值	人格特质
真诚	1	26.50%	31.4	务实、诚实、有益健康
刺激	2	25.10%	27.9	大胆、活泼、新潮
能力	3	17.50%	14.2	可靠、聪明、成功
高雅	4	11.90%	9.2	迷人、浪漫、上层社会
粗犷	5	8.80%	6.7	坚韧、强壮、户外

研究者认为通过系统研究消费者形象、产品广告和包装等一系列变量，可以系统地测量他们对品牌个性的影响程度。品牌个性可以为消费者提供更丰富、更深入的信息，和更加生动鲜明的形象。

JenniferAaker 开发的品牌个性维度量表（BDS）虽然是目前较为系统和有响力的测量量表，可以对绝大多数的品牌个性做出很好的解释。但如果直接用于测量中国文化背景下的品牌，准确度仍然会受到文化差异和价值观不同的挑战。中国学者卢泰宏在品牌个性维度的本土化研究中表示，需要使用更具有中国特色的词汇来描述品牌个性。同时他认为，在个性维度的数量上中国与西方的研究结果是一致的，这五个维度分别是：仁、智、勇、乐、雅（见表 4－4）。这五个从中国品牌个性维度提出的独特性特征，为我国营销学者进行有关品牌个性的研究提供了基础性的研究结果。

表 4－4　　中国品牌个性维度量表

个性维度名称	不同层面	品牌个性特质词语
仁（纯真、平和）	诚/家	温馨的、诚实的、家庭的
	和	和谐的、平和的、环保的
	仁义	正直的、有义气的、仁慈的
	俭	平易近人的、友善的、经济的
智（称职）	稳/谨	沉稳的、严谨的、有文化的
	专业	专业的、可信赖的、领导者
	创新	进取的、有魅力的、创新的
勇（强壮）	勇德	勇敢的、威严的、果断的
	勇行	奔放的、强壮的、动感的
乐（刺激）	群乐	吉祥的、欢乐的、健康的
	独乐	乐观的、自信的、时尚的
雅（教养）	现代之雅	体面的、有品味的、气派的
	传统之雅	高雅的、美丽的、浪漫的

“仁”是孔子思想的精髓和核心，这是一个极具中国特色的词汇，它的内涵丰富，意义深远，因此所包含的子维度也最多。“仁”一方面强调个人的修行和为人处世，另一方面也强调个人与自然界的和谐相处。这一思想在我国老字号品牌的个性中体现得比

较强。如同仁堂历代恪守“炮制虽繁必不敢省人工，品味虽贵必不敢减物力”的传统古训，就是该品牌个性的最好体现。

“智”在反映人的个性时，主要是体现在个人的知识范围和素质上。而在反映品牌的个性时，主要表现在产品的科技含量和竞争力上。在高科技的电子类产品和一些互联网知识分享平台上该个性表现突出。比如喜马拉雅 APP，作为一个音频分享平台，旨在做一家人一辈子的精神食粮，以“传播智慧”为自己的品牌个性特征。

“勇”主要体现在个人的行为和形象中。在户外运动品牌以及一些男性特征明显的产品，这一个性表现突出。比如从“李宁”的“一切皆有可能”到“雪花啤酒”的“勇闯天涯”，都表现了这一个性。

“乐”表达了人们对美好生活的向往和憧憬。在独乐和众乐二者之间，我国的文化倾向于众乐。像迪士尼和麦当劳，就是纯真快乐的代表；湖南卫视也强调“快乐中国”这一理念。

“雅”是卓尔不群、和而不俗，是一个人涵养的集中表现。主要表现在精神类和教育类产品的品牌上。

第四节

品牌个性的实践

尽管对品牌个性的定义和测量还没有达成统一，但是国内外学者都尝试着通过实证分析或其他方法对品牌个性的实际运用展开研究，试图在应用层面上得到更多的启示，使品牌个性走入消费者的生活。

一、品牌个性与品牌差异化是相互促进的品牌策略

学者在研究时发现，不同品牌具有不同的个性，区分不同品牌的方法即品牌个性。如果一个企业的品牌差异化和辨识度比较高，那该品牌的个性化程度就高。反之，可以利用品牌个性使自身品牌与竞争对手的品牌相区别，这同时也是成功品牌管理不可或缺的方法及基础。Koebel、Ladwein（1999）研究了法国众多行业的 85 个品牌，旨在发现如何通过个性来区分品牌。通过将主导品牌个性划分为主导张扬的、主导性感的、认真能干的及非人格化的四个维度，研究者发现不同行业属性的品牌明显带有不同的个性主导。比如服装和香水行业的品牌个性是主导性感的，既凸显自我又强调品牌的魅力及性别取向；而技术服务类的品牌，要求满足消费者的功能性需求而不是象征性需求，因此体现的是认真、负责、能力卓著的品牌个性。

即便是所处同一个行业，面对相似的市场需求，竞争品牌间也可以通过塑造不同的品牌个性，让消费者感受到品牌的差异。比如有学者在对于汽车品牌个性的研究中发现：消费者认为“宝马”更具男性的阳刚之气，大众的“甲壳虫”具有女性化特征，而大众“帕萨特”体现的是认真负责、不张扬的个性。国内学者在研究饮料行业时发现汇源果汁具有清新自然、温和质朴而又高雅的品牌个性，就像田野间的一位少女；而

鲜橙每日 C 果汁则具有健康、时尚、年轻的品牌个性。

二、品牌个性与品牌定位的关系

品牌个性在塑造过程中需要以品牌定位为基础，只有符合定位的品牌个性才会被市场所识别出来，并被消费者所接受。另外，品牌个性反映了品牌定位，又往往是品牌定位的深化。两个品牌的定位可能接近，提供给消费者的利益点也一样，但是仍然可以展现出不同的品牌个性特征。例如 1981 年 IBM 公司推出了个人电脑后，其产品快速涌入企业和普通家庭，同时建立了专业的、值得信赖的品牌形象。而随后几年苹果公司推出了针对 IBM 的广告“1984”，将 IBM 比作乔治·奥威尔小说《1984》中的老大哥，代表专权统治和沉闷，而把自己比喻成打破统治的年轻嬉皮少女。在这样的品牌传播策略下，消费者认为 IBM 的个性定位是年长的、传统的，而苹果的品牌个性则是年轻的、颠覆的。由此可见，品牌个性的成功建立，可以丰富和深化品牌定位，会影响消费者对于品牌的感知，同时赋予品牌更多包括身份、规则、行为、人际感情等的意义。

三、品牌的个性化主张和品牌个性特征

营销者常常赋予品牌人性化的描述，这被我们称为品牌个性主张。品牌个性需要品牌主张来加以体现。市场上越强势的品牌，品牌个性和品牌主张就越清晰，表 4－5 展示了有代表性的著名品牌个性主张的描述。所以，营销者在提出品牌主张时，需要考虑到品牌个性的特征，以打造出符合人们认知的合理的品牌个性。

表 4－5　　著名品牌的品牌个性主张

品牌	个性主张	个性特征
海尔	真诚到永远	诚实的、直率的、真实的
农夫山泉	大自然的搬运工	健康的
强生/麦当劳	为爱而生/I'm lovin' it（我就喜欢）.	感情的、友善的、温暖的、欢乐的
小米	为发烧而生	大胆的、时尚的、兴奋的
安踏/脉动	永不止步/随时脉动回来	活泼的、年轻的
KEEP	自律给我自由	独立的、自信的、聪明的
保时捷	There is no substitute（没有替代品）.	成功的、权威的
苹果	Think different（不同凡“想”）.	颠覆的、引领的

从心理学角度，个人的个性特征具有独特性、稳定性、可变性、整体性四个特点。品牌个性主张也应该具备匹配的特征含义，包括以下 4 种。

（一）品牌个体之间的差异性

天下没有两片相同的叶子。人和人之间的个性差异是天然存在的，但在进行品牌个性主张时却难免遇到和其他品牌个性描述重复的情况，让消费者觉得没有特别之处，也就无法吸引到目标客户群体。所以，结合产品特色以及市场需求的变化，找到符合品牌个性的独特描述，是企业品牌个性化主张的首要工作。

（二）品牌稳定的特性

企业通过独特的品牌主张，让自身的品牌特征区别于竞争品牌，让消费者接受并认可后，保持该主张的稳定性是维持消费者认知连续性和品牌忠诚度的重要保证。品牌主张内容在时间维度上有稳定一致的表达，可以通过重复来强化消费者的记忆和品牌认知，提升品牌熟悉度，同时更容易让人相信品牌个性的真实性。反之，前后不一致的品牌主张，会让消费者产生认知不一致，从而影响品牌个性的可信度，给品牌个性和品牌形象都带来损害。

（三）品牌对环境的适应性

就像普通人的个性随着不同的人生阶段会有不同的发展一样，品牌主张也并非完全的一成不变。随着产品和品牌生命周期的变化、消费者生活方式和价值观的进步，品牌主张也需要及时更新迭代。“苹果”不同时期的品牌主张（见表4－6），无论是风格还是理念都大有不同，可以看出，苹果公司随着整个行业的更新和变迁也在不断升级自己的品牌软实力。品牌个性随着品牌定位和品牌形象的更新也需要不断更新。

表4－6　　苹果公司不同阶段不同的品牌主张

阶段	品牌主张
20世纪70年代	Byte Into An Apple（咬一口苹果/用苹果载入字节）.
20世纪70年代末—80年代初	Simplicity is the Ultimate Sophistication（极简为精）.
20世纪80年代初期	Soon there will be 2 kinds of people. Those who use computers, and those who use Apples（很快世上会只有两种人，用电脑的和用苹果（电脑）的）.
20世纪80年代中晚期	The Computer for the rest of us（苹果电脑是为我们不追逐主流的人设计的）.
20世纪90年代	The Power to Be Your Best（强你所强）.
1995年至今	Think Different（不同凡想）.

（四）品牌传播时个性表达的一致

从本章第一节的品牌个性传播的内容可以看到，今天关于品牌传播的手段更加多元化、复杂化。多种传播渠道都要求不同的内容制作重点和不同的内容表达形式，这给品牌个性的统一带来了挑战。正如一个人不同方面的个性需要整合协调到一起才能健康的生活一样，如果品牌个性在不同传播渠道出现了不一致，就会让消费者的内心产生冲突，容易失去消费者的信任。因而品牌方在选择明星代言人时往往会考虑两个影响因素，一个是代言人的粉丝量以及号召力，另一个是该明星的气质个性是否与品牌个性相匹配，同时能突出品牌的独特性。但实际上往往只能保证一个因素——流量明星通常会代言较多的品牌，也就难以突出特别独特的品牌个性，甚至还会出现因流量明星人设倒塌而牵连到品牌本身的情况。而经过严格筛选、极具个性的代言人又往往在商业转化上没有立竿见影的效果，这就需要企业拥有更加长远的目光和更多对于品牌建设的耐心。

第五节

品牌个性的价值

在现代社会，品牌个性化的形成与否和形成阶段，在一定程度上也代表了品牌是否成熟。这说明品牌建设者从最开始的以产品生产满足消费者的实用需求，发展到以价值理念的传播满足消费者身份认同等其他心理需求，实现了从产品有形价值到无形价值的飞跃。产品若是形成了独特的品牌个性，在整个市场竞争中，它就可以在同类的竞争产品中拥有自己独特的价值，避免遭到其他对手的模仿。因此品牌个性是企业发展成熟后所拥有的无形资产。

品牌个性蕴藏于顾客的消费意识之中。虽然产品是厂商生产的，但品牌却是由顾客造就的。顾客购买某种产品，代表着其某种心理需求的投射。比如追求新潮的顾客，会在时尚潮流的产品中找到自己所认可的个性和特质，而这种个性和特质就是品牌的价值。具体来说，品牌个性具有以下这些价值：人性化价值、购买动机价值、差异化价值和情感感染价值。

一、人性化价值

从长期来看，品牌个性通过传播具有吸引力的价值观，能让人们感受到商品功能之外的情感与价值体验。瑞典的新兴运动品牌 On（昂跑），除了强调跑鞋的科技感强以外，该品牌还提倡“用更少的产品满足更多需求”的环保理念和可持续发展的价值观，吸引了当今向往绿色生活方式的人们。优良、鲜明的品牌价值观在顾客购买并使用其商品前，就能够打动顾客。因而品牌升级时离不开对于人性化价值的发掘。除了宣传产品的功能性外，还可以把品牌和现有的或未来的用户的个性联系起来，这样建立的以用户为导向的品牌个性，对顾客更有说服力。如“一切皆有可能”的“李宁”，在 2012—2014 年累计亏损 31 亿元。从 2015 年开始，该品牌创始人李宁为了获得年轻人对品牌的认同，重新回到第一线，不断融入与年轻人互动的各种活动中。同时李宁体育将由体育装备提供商向“互联网 + 运动生活体验”提供商转变。产品方面采用更加年轻的潮流化设计，尤其是把“国潮风”从巴黎刮到了纽约，并布局年轻人习惯使用的电商渠道。截至 2019 年，“李宁”从亏损做到了营收上百亿，这是一个中国品牌通过凸显品牌价值的人性化价值而成功崛起的经典案例。

二、购买动机价值

从短期来看，品牌个性由于契合了顾客内心最深层次的感受，以人性化的表达触发了顾客的潜在动机，从而使他们选择那些独具个性的品牌。这是购买动机价值的体现。明晰的品牌个性提供给了消费者购买产品的理由，但同时也有可能打消个性不匹配的消费者的购买念头。品牌个性使品牌在顾客眼里活起来，甚至超越产品的物理性能，刺激消费者多重的购买动机，使得消费者收获一种身份认同。所以品牌个性让产品实现了超越使用功能的价值，这种情感类似于人与人之间做出的承诺。这不仅可以触发消费者的购买行为，还可以让品牌有更高的定价空间。

三、差异化价值

从前面章节分析中已经可以看出，品牌个性对于品牌独特性和品牌定位的打造都有至关重要的影响。品牌个性的差异化价值在于由它建立起来的差异会深入顾客的意识，形成牢固的差异化优势，从而区别品牌。

由于市场竞争激烈，企业间的技术迭代速度较快，因而产品的功能性差异并不一定能让消费者明显感知，同时，功能性的差异也往往容易被竞争对手模仿。而品牌个性的差异则给了品牌一个在顾客脑子里牢牢占领位置的机会。如华为手机打造了高端商务人士认可的品牌个性，即便在美国制裁下供应链遭到重创，产品在功能性上的领先受到了很大的挑战，这个品牌在消费者心目中的位置还是不可以替代，消费者愿意为这个品牌调整自己的购买决策。

四、情感感染价值

表达人格化特征的品牌个性往往利用新媒体手段，不断与消费者互动，进行深层次的情感交流，成为消费者身边的“朋友”“前辈”甚至“亲人”。这种品牌的感染力会随着时间的推移形成强大的品牌动员力，使顾客成为该品牌的忠实者，这是品牌个性的重要价值所在。心理学研究发现，人们对于和自己相似的人或者事物都更加感兴趣。因此，与消费者个性相似的品牌个性，更能够引起人们的情感共鸣。消费者和品牌共享同样的生活方式和价值观，可以提升消费者的自信和自尊。这也是品牌个性情感价值之所在。

本章回顾

第一节介绍了品牌个性的概述。包括：（1）品牌个性的定义；（2）品牌个性的分类；（3）不同媒介上的品牌个性传播：传统媒介中的品牌个性传播和新媒体中的品牌个性传播。

第二节阐述了品牌个性塑造原则与途径。包括：（1）品牌个性的塑造原则：持续一致性原则、独特性原则和人性化原则；（2）品牌个性的塑造途径：广告和赞助。

第三节讲述了品牌个性的维度和测量。包括：（1）品牌个性维度两种测量方法论：定性分析的品牌个性维度和量化分析的品牌个性维度；（2）品牌个性的测量。

第四节是对品牌个性实际运用的介绍。包括：（1）品牌个性与品牌差异化是相互促进的品牌策略；（2）品牌个性与品牌定位的关系；（3）品牌的个性化主张和品牌个性特征：品牌个体之间的差异性、品牌稳定的特性、品牌对环境的适应性及品牌传播时个性表达的一致。

第五节介绍了品牌个性的价值。包括：（1）人性化价值；（2）购买动机价值；（3）差异化价值；（4）情感感染价值。

课后思考题

1. 品牌个性的定义和主要分类是什么？
2. 简述品牌个性的塑造原则。
3. 品牌个性的塑造途径有哪些？
4. 怎么进行品牌个性的测量？
5. 在实际运用中，品牌个性和品牌建设的哪些方面有密切联系？
6. 品牌个性的特征是什么？营销者在塑造品牌个性时需要注意什么？
7. 简述品牌个性的价值。

课后案例

老字号如何爆发新活力？

今天很多新品牌还在为流量而焦虑，而穿越了超长周期和几代人共同记忆的老品牌本身就是一个流量入口，拥有新品牌无法比拟的接受度和用户基础。

行业的老字号在年轻消费者心目中可能会显得陈旧，迂腐，但如果保留它内在精神的正统，适时地进行创新，仍可以迅速取得反差性的效果。比如故宫文创团队，就采用年轻人喜闻乐见的互联网购物方式去传播故宫文化，赢得了巨大的反响。

相比于理念固化、品牌老化等问题，老字号的潜在价值更像一个亟待挖掘的富矿。尤其是在文化复兴、国潮崛起的今天，更具文化底蕴和历史积累的老字号必然会成为推动新消费的一股不可忽视的力量。

这个过程并不容易，但行业已经出现了一部分先行者，“寿全斋”便是其中之一。这个有着近300年历史的老字号，在最近几年表现出了惊人的爆发力。

“寿全斋”连续三年稳居淘系“姜汤”类目第一。不仅如此，在线下冲调饮料市场，“寿全斋”也位列前茅，同时在品类拓展上也交出了不俗的成绩单。

“寿全斋”将品牌升级定位为“东方食饮，养生之道”，本身视野也跳脱出来，强化了整个老字号的文化承载，以更国际化、现代化的眼光来审视自身的价值，并在品牌标志、包装上也进行年轻化的处理。同时，让东京奥运会女子重剑个人赛金牌得主孙一文成为其品牌形象大使，以体现其品牌文化：实力焕新，剑指“姜”来。

产品更是真正迎合当下主流人群，将经过时间检验的古法良方进行现代化改良——2021年更是对红糖姜茶配方进行了升级，加入了很多创新元素，在继承优良传统的同时避免了传统老字号在产品上老旧过时的问题。在消费者越来越习惯于在线上购买商品的大背景下，“寿全斋”是国内最早一批拥抱互联网电商的传统老字号。2012年，“寿全斋”入驻天猫商城开张官方旗舰店，踏上了电商的快车道。

“寿全斋”的姜茶成为了爆款，除了因为它是老字号，还在于它符合了当下爆款产品的很多特质，尤其是对女性用户的关爱。“寿全斋”的红糖姜茶，既是其结合自身以姜为核心的草本健康膳食产品，也顺应了近几年女性自我意识觉醒，追求健康、悦己的时代趋势。

从2017年开始，“寿全斋”扩充和丰富了中式饮品产品线；2018年，“寿全斋”正式推出桂花酸梅汤，凭借独特的江南风味和中国风的设计，成为酸梅汤品类的代表饮品；之后又推出果汁品牌，正式进军饮料市场。除了线上渠道，“寿全斋”也在持续深耕大卖场、精品超市、便利店等线下渠道。2019年“寿全斋”从瑞典引入爱克林包装饮料自动生产线，这是“寿全斋”在生产流程和包装技术上的一次升级（爱克林包装体积小、可降解，符合垃圾减量化的环保趋势）。第三方机构调研结果显示，在线下冲调饮料市场，“寿全斋”的销量也一直位列前茅。

全新升级的“寿全斋”分为两个品系：

一是注重传统文化和中国饮食根源性、自然性的“寿全斋经典”；二是基于新一代消费者的需求，与世界消费潮流相结合而推出的“寿全斋新风尚”。未来还将承载更多年轻化的产品。

案例思考题

1. “寿全斋”的品牌个性主张是什么？该品牌的个性特征有哪些？

2. “寿全斋”品牌定位、品牌个性及品牌竞争力之间的关系是怎么样的？

3. “寿全斋”采用了哪些新的品牌个性传播途径？

4. 结合品牌个性的价值，谈谈为何“寿全斋”的品牌升级成功赢得了年轻人的青睐。

第五章

品牌识别

【学习目标】

1. 掌握和理解品牌识别的定义；
2. 了解品牌识别的认识误区和作用；
3. 掌握不同品牌识别模型的内容；
4. 掌握品牌识别系统的含义和作用；
5. 了解品牌识别系统实施的流程；
6. 掌握品牌识别陷阱；
7. 能够运用品牌识别模型和实施流程的相关知识分析评价企业的品牌识别实践。

【导入案例】

《经济学家》的品牌识别

创办于1843年的英国《经济学家》，是一个以新闻、见解、评论和分析见长的著名杂志。《经济学家》以其独立的和国际性的编辑视野保持了自己鲜明的品牌个性，并且在全球的媒体市场竞争中，成为当今政论和经济类期刊的领导品牌。

《经济学家》创刊号封面用的英文字体是古典哥特式，展现了怀旧的、英式的风格，在当时的英国很时髦。封面后来经过几次大的修改，形成了今天这种独特的红色风格。它的标志设计很简洁，由白色的“The Economist”字体和鲜红的底色构成，设计思想秉承了其创始人James Wilson倡导的朴实风格。

《经济学家》的个人形象识别的具体细节包括个性、友情、联系、关系等。在《经济学家》这本杂志中，个人形象识别来自和杂志密切相关的人们，它采访过的艺术家、哲学家、经济学家、科学家等，看起来有浓浓的书卷气。这本杂志紧跟时代前沿，将纯粹的科学精神和应用结合得很好。比如在20世纪90年代中期生物科技的发展引起人们广泛关注之时，它就做了大量非常深刻的分析文章。这些文章或者专题既有杂志本身对于全球生物科技发展的趋势判断，也有最著名的一些科学家的专访，让人们在尺幅之间得到这个领域的最新资讯和洞见。

《经济学家》的符号识别也应用得非常好。这本杂志对人的视觉冲击非常大。《美国国家地理》杂志封面的亮黄色边框给大众留下了深刻印象，以至于在很多场合，《美国国家地理》只用一个亮黄色的边框就可代表它的品牌。另一本美国著名杂志《时代周刊》的红色边框也已经成为这本杂志的醒目标志。

《经济学家》这本英国杂志的边框也是红色，物理学家告诉我们：红波传得远，最容易识别，也就更容易影响人们的心智和认知。如果将《经济学家》这本杂志比作人，那么我们就会感觉到它是一个热情似火、高智商、眼界宽广的人。这个“相”来自视觉识别的种种细节，这个“人”就是品牌背后的价值观和追求。

所以，品牌的无形资产多外显于特定的色彩、轮廓、形象等。

《经济学家》的产品识别的具体内容包括它的属性、功能、品质、使用者、原产地效应等。在功能识别方面，我们都知道，报纸的主要功能是新闻报道，杂志的重要功能是深度分析和洞察，所以《经济学家》的内在品质基本上体现于深度分析。比如“可口可乐GDP值”就是它有创意的分析手段。当经济学家们用GDP来表示一个地区的生产力发展水平时，《经济学家》杂志提出用这个地区人均可口可乐的消费量来衡量这个地区的发达程度。《经济学家》用可乐作为标准，原因是可乐本身并不是生活必需品，其消费量是一个休闲程度的指标。当然这个分析当中应该大致忽略生活习惯、文化背景和其他因素的影响。由此，他们专门用电脑制作了全球可口可乐消费分布图，使人们对于不同地区的休闲程度一目了然，非常有创意。

组织识别是通过一系列因素表明这个组织的特性和它所吸引的人群。《经济学家》将读者定位为富裕的、有独立见解和批判情怀的社会精英阶层。“前沿”的设计、针砭时事、挑战传统和权威、敢于表达并乐于表达自己独特的观点等都传达着先进、挑战、勇敢、聪明、活跃等心理体验。

《经济学家》的产品识别是对于政治和经济问题的批判性报道、深入的分析和各种制作精良的专题文章。它的组织识别是英国知识分子的主流代言刊物。它的个体形象识别包括红色边框、每一期精心设计的封面图片（包括卡通、波普和写实等几种风格）、纸张的触感等。符号识别包括名字、书评增刊、《经济学家》信息单元的分析增刊等。一个多世纪来《经济学家》根据杂志的定位，选择以上各种元素出现的风格、频次和具体方式。始终如一地遵循着其创始人James Wilson最初的办刊思想：在文章中提出的任何争论和主张必须要经得起事实的考验。这就是品牌的核心诉求和品牌理想。

另外，它还十分注意利用品牌识别的细节体现品牌的定位。比如它著名的书评增刊就为杂志主体加分不少。在这个增刊里面，介绍和评论的都是文化、艺术和社会活动最前沿的动向和最新的发展：艺术的新流派、电影的新手法、新的社会趋势、鉴赏和品评等，适合这本杂志定位的读者所在的阶层。

品牌识别的作用在《经济学家》这个品牌的成长过程中至关重要。我们可以想象一下，如果这个杂志的识别体系在多年中一而再、再而三地变化，那么它在大众头脑中就不会呈现出现在清晰的简约风格，再或者，如果它的识别体系没有经过精心的整合，在发展过程中一味追逐潮流，一会儿讲究前卫，一会儿追求古典，那它的品牌资产就会受到严重的损害。

在品牌建设过程中，外在形式可以改变，但核心的识别应该是连贯和一致的，这才是真正的品牌识别之道。

第一节

品牌识别概述

一、品牌识别的定义

品牌识别（Brand Identity）概念比品牌形象概念提出的时间晚，是一个较新的概念，最开始是由美国著名品牌管理学者大卫·艾克（David A. Aaker）教授在《创造强势品牌》一书中提出的。他认为：品牌识别是品牌战略者们希望创造和保持的能引起人们对品牌产生美好印象的联想物。品牌通过这些联想物表达了一些想要传达给消费者的东西，也暗示着消费者能从品牌识别中得到企业的某种承诺；大卫·艾克认为品牌识别包括12个元素组成的4大方面：产品、组织、个人和象征符号。识别结构包括核心识别特性和延伸识别特性，具有内聚的、有意义的识别元素系统。核心识别是品牌最重要、永恒的本质，是品牌进入新的市场和产品领域时最有可能保持不变的。而延伸识别是指能为品牌带来更为丰富的内涵，使品牌识别更完整的元素。这些元素为品牌的核心识别添加色彩，让品牌的理念显现得更加清晰，使品牌变得更加丰满与完整，可以让品牌管理者有更多可以发挥的题材。品牌延伸识别有助于品牌方向具体化，与核心识别共同形成完整的品牌识别。

后来，不同的学者对大卫·艾克所提出的品牌识别进行了自己的定义。法国品牌权威学者卡普菲勒（Kapferer）在《新战略品牌管理》一书中指出，品牌识别属于品牌设计者的业务范畴，目的是确定品牌的意义、目的和形象。品牌形象是这一设计过程的直接结果。

美国品牌学家兰德尔（Randall）将品牌识别定义为：可以掌控的，能将品牌本质传达到市场上。佩里和维斯能（Perry 和 Wisnom Ⅲ）认为品牌识别即为企业、产品和服务品牌的可操控的元素组合。布丽吉特（Brigitte）则将品牌识别定义为：品牌识别是外表，包含企业的价值观、产品、服务品牌或品牌环境；国内品牌学者翁向东在《本土品牌策略》中认为品牌识别是指通过产品、企业、人等开展的营销传播活动具体如何体现品牌核心价值进行界定，从而形成的区别于竞争者的品牌联想。

国际著名的 BBDO 和 DDB 广告公司认为品牌识别的本质应该要回答出六个方面的问题：①品牌的价值是什么？②品牌的个性是什么？③品牌的长期目标和最终目标是什么？④品牌的一贯性如何？⑤品牌的基本实际情况如何？⑥品牌的辨识符号是什么？

综合以上观点，本书认为品牌识别就是能够帮助品牌的消费者从众多竞争者中分辨出自己的特征、个性、形象，对品牌产生认同并形成一定品牌忠诚度的品牌联想。品牌识别由文字、图形、符号、色彩等视觉识别，以及联想与个性形成，是客户通过产品、营销传播与员工的体验等各种消费者符号，最终形成对企业品牌认知和感受的综合体。企业进行品牌管理的关键是品牌识别的理解和管理，并在此基础上形成自己的品牌资产。

二、易混淆的几个概念

（一）品牌识别和品牌形象的区别

首先，表现在性质上的差别。品牌识别是站在企业的立场上而言，是企业如何来定义品牌，属于企业战略规划的范畴。品牌识别是企业的“预期品牌形象”，它为品牌提供了方向、意图和价值。而品牌形象是对顾客而言的，是顾客如何看待品牌，它是消费者基于接触到的品牌信息，经过自己的选择和加工，在大脑中形成的有关品牌的印象总和，是消费者感知的“实际品牌形象”，是对品牌识别理解的结果。

其次，表现在认识深度上的差别。品牌识别认为品牌不仅仅是形象更是关系，所以一方面品牌识别需要驱动品牌形象使其按照管理预期实现，以确保不出现形象和组织预期相违背的情况；另一方面品牌识别需要和消费者建立关系，还必须去建立、巩固和加强顾客关系，通过向顾客承诺提供一系列的功能性、情感性和自我表达利益。除此以外，品牌识别不仅要求建立清晰独特的品牌形象，更要求在经营上切实履行品牌承诺。因此，品牌识别 = 品牌形象 + 顾客关系 + 品牌承诺。

最后，两者包含的要素稳定性不同。品牌识别所包含的各种要素是相对稳定的，但对品牌形象塑造来说，需要经常更新。关键在于，不同的品牌形象创意要遵循和反映品牌识别的最初原则，只有这样，才能真正做到品牌形象的一致性，才能把品牌形象塑造称为战略性的沟通工作。

（二）品牌识别和品牌定位的区别

大多数学者重视品牌定位，认为品牌定位就是品牌识别，但是品牌定位和品牌识别在本质上还是有区别的。

首先，品牌识别是品牌定位的基础和方向。品牌识别能够帮助品牌的消费者从众多竞争者中分辨出自己的特征、个性和形象，对品牌产生认同并形成一定的品牌忠诚度的品牌联想。它是企业向消费者传递的一系列涵盖了品牌各个方面的信息，这些信息是品牌定位的基础，品牌定位不能离开品牌的基本信息。品牌识别根据不同的细分市场，突出品牌识别中的某些信息；一些信息对品牌来讲可能很重要，但为了定位的准确性和差异性而不得不舍去，而另一些信息被强化了。对于一个成熟的品牌，它的品牌识别信息反映了品牌的核心和精髓，决定着品牌定位的方向。

其次，品牌识别包含的范围比品牌定位包含的范围要广。品牌定位是品牌识别和品牌价值主张在品牌传播中的一个部分，是对品牌识别进行再设计使其能在消费者心智中占据独特（未被竞争者占据）而有价值且与消费者偏好共鸣的位置。其实品牌定位就是“品牌识别实施系统”中的“识别优先因素”。

最后，品牌识别的核心价值是品牌定位。对品牌识别进行了清楚的阐释以后，品牌识别过程进入品牌定位阶段。品牌定位是品牌识别系统的一个子系统，它要确定品牌的价值主张，并向目标受众大力宣传，主要通过考虑消费者认知、市场竞争关系的角度加以确定，从而形成与品牌有关的品牌识别。

三、品牌识别的作用

我们通常从企业内部管理者从事设计的角度来理解品牌识别，主要通过考虑消费者认知、市场竞争关系加以确定，从而形成与品牌有关的品牌识别。因此，品牌识别对整个企业内部的资源整合、企业文化的体现、建立适应市场需求和变化的竞争战略机制都起到非常重要的作用。

首先，明确企业设想的理想状态的品牌识别，将成为策划、评价品牌有关方案时的可靠依据，并据此来判断是否是适应品牌战略发展的活动，企业中的任何成员都能够进行共同标准的判断，从而促进整个公司内部对品牌战略的共同认识。

其次，明确从消费者立场出发的规定要素（消费者的利益、消费者的理想和期待等）的品牌识别，将有利于实现基于品牌识别而形成的品牌战略所唤起的购买行为等效果。

最后，明确市场竞争中的规定要素（相对于竞争品牌的市场定位）的品牌识别，将揭示企业竞争优势的源泉是什么，从而更有效地突出消费者所能察觉到并与其他竞争品牌相差别的核心要素。

第二节

品牌识别模型

不同的市场竞争环境，有不同的市场销售观念和方法与之相适应。当企业提供给市场的产品不是那么丰富时，企业要想扩大市场份额，就必须有自己个性化的销售方式，即企业开始求助于“独特销售主张（USP）”。在形象时代、定位时代和品牌个性时代后，我们进入了品牌识别时代。要成为一个强大的品牌矗立于市场不倒并得以保持，品牌必须忠诚于它的识别。品牌形象作为品牌识别的标识，会随时根据市场的需要而改变，通过其新表象来引起消费者的关注。品牌识别却超越了表象，寻求品牌识别的源泉——企业的核心价值。对于品牌识别的内容，不同的学者建立了不同的模型来帮助更好地理解。

一、品牌识别六棱柱

法国著名学者卡普菲勒提出的品牌识别六棱柱模型是由体格、个性、文化、关系、形象、内在影像六个方面形成的六面棱柱（见图5－1）。

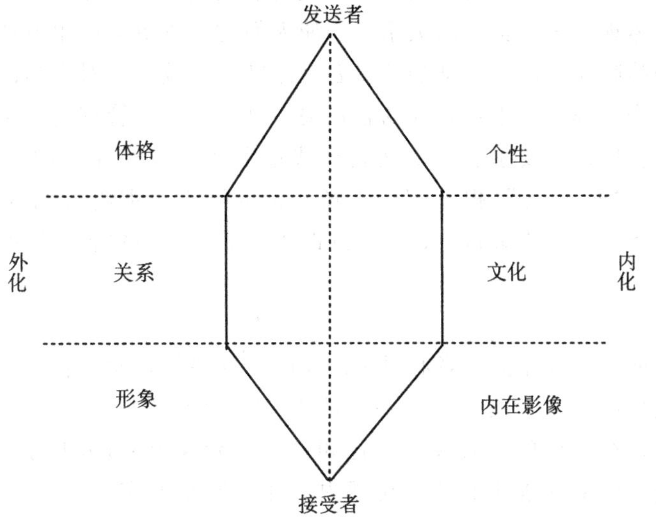

图5－1 卡普菲勒的品牌识别六棱柱模型

1. 体格

体格是品牌独立特性的外在表现，一个品牌就像一个健全的人一样有健全的体格，能让品牌具有显著性，能引起目标受众的注意。体格是品牌的基础，也是品牌传播的基础，与品牌的标准定位相符。它从品牌中的主要或突出产品中提炼出外貌特征，是构筑品牌的第一阶段。比如星巴克的“双尾鱼女神”标志，会使消费者联想到异域风情和浪漫色彩。“Citroen（标致车）”让人产生高品质的配置和勇敢的印象，“Volkswagen（大众车）”意味着经久耐用，“BMW（宝马车）”让人想到不凡的行驶表现和速度。

2. 个性

每一种品牌都有其独特的个性。通过赋予品牌以人类特征，建立起品牌个性，消费者能够容易与品牌建立联系。对应价值理念不突出的品牌，可以通过邀请明星为其产品作个性代言。比如“可口可乐”的个性——乐于分享、年轻、真诚；“乐事”的个性——轻松自然、简单快乐；“耐克”的个性——活力四射、激进酷感、积极向上。

3. 文化

文化是品牌固有的DNA，包括价值观、表达方式以及组织在各个方面同客户、员工和所有的利益相关者形成的交流方式。文化与统领品牌对外标记（即产品和传播）的基本准则相关联。文化是品牌识别固有的一面，它是品牌的主要动力。比如，在消费者心目中，意大利是时尚和艺术之都，具有卓越的品质和手工工艺，因此也诞生了诸如“Gucci”“Prada”等顶级奢侈品品牌。

文化是品牌识别不可或缺的一部分，不仅影响品牌，更是渗透到品牌中去（如"华为""可口可乐""阿迪达斯"等），形成了品牌的核心价值。成功的品牌识别不仅有自己的个性，更是有自己的文化。文化往往与品牌创立联系在一起。从"华为"我们看到中国，从"可口可乐"我们看到美国，从"IBM"我们看到华尔街。

4. 关系

关系指的是品牌和消费者之间的关系，主要通过消费者对品牌的思想感受以及品牌的了解方式方面体现出来。良好的关系能够使人们的交流更为简单方便，能帮助品牌管理者打造更好的品牌模式，从而增加消费者对品牌的忠诚度、对产品的回购率、提高客户满意度以及围绕品牌打造志趣相同的客户关系群。在品牌管理过程中，越来越多的企业重视客户关系管理，这要求企业的运营模式逐渐从"以产品为中心"转化为"以客户为中心"。比如"沃尔玛"根据相关市场营销的调查数据将啤酒区和尿布区放在一起，方便了新手爸爸们的购买行为，极大地改善了品牌和消费者之间的关系，提升了消费者的忠诚度。

5. 形象

品牌的形象就是品牌在消费者心目中的反映，反映品牌使用者想成为或者渴望成为什么样的人，是目标消费者的外在反映，即当消费者消费某一品牌的产品时所得到的一种自我评价或外在形象的一种象征。比如当消费者穿上 Chanel 的套装时，给人以高雅、简洁、精美的简单舒适新形象；在国内，开奥迪车的车主向人呈现成熟、稳重的形象。

6. 内在影像

内在影像主要是指消费者通过消费某种品牌将自己与品牌传播的价值理念进行自我关联，是消费者自己理想形象的内在反映，消费者希望能通过某些品牌建立起与自己某种形式的内在关联。消费者内在影像可以解释为什么一些年龄较大的人也会购买新生代选择的"百事可乐"而不是经典的"可口可乐"，因为他们希望像年轻人一样有活力。

卡普菲勒的品牌识别六棱柱模型的六个组成部分中，个性、文化和内在影像是企业品牌的内化表现，体格、关系和形象则是外化表现，每一部分的内容在传播的过程中都由发送者直接指向接收者，而关系和文化则构成了发送者和接受者之间的桥梁。它们与品牌识别的概念形成了一个有机整体，形成强大的力量，每一个方面的内容都与其他部分相互补充，缺一不可，否则就会大大的削减品牌的力量。当品牌按照六棱柱模型建立起高度统一的品牌形式识别，就能树立起消费者心目中的形象，赢得市场份额。

二、大卫·艾克的品牌识别模型

国际著名品牌研究专家大卫·艾克教授的品牌识别理论最早出版的《创建强势品牌》（1998）一书中，2000 年他在《品牌领导力：在信息社会中建立资产》中对这个模型进行了改进，但没有实质性的变化，基本思想完全一致。大卫·艾克的品牌识别理论是对凯勒的全面营销的品牌创建理论的极大补充。

大卫·艾克品牌识别模型认为，品牌识别分为三个步骤进行。

第一步是对品牌的战略进行分析，包括顾客分析、竞争者分析和自我分析。

（1）顾客分析，主要是对目标市场的趋势、消费者的动机、未满足的需要和市场细分的分析；

（2）竞争者分析，主要是对品牌形象、品牌识别、竞争者的实力和战略、弱点等进行分析；

（3）自我分析，包括对企业品牌现有形象、品牌发展历史、企业实力和能力、组织价值等进行分析。

第二步基于以上对市场内外环境的分析，设计品牌识别系统。品牌识别系统由品牌精髓、品牌的核心识别和延伸识别三个部分组成。其中具体体现在以下四个方面（见图5-2）。

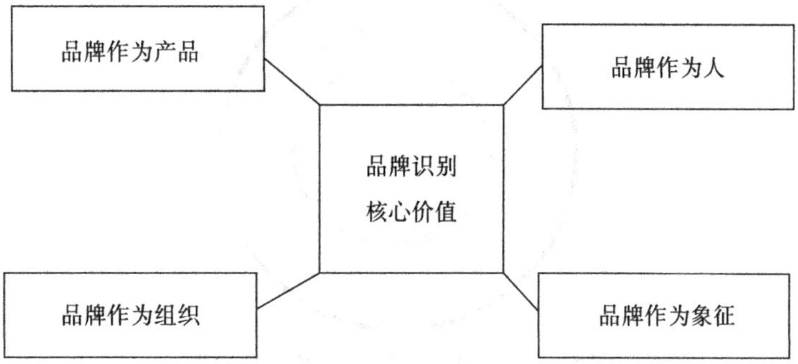

图5-2　大卫·艾克品牌识别系统

首先作为产品的品牌，品牌以产品形式存在，包括品牌涵盖的产品范围、产品的特性、产品的质量/价格、顾客对产品的使用体验、产品的使用者和原产国，这些产品形式将直接影响顾客的感受，是影响顾客是否购买产品的主要因素。作为产品的品牌能给消费者产生一些好的或不良的联想等。

作为组织的品牌，品牌就是企业，代表一个企业组织，包括组织特性，如组织创新能力的高低、质量的优劣、企业是否重视对环境的建设等，公司的全球性或地区性，作为组织的品牌会影响到顾客对品牌的好感、尊敬等感情。

作为人的品牌，即品牌的拟人化，包括品牌人格化的个性（personality），品牌与消费者的关系会影响到消费者的消费决策；

作为象征的品牌，即品牌的符号和意义，包括品牌的视觉标识、品牌名称、隐喻式图案、品牌传统，这些作为品牌识别的核心要素，会对企业品牌的形成产生巨大的影响，最终形成企业的资产价值。

第三步是品牌识别的实施系统的执行。首先是形象化地诠释品牌识别的含义，其次是进行品牌定位，积极向目标受众传播品牌识别和它的价值取向，再次是执行品牌识别战略的一系列具体的活动，最后是品牌识别战略实施效果追踪和评价。

拓展案例

“优衣库”的品牌识别模型

按照大卫·艾克的品牌识别模型，品牌识别模型最核心的部分是品牌的核心识别，核心识别是品牌的根基所在。核心识别是一个内涵很小、外延较大的概念，是指一个品牌永恒的精髓、本性，代表了品牌的使命和价值主张。核心识别规定了品牌传播最基本的个性和姿态，规定了品牌延续发展和品牌沟通的原则性信息。核心识别反映了品牌的精髓不会因时间的流逝而消失（见图5－3）。

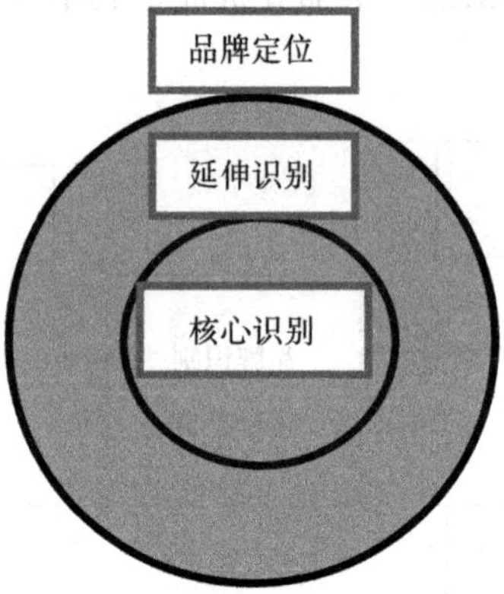

图5－3 “优衣库”的品牌识别模型

1. 核心识别

“优衣库”品牌传播的核心识别是商品的基本功能和平价、质优的特点。“优衣库”的服装既是生活中的必需品，也是时尚品，其服装主要是基本款式，侧重于服装的“百搭”和“实用性”，给大众留下的印象是“功能性商品”“平价的时尚”。其中，“优衣库”上市的一款高新技术服装“HEATTECH”，具备了吸收湿气、发散热量的功能，在服装业内掀起了一股技术服装的热潮。

2. 延伸识别

服务理念和经营理念是“优衣库”品牌传播的延伸识别。“服务等于优衣库”是“优衣库”的一句广告宣传语，“优衣库”也把“顾客是上帝”做成了品牌：消费者享受愉悦随性的购物过程，同时其“宽消费群”的理念致力于让所有的消费者都能买到自己满意的服装。“优衣库”采用的SPA零售商经营模式，有效整合了商品策划、生产制造和销售。

3. 品牌定位

“优衣库”的服装品类比较简单，大众、平价、高品质，同时又追求潮流感和时尚感，这是“优衣库”品牌差异化定位的核心。这一定位不仅强调价格，而且还注重对消费者需求的分析与愿意支付成本的理解。如今消费者需要的是：你提供服装的零件，我来搭配，自己设计个性形象。因而“优衣库”对休闲服装“衣服是配角，穿衣服的人才是主角”的理念，与消费者的需求相契合。

三、卡普菲勒的品牌识别金字塔模型

品牌识别金字塔模型最先是由卡普菲勒在他的《战略品牌管理》一书中提出的，后来由其他学者加以完善而形成。品牌识别金字塔模型认为品牌由品牌根基、品牌定位、品牌主旨和品牌执行 4 个层面构成。

品牌根基是品牌的核心，是品牌的深层次识别，是品牌的核心价值，有了品牌根基，就具有了与其他品牌的核心不同点。品牌根基可以在很长的一段时间内保持不变。例如：奔驰汽车的产品特性是“跑得快的车”，但是它的核心识别却是“英雄”，即处于险恶处境下的英雄本色。品牌的核心点应隐藏在产品诉求之下。品牌定位是构成品牌根基的重要元素，也是品牌根基的延伸，它是一个品牌区分另一个品牌的重要元素。品牌主旨是品牌定位的图像及文字表达。品牌主旨通过品牌执行来完成，即通过影视广告、公共关系、促销等传播手段来传播品牌。

消费者从金字塔的底端即品牌执行来了解品牌，主要通过影视广告、杂志广告、公共关系、互联网宣传等多种途径，从产品、品牌主旨、品牌定位以及沟通风格等方面来了解。品牌管理者要塑造一个长期存在的品牌，就必须清楚地理解品牌的核心点和源点。自上至下地运作，必须在品牌核心识别的基础上建立品牌风格，同时品牌风格的变化也不能违背品牌的核心识别，品牌的主旨和承诺必须落在适当的范围内。

在国际品牌管理中，卡普菲勒的品牌识别金字塔模型非常重要。在不同国家，同一品牌会处于不同的发展阶段，因此，它的品牌主旨和推广的产品在全球范围内也是各不相同的。但是同一品牌的核心价值是一样的，因此国际品牌的核心价值和主旨在各个国家的品牌管理中是保持一致的，在经过长期的品牌执行以后广告才会趋向统一。如图 5 - 4 所示，从奔驰汽车的品牌金字塔模型中可以看出奔驰汽车从品牌根基到品牌执行的一致性及各要素之间的关系。

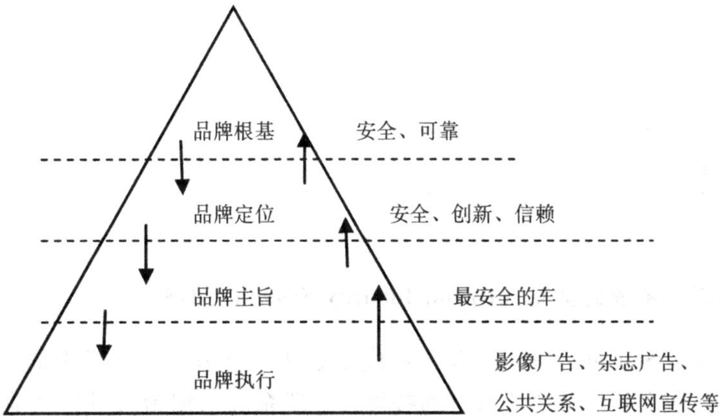

图 5 - 4　奔驰汽车品牌识别金字塔

四、戴维森的品牌识别环状图

品牌环状图是由戴维森（Davidson）在他的《攻势营销》一书中提出的，他的品牌环状图由四个区域组成，这四个区域由内向外依次是品牌的内部核心、品牌的外部核心、品牌可以延伸的领域和品牌不可涉足的领域，具体如图 5 –5 所示。

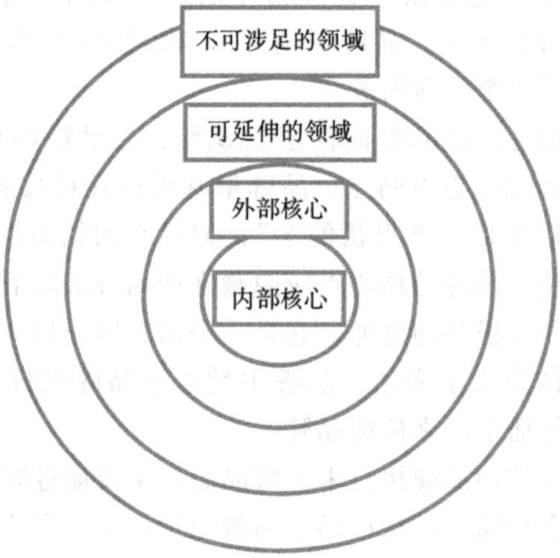

图 5 –5　戴维森的品牌识别环状图

品牌的内部核心包含了诸如品牌的核心价值理念等品牌中特有的决定性元素，是品牌中基本的元素和品牌特有的元素。品牌外部核心则包含了品牌中一些可供选择的元素，这些元素是品牌基本元素的补充，它们不是品牌的核心和本质。品牌的内部核心和外部核心体现了该品牌的现状。品牌可延伸的领域包含了品牌今后可能发展并延伸的方向，为品牌的发展和延伸指明了方向，也就是说品牌在这些方向上发展和延伸是安全的。品牌不可涉足的领域则说明了品牌延伸的危险区域，即一旦品牌涉及这些领域，不但将使得品牌形象变得模糊，而且可能会严重地损害该品牌已有的市场形象，起到相反的作用。

第三节

品牌识别系统

一、品牌识别系统的含义（Brand Identity System，BIS）

英文中系统（System）一词来源于古代希腊文（Systεmα），意为部分组成的整体。系统的定义应该包含一切系统所共有的特性。一般系统论创始人贝塔朗菲定义：“系统是相互联系相互作用的诸元素的综合体。”这个定义强调元素间的相互作用以及系统对元素的整合作用。可以表述为：

如果对象集 S 满足下列两个条件：

（1）S 中至少包含两个不同元素；

（2）S 中的元素按一定方式相互联系。

则称S为一个系统，S的元素为系统的组成成分。

系统的定义指出了系统的三个特性：一是多元性，系统是多样性的统一，差异性的统一；二是相关性，系统不存在孤立元素组分，所有元素或组分间相互依存、相互作用、相互制约；三是整体性，系统是所有元素构成的复合统一整体。

根据上述关于系统的概念，我们可以知道品牌识别系统就是与品牌相一致的消费者符号构成的复合统一整体。由前述品牌识别的定义可以得知品牌识别是由文字、图形、符号、色彩等视觉识别，以及联想与个性形成，是客户通过产品、营销传播与员工的体验等各种消费者符号的集合体。因此消费者符号是品牌识别的元素系统，包括必备元素和和可选元素。必备元素有品牌名称和品牌标志，可选元素包括品牌口号、品牌角色、品牌音乐、产品外观等。在品牌识别设计时，品牌设计者会列出许多消费者符号，将意思相近的符号排列成组，再从每一组中选出一个最能代表这组意思的符号标记分类。辨析清楚品牌的视觉识别标识需要传递的意思是什么，即顾客看到视觉标识会想到什么？品牌识别设计的消费者符号分为战略型和战术型，比如为了确立品牌的精华形象或是要保持品牌视觉形象连贯性的消费者符号属于战略范围；而只针对某一地方市场上的临时性的消费者符号就属于战术上的品牌识别。那么企业要根据自己的发展战略目标从上述消费者符号分组中来决定采取何种品牌识别。

建立品牌的过程就是通过品牌识别将企业符号植入消费者（以及公司利益主体）脑海中，实现品牌的附加价值。品牌识别设计超越了品牌名称，创造出包括象征物、色彩、主导品牌、核心产品、服务保证、广告口号等在内的设计语言和符号。品牌识别设计的语言和符号是否具有连贯性与整体性，关系到企业品牌识别战略成功与否。

因此，建立一个成功的品牌识别系统必须依赖非常关键的两点：首先，由于国际性和区域性差异，不同国家和地区的人们对于品牌各项识别标识传达的消费符号，会有不同的理解，所以企业在进行品牌识别设计的时候要肩负起向人们解释其价值与差异性的责任；其次，为了使品牌识别系统的核心业务的成功发展以及组织形式的不断完备，在进行品牌识别设计是要经常注意到品牌识别系统中的各项投入与其他参数之间的相互联系。

二、品牌识别系统的作用

一套成功的品牌识别系统如何成功地引起消费者的注意，又如何提升企业整体的品牌形象？品牌识别系统的作用主要体现在以下几点。

1. 品牌识别系统能唤起消费者的品牌回忆

消费者对企业品牌的认识，就如同人与人之间相互认识的过程一样，不但要看对方的五官长相、衣服穿着，还要观察对方的言行举止。为了更为深入地认识对方，还要通过长时间的交往来感受对方的思想水平和性格特征，从而逐步形成对该人的综合认识与判断，这个认识过程是通过整合分析对方身上由表及里各种识别元素所传递出的各种信息来实现的。企业品牌被消费者认识的过程也是如此，需要通过向消费者有计划地传递各种品牌识别元素，从而使企业品牌在消费者脑海中形成企业期望的认识和判断。消费者在重复多次接收品牌识别元素时，会在无意识的情形下产生相应的记忆行为，信息在短时记忆后，经过处理进入长期记忆，最终将信息保留下来。长时记忆能随时调出相关品牌信息供消费者使用，让品牌内容在消费者脑海中扎根。

好的广告能起到深入人心的宣传作用，人们对广告品牌名字的熟悉程度明显决定着品牌宣传战略的成功与否，所以采取能唤起消费者的品牌回忆的品牌识别战术能体现出更多的品牌力量。消费者对品牌的记忆程度会受到广告重复的次数的限制也会受到重复时机的影响。广告出现的频率越高，消费者越能记住它。所以企业把品牌宣传投放在电视广告中、网络中、视频客户端等媒体上重复播出，甚至在黄金时段定时播出，增强人们对其品牌的记忆，唤起消费者的品牌回忆，在消费者的心中形成更深刻的印象，使消费者形成对该产品特征和属性的信念。

2. 能体现品牌形象与个性，使品牌更具竞争力

设计出富有个性的标记（如人或动物形象）可以使得品牌更具竞争力，罗杰斯特如果没有“短吻鳄”形象，也许会失去其领导世界潮流风尚的意义。一个品牌要在社会上具有竞争力、被消费者优先选择，就需要设计出一个被大众喜爱且被大众接受的品牌形象。例如“不二家”使用吃到糖果开心地舔嘴唇的邻家小女孩形象小蓓（peko）和形态相似的小男孩小波（poko）为其品牌和产品的卡通形象代言人，让人看到便倍感亲切，忍不住好奇想尝一尝“不二家”的糖果，小蓓和小波不仅增加了“不二家”品牌的亲和力，也提高了品牌的识别性，是卡通形象标志化的典型范例。

3. 促进品牌在地区和国际之间传播

品牌识别是消费者认识企业的基础，是人类探索质量与价值的语言，它既是世界性语言，同时也是区域性语言。一个好的品牌识别系统能使品牌深深地印在消费者脑海中。所以好的品牌识别系统必须体现在其自身特定的价值上，同时它又必须具备连贯性、创造性与可视性。一些能显示特定细微差异的品牌识别能引起人们的回忆，能使人们很自然地想到某些品牌，让人产生亲和感，因而具有无可替代的个性魅力。

把富于地方特色的设计用于全球性的品牌识别系统中，品牌识别系统便会有极大的灵活性。同时也使地区消费者感到他们参与了改善世界的行为而获得极大的乐趣。许多国际性品牌及其结构的识别标识一般都体现出这一点。

4. 充分展示公司文化风格

只有尽可能地把公司传播过程中的各项组成元素统一起来，才有可能创造出高水平的品牌设计。能不能将品牌实践、公司标识、公共关系、文化使命、服务培训等作为一个整体传播过程而不是将它们视为相互独立的行为，是一个企业实施品牌识别系统成功的关键所在，所有的传播手段都必须以巩固企业主导地位为目的，同时又要公正平等地服务于公司不同的利益主体。真正有价值的品牌应具备在品牌与企业各利益主体之间建立长久关系的能力，而这些不同的利益主体之间又通过这种终身关系发挥出多种多样的作用。

三、品牌识别系统实施流程

从大卫·艾克对品牌识别的定义中可以发现，品牌识别系统的整个实施流程如下：定义品牌识别（Brand Identity）—品牌人格化（Brand Personalizing）—建立和消费者的关系（Brand Prospective）—识别品牌，形象传播（Communicating the Brand Image）。

（一）定义品牌识别

在进行品牌战略分析的基础上进行品牌识别定义，即定义品牌识别具体内容，是实施品牌识别系统的起点，如果要品牌识别产生“反映企业能组织和希望做些什么、能否和消费者产生共鸣、能否形成企业核心竞争力”的作用，企业就必须以创造顾客价值为导向，即企业利益价值主张与消费者利益价值主张是否一致。消费者利益价值主张有三种形式，分别为功利性利益价值主张、情感性利益价值主张和自我表现型利益价值主张。品牌识别设计的内容必须要很好地实现消费者利益价值主张。企业品牌识别设计者通过倾听、了解，确定消费者的利益价值主张，并以此为标准，准确定义品牌识别的具体内容，然后以这些品牌识别内容为框架，构建具体的品牌形象定位。

（二）品牌人格化，建立和消费者关系

对于“品牌人格化，和消费者建立关系”，学术界目前存在两种不同的观点，一种是奥美广告所强调的“品牌是消费者和产品之间的关系”；一种是大卫·艾克的《品牌领导》中描述的“品牌应该和消费者建立如同人际关系般的联系”。这两种观点的分歧在于“品牌在和消费者建立关系中应该担当什么样的角色”。前者认为品牌是消费者与产品关系的载体；后者则认为品牌是和消费者建立关系的主体。在第一种观点中，建立产品和消费者的关系是为了达到通过提高竞争者品牌进入市场的门槛，增加竞争对手获得顾客的成本，从而达到降低自身品牌市场风险的目的。这与实施品牌识别系统的目标即获得清晰的品牌形象的目标是不一致的。要建立品牌与消费者之间的关系，不应该只局限于产品的范畴，而应该以消费者为中心，建立起一种“如同人际之间般的关系”。

应将品牌进行人格化，赋予品牌人性化的特征，使它成为消费者的朋友、老师、顾问或者保镖等，从而在消费者的日常生活中扮演某种不可或缺的重要角色。当消费者的利益价值主张带着人性化的品牌形象得以体现，品牌将会获得消费者的认同，使消费者对品牌产生强烈的归属感，为最终形成品牌忠诚奠定基础。可以这样说，关系的建立使消费者更能准确把握品牌识别的具体内容，是品牌识别的一种延伸和深化。

（三）识别品牌，形象传播

始终保持品牌形象的持久一直是企业品牌化工作中的重点和难点。为了保证形象的持久一致，传播的主体企业在传播的过程中必须清楚三个基本的问题：传播的目标受众是谁（know - who）、传播的内容是什么（know - what）和怎样进行传播（know - how）。消费者利益价值主张统领企业整个传播战略，它为品牌提供了定位的依据，通过品牌定位明确品牌的目标受众，然后企业配合最能体现消费者利益价值主张的消费渠道积极向消费者实施以其利益价值主张和品牌识别为主要内容的品牌定位传播，使消费者充分获得品牌形象的有关信息，为在他们心目中形成一个鲜明、具体的品牌形象提供前提条件。要完成、建立和传播品牌形象，企业还需在执行层面维持这个品牌形象的持久一致。达到这个目标的重要条件是保持“两个一致”：首先是品牌所有者必须实现高层管理者和企业一线员工对消费者的利益价值主张认识一致，其次是所有的市场营销活动实现消费者利益价值主张前后一致。

第四节

品牌识别的陷阱

企业的品牌识别战略对企业发展来说非常重要，但是在其实施过程中存在许多误区，很多企业在实施品牌识别战略时会陷入多种错误的“陷阱”之中，有品牌形象陷阱、品牌定位陷阱、产品属性陷阱和“眼睛向外”陷阱等，他们之间的关系如图5－6所示。

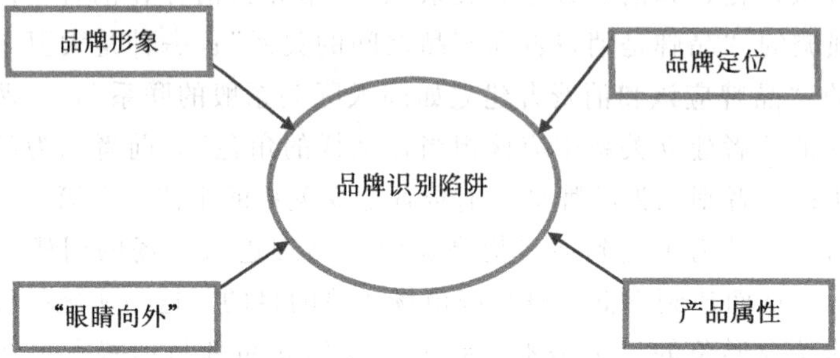

图5－6　品牌识别陷阱图

一、品牌形象的陷阱

在实施品牌识别时，虽然要“以消费者价值利益主张”为中心，但是完全由消费者决定“品牌是什么”，就掉入了“品牌形象的陷阱”中。简而言之，品牌形象陷阱指绝对的顾客导向。创造品牌识别，不单是找出顾客想要什么，还应该从战略的角度出发，设计的品牌识别必须反映品牌的灵魂与想象力，即品牌的核心价值，这才是品牌识别所期望得到的。

品牌形象通常是消极的、被动的、倾向于过去的。而品牌识别应该是积极的、主动的、面向未来的，反映渴望品牌的联想。

品牌形象倾向于战术性，而品牌识别应该是战略性的，反映站得住脚的优势营销战略。品牌识别源于品牌战略，而品牌战略源于营销战略。品牌战略意图包括获得真正创新的情感，是当前战略的伸展，具有前瞻性、动态的观点。类似地，品牌识别不应只接收现存的观点，还应该考虑创造、善于求变。

二、品牌定位陷阱

品牌定位陷阱指的是在实施品牌识别战略时将品牌特征当成品牌定位。一些企业在实施品牌识别系统时不能很好地把握品牌特征和品牌定位之间的区别，容易将品牌特征当成品牌定位，从而掉入“品牌定位陷阱”。

品牌定位是品牌特征的重要部分，可用来评定和判断企业营销过程中的各项具体策略，包括与目标消费者沟通和提出胜过竞争品牌的优点。

品牌定位指导着沟通计划，并且与品牌特征构造明显区分开来。品牌形象、品牌特征和品牌定位三者之间有不同的地方，具体如表5-1所示。

表5-1 品牌形象、品牌特征和品牌定位的区别

品牌形象	品牌特征	品牌定位
品牌是怎样被理解的	品牌设计者希望品牌是怎么被理解的	品牌特征的一部分，用来评估与目标消费者的沟通计划

定位陷阱往往会阻碍一个品牌的成功演变过程，因为品牌设计者们会主观地把那些他们认为对沟通没有价值的观点剔除掉，更重视产品属性，而不考虑品牌个性、公司组织联想或品牌象征。

三、“眼睛向外”的陷阱

“眼睛向外”是一种非常形象的表述，它指的是在品牌识别战略实施过程中只重视外部顾客的感受而忽视公司内部感受的品牌识别，这也是容易出现的一个误区。按大多数品牌战略观点，品牌识别可以诱使顾客购买其产品或服务，因为顾客倾向于完全通过品牌外部要素来理解品牌。但是，如果公司没有意识到品牌识别在帮助组织内部理解其基本价值及理念方面的作用，外部观点陷阱就会发生。一个有效的品牌识别能详细说明品牌的实力、价值与想象力，它是提供能传播品牌本质含义的工具。如果公司的员工们都没有理解和代入品牌的想象力，其品牌核心价值也将难以体现。

在实施品牌识别战略的时候，品牌设计者们要经常对员工进行问卷调查，如“公司的品牌代表什么？”在成功实施品牌识别战略的企业里，员工的回答反应更快，且含有更多意义。如通用汽车公司的经理、工厂工人、零售商与供应商都知道通用旗下的“凯迪拉克”意味着世界级的名车，且公司当顾客是尊敬的朋友。花王公司的员工都知道“花王”品牌代表着革新与领导。这样的员工反应与市场效果都来自成功的品牌识别战略。

四、产品属性的陷阱

产品属性陷阱指的是在品牌识别时不能清晰地区分产品和品牌这两个不同的概念，甚至将两者等同起来。一些品牌管理者只是单纯关心产品的属性，将产品属性当作顾客决策与产品竞争动力的唯一相关基础，产品属性陷阱常常导致不能制定出满意的策略，有时还会导致毁灭性错误。

消费者做出购买决策时往往取决于产品属性，同时消费者的使用经验也跟产品属性密不可分，因此掉入产品属性癖好的陷阱不容易被察觉。因而许多品牌识别设计者会偏好专注于产品属性研究的应用，用产品属性去表达品牌识别。

雀巢公司的品牌识别实施得非常成功，因为他们在品牌识别设计时作了许多深入的思考。他们特别注重以下两项工作。

（1）要求在雀巢公司瑞士总部所做出的品牌战略和分布在世界各地的子公司的具

体要求之间做出公正平衡的仲裁。

(2) 控制品牌设计总规划，既能使雀巢这一品牌保持全球一致性，与其世界一流的公司形象相适应，又能使其具有极大灵活性，与每一个子品牌统一和谐。

拓展案例

“可口可乐”的假日白色版

当“可口可乐”推出了它的假日白色包装特别版的时候，他们没有预料到它会在自己的忠实消费者中引发大规模的混乱和不满。许多人把白色包装的“可口可乐”和“健怡可乐”弄混了。零售店店主反映，有些消费者把打开的“可口可乐”又送回来，因为他们把它误认为是“健怡可乐”了。仅仅一个月以后，可口可乐宣布，把所有白罐包装换成经典的红色。虽然这次轻度的混乱没有对“可口可乐”的销量造成影响，但是它反映了人们对“可口可乐”的品牌形象有多么根深蒂固的认识——大多数人是根据红色来分辨“可口可乐”的。很多不满的消费者甚至觉得，他们在白色易拉罐里喝到的可乐，和红色包装里的口味是不一样的。因此，在更换包装时不能只考虑产品本身的创新，一定要慎重考虑消费者心理和市场需求。“可口可乐”的这次失败的换装，竟然在不知不觉中开启了“品牌心理学”这一新的学科种类。

本章回顾

第一节对品牌识别的内涵进行详细的概述。(1) 品牌识别的定义；(2) 品牌识别和品牌形象的区别；(3) 品牌识别和品牌定位的区别；(4) 品牌识别的作用。

第二节介绍了几种经典的品牌识别模型。(1) 卡普菲勒提出的品牌识别六棱柱模型；(2) 大卫·艾克在1996年提出品牌识别模型；(3) 卡普菲勒的品牌识别的金字塔模型；(4) 戴维森的品牌识别环状图。

第三节对品牌识别系统进行了介绍。(1) 品牌识别系统的含义；(2) 品牌识别系统的作用；(3) 品牌识别实施流程，包括如何定义品牌识别，如何与消费者建立关系，深化品牌形象，及形象传播，以保持品牌形象的持久一致。

第四节对品牌识别陷阱进行了介绍：品牌识别系统实施过程中容易出现的陷阱有：(1) 品牌形象的陷阱；(2) 品牌定位的陷阱；(3) “眼睛向外”的陷阱；(4) 产品属性的陷阱。

课后思考题

1. 品牌识别的作用有哪些？
2. 简述品牌识别与品牌形象、品牌识别与品牌定位的联系和区别。
3. 简述卡普菲勒的品牌识别六棱柱模型和金字塔的内容以及两者的区别。
4. 简述大卫·艾克的品牌识别模型的内容。

5. 简述品牌识别实施流程。

6. 品牌识别陷阱有哪些?

7. 什么是品牌识别? 选一个品牌, 谈谈你对其品牌识别的理解和评价。

课后案例

《远方的家》栏目的品牌识别

1. 栏目简介

《远方的家》是中央电视台中文国际频道(CCTV-4)于2010年7月精心在黄金时段推出的全新旅游栏目。栏目连续推出五个系列特别节目:《边疆行》《沿海行》《北纬30°中国行》《百山百川行》和《江河行》。节目宗旨是行走、体验、发现。记者带领观众行走四方, 关注百姓民生、社会发展, 同时赏美景、品美食、探寻人文奥秘、体验旅行的乐趣, 提供实用的旅游咨询, 引领公众选择旅游目的地和出行方式, 展示中国的自然人文之美和中国人眼中的世界之美, 弘扬深厚的中华文化。《远方的家》在节目形式和内容上都形成了自己一套独特的风格, 能做到"迎合观众喜好、保证播出要求", 难能可贵。这些都归于栏目具有品牌效应, 才能在激烈的市场竞争中处于不败之地。节目一直做了三年, 收视率节节高攀。

2. 《远方的家》栏目品牌识别

(1) 口号识别。口号是品牌理念的体现, 一个朗朗上口的口号能让观众迅速记住, 有助于树立良好的品牌形象。《远方的家》每一期节目的开始, 出镜记者都这样开场:"爱美丽中国, 看远方的家,《远方的家》摄制组现在来到的是……""爱美丽中国, 看远方的家"是一句非常生动的口号, 朴实、押韵, 明确了栏目的风格和定位, 突出了栏目特色, 为品牌形象的建立打下了坚实的基础。通过每集的口号的反复出现, 一方面可以加深观众对于该节目名称的记忆程度, 另一方面, 也强调了栏目组所谓的"家"的概念, 树立了形象品牌。

(2) 出镜记者。每个栏目的主持人都是栏目的招牌和标志, 他们统一身穿印有节目标志的户外服, 色彩以黄色、红色、蓝色和绿色为主, 女主持人妆容简单朴素, 看上去干净利索, 这都成为《远方的家》品牌的标志之一。主持人的主持风格影响着整个节目的风格, 最直接地带动着观众的视觉、听觉和触觉。《远方的家》将一般节目主持人的定位成功转化为出镜记者, 以亲历者状态代替观众触摸当地人的真实生活和内心感受。他们快速敏捷地把自己的观察和思考转化为流利通畅的口头语言, 配合面部表情和肢体语言传递给观众。他们也不同于演播室的主持, 不仅仅是对目的地风光场景的解说和串联, 而是一场"真人秀", 出镜记者贯穿整个节目的始末, 真实地表达着每一时刻的所看所想和所感。

(3) 视觉识别。视觉识别最核心的要素是标志。《远方的家》最明显的标志就在每期节目里车的出现。主持人下车出镜, 点明下一站的方向, 再上车前行。这个过程中相同的越野车和车上的节目名称标志给观众带来了视觉上的冲击, 形成节目的品牌形象。

(4) 听觉识别。听觉识别是许多栏目忽略的品牌形象要素。《远方的家》栏目组邀请国内知名作曲家和演唱者, 给每个系列都配有相关的主题曲, 例如《边疆行》系列的《边疆颂歌》，《沿海行》系列的《潮涌东方》，《北纬30°中国行》系列的《北纬三十度》和《百川百山行》系列的《美丽中华》和《爱在山川》，在每期节目结束时插入主题曲，将听觉识别的品牌元素运用到节目当中，再次给观众留下深刻的印象，也为节目带来了更多的传播效应。

3.《远方的家》品牌传播

《远方的家》很注重对自身品牌的传播。首先，《远方的家》的广告传播主要通过宣传片来传达品牌内涵和信息，每期节目中间也会插播当期主持人的宣传片，不仅让观众对主持人的印象更加深刻，而且也让观众看到栏目组前往的多个地区。其次，《远方的家》定期举行媒介发布会和系列开播仪式，为节目的预播出带来品牌传播效应。不仅如此，在2013年的11月，节目组还专门举办了开播3周年的研讨会，与会的专家学者、观众和学生代表，与《远方的家》节目组全体工作人员进行了热烈的讨论和交流。这也是栏目挖掘潜在受众的绝佳举措。另外，《远方的家》还依托网络平台与观众在线互动交流，不仅打造栏目组的官方网站，还开设官方的微博，让观众近距离、第一时间得到栏目的最新讯息，也让《远方的家》的品牌更加深入人心。

《远方的家》栏目成功塑造了自己的品牌形象，让我们看到品牌的建立如同栏目的生命线。在这个过程中，应该以定位为基础，视观众为上帝，以栏目内容为核心，以栏目形式为有力保障，从而打造出自己特色的品牌栏目之路。

案例思考题

1. 你如何评价《远方的家》栏目的品牌识别？
2. 请根据大卫·艾克的品牌识别理论对《远方的家》栏目的品牌发展提出建议。

第六章

品牌战略

【学习目标】

1. 理解企业战略、营销战略、品牌战略的关系和相互作用；
2. 掌握企业战略、营销战略、品牌战略的基本分析方法；
3. 掌握品牌战略中各类型品牌架构的优缺点，以及应用场景；
4. 了解如何为公司选择合适的品牌战略。

【导入案例】

宏光 MINI EV 两会“露脸”

近年来，上汽通用“五菱”在新能源领域的发展脚步不断加快，新能源汽车再次在全国两会上展示，这是对上汽通用“五菱”的高度评价。2021 年 1 月份，中国“五菱宏光”推出的“MINI EV”销量高达 3.7 万辆，而大名鼎鼎的特斯拉的两款车型，Model 3 和 Model Y 分别卖出了 2.2 万辆和 9500 辆。到 3 月初，“五菱宏光 MINI EV”累计销量已经突破了 20 万辆，在国内小型纯电动市场的占比达到了 51%。续航仅仅 100km，没有气囊，空间奇小，价格 3 万左右，看起来很“low”，发布仅仅半年的“五菱宏光 MINI EV”，凭什么把特斯拉给干趴下了？

首先，在品类定位方面，“五菱”直接创造了一个全新的细分市场，即“人民的代步车”。这不得不提下“五菱”一直以来坚持的用户需求导向。“人民需要什么，我们就造什么！”这句口号，已经成为“五菱”品牌的文化。在三线小城，普通居民用车的场景一般是学校、超市、医院，相比于大且笨重、油费贵的燃油车，“五菱宏光 MINI EV”能更灵活地穿梭于大街小巷，而且停车方便，显然这是真正的人民所需。而且它造型别致、遮风挡雨，能够合法上路，这不比自行车、两轮电动车实用吗？不仅仅三线，在一、二线城市的年轻人，也并非都是金领或者年薪百万，上班同样需要代步工具，这时候，“五菱宏光 MINI EV”的优势就发挥出来了！

其次，其价格和实力完全超出了预期。价格 3 万元左右，在汽车界简直就是白菜价了，真真正正满足了普通大众的代步需求。当然不仅仅是便宜，价格背后更是一套巧妙的定价策略。既巧妙地避开市面上新能源汽车的激烈厮杀，又降维打击了杂牌、非法的“老头乐”。关键是，“五菱 MINI EV”真的实用——没有快充电池、没有安全气囊、低配版甚至没有空调，但远程控制功能、ABS + EBD、铝合金轮圈、标准的儿童安全座椅接口、标准的三点式安全带、胎压监测功能都有。

第一节 企业战略体系

一、企业战略与品牌战略的关系

“战略”一词最早来自军事术语，指的是对于敌我形势的军事、政治、经济、地理、人口及科技等因素进行分析和预判，从战争全局出发，制订合理的军事方针和计划，并且通过合理的部署和执行，最终实现军事目标的一系列思想和组织活动。

欧美企业明确引入战略概念大约始于 20 世纪中期，哈佛商学院教授迈克尔波特在 1980 年出版了《竞争战略》，开创了企业竞争战略理论并引发了美国乃至世界对竞争力的讨论。波特认为，企业在竞争当中，蕴含了三种基本的战略思想：总成本领先战略、差异化战略和专一化战略，这三个企业一般战略与企业品牌战略有着紧密的联系。

一般来说，企业战略包含以下几个层级（见图 6 – 1），品牌战略属于其中职能级战略。首先，品牌战略要和其他战略一样服务于企业整体战略；其次，它也会受到企业其他战略的影响，比如企业的营销战略等；最后，品牌战略反过来会影响公司总体战略。因此，本章内容以“企业战略设计—营销竞争战略—品牌战略规划”为逻辑主线。以此战略层次结构逐级推演，深入理解企业如何制定合适的品牌战略。

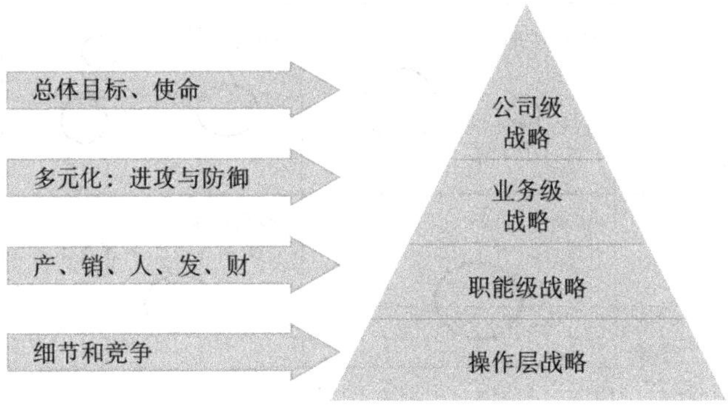

图 6－1　企业战略体系层级图

二、企业战略设计

企业战略设计从根本上是要解决企业生存和发展的问题。德鲁克认为，企业是社会的器官，企业的本质是要为社会解决问题。那么，企业存在的价值就取决于企业所能为社会解决难题的大小。比如阿里巴巴的愿景是“让天下没有难做的生意”，就是通过解决中国中小企业的发展问题，创造出巨大的价值与财富。

所以，制定企业战略设计的第一个步骤是要界定企业的业务内容，确定企业的愿景和使命，这是企业价值的体现，也是企业能够实现社会器官功能的保证。

（一）界定业务内容

确定企业的业务并没有想象中那么容易，一家企业可能会同时经营多种业务，比如麦当劳在卖汉堡的同时，还从房地产租赁业务中获利；很多《财富》500 强的大企业把界定每一种业务当作是企业战略管理的第一步。近年来企业的很多重组和战略重点的调整，主要起因就是企业的管理者对于“我们的业务是什么”这一问题的思索。万达集团的经历就是很好的例证。2021 年 3 月，万达商管集团与珠海市政府签署协议，将重组后的万达轻资产商管公司落户珠海横琴，同时珠海国资委出资 30 亿元战略投资入股万达轻资产商管公司。此次万达轻资产商管公司由万达商管集团重组而来，公司名称从“商业管理”变为“轻资产商管”，再一次去地产化，强调轻资产属性。从 2018 年起，万达就经历过一次轻资产更名，由大连万达商业地产股份有限公司更名为大连万达商业管理集团股份有限公司，公司名称从“商业地产”到“商业管理”，万达商业宣布不再进行房地产开发，成为纯粹的商业管理运营企业。

面对多项业务的发展可能，企业需要根据自身情况进行战略决策，以集中资源加大核心优势和竞争壁垒。以下我们将介绍两个帮助企业对投资业务进行分析和决策的模型，其中一个是著名的波士顿矩阵模型；另一个为波特的五力模型。

1. 波士顿矩阵模型

波士顿矩阵模型（BCG Matrix），是由美国管理学家、波士顿咨询公司（BCG）创始人布鲁斯·亨德森于 1970 年提出的一种分析和规划企业产品组合的方法。布鲁斯认为，“公司若要取得成功，就必须拥有增长率和市场份额各不相同的产品组合”。该模型可以用图 6－2 来说明。

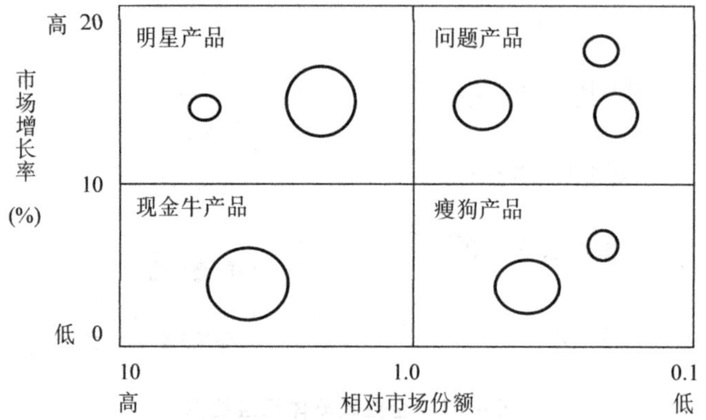

图 6-2 波士顿矩阵模型

如图 6-2 所示，该模型从两个维度把企业的业务单位划分为四个象限。其中纵坐标是市场增长率，表示该业务的销售量或销售额的年增长率，用数字 0—20% 表示，并认为市场成长率超过 10% 就是高速增长。横坐标为相对市场份额，表示该业务相对于最大竞争对手的市场份额，用于衡量企业在相关市场上的实力。用数字 0.1（该企业销售量是最大竞争对手销售量的 10%）到 10（该企业销售量是最大竞争对手销售量的 10 倍）表示，并以相对市场份额为 1.0 为分界线。图中圆圈代表公司的不同业务或产品，它们的位置表示这个业务的市场成长率和相对市场份额的高低；面积的大小表示各业务的销售额大小。横纵坐标的数值以及圆圈数量和大小可根据企业具体情况做出调整。

企业利用波士顿矩阵可将业务分为以下四个类型，并根据不同类型的业务分别制定其适合的战略目标。

（1）第一类：问题类业务，是指高市场成长率、低相对市场份额的业务。这往往是一个公司的新业务，之所以称之为“问题”，是因为这时公司必须慎重回答“是否继续投资，发展该业务？”

可行战略选择：①发展。只有那些符合企业发展长远目标、企业具有资源优势、能够增强企业核心竞争力的业务企业才会大力发展，发展就必须加大投资、建立工厂、增加设备和人员，以便跟上迅速发展的市场并超过竞争对手，这些意味着大量的资金投入。目的是扩大战略业务单位的市场份额。②放弃。图中所示的公司有三项问题业务，不可能全部投资发展，只能选择其中的一项或两项集中投资。剩下相对无利可图的问题业务可选择出售或者清理。③收割。实质上是一种榨取，尽可能地变成现金流，不再增加投入。

（2）第二类：明星类业务，是指高市场成长率、高相对市场份额的业务，这是由问题业务继续投资发展起来的，可以视为高速成长市场中的领导者，它将成为公司未来的现金牛业务，属于公司未来的希望。

可行战略选择：发展并辨别。明星业务不意味着就能带来巨大的收益，因为市场还在高速成长和变化，企业必须继续投资，以保持与市场同步增长，并击退竞争对手，否则可能被市场淘汰。但也要辨别其中可能会转化为问题业务或者瘦狗业务的业务，及时减少占用的资源与资金等。

（3）第三类：现金牛类业务，是指低市场成长率、高相对市场份额的业务，这是成熟市场中的领导者，它是企业现金的来源。由于市场已经成熟，企业不必大量投资来扩展市场规模，同时作为市场中的领导者，该业务享有规模经济和高边际利润的优势，因而给企业带来大量财源。

可行战略选择：①维持。投资维持现状，目标是保持业务单位现有的市场份额。②收割。主要是针对处境不佳的现金牛业务，目标是在短期内尽可能地得到最大限度的现金收入。

（4）第四类：瘦狗类业务，是指低市场成长率、低相对市场份额的业务。一般情况下，这类业务常常是微利甚至是亏损的。瘦狗业务存在的原因更多是由于感情上的因素——虽然一直微利经营，但像养了多年的狗一样不忍放弃。瘦狗业务通常要占用很多资源，如资金、管理部门的时间等，多数时候是得不偿失的。图中的公司有两项瘦狗业务，可以说，这是沉重的负担。

可行战略选择：①收割；②放弃。

2. 波特五力模型

波特五力模型是迈克尔·波特于20世纪80年代初创立的用于行业分析和商业战略研究的理论模型（见图6－3）。该模型在产业组织经济学基础上推导出决定行业竞争强度和市场吸引力的五种力量。与波士顿矩阵从企业内部分析的角度不同，波特五力模型是对产业形势以及竞争环境的衡量，可以帮助企业揭示某类业务所处行业具有何种盈利空间。

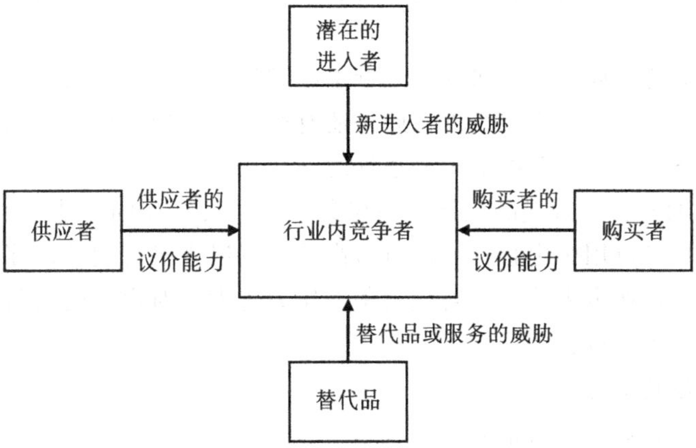

图6－3　波特五力模型

（1）供应商的议价能力。供方主要通过提高投入要素价格与降低单位价值质量的能力，来影响行业中现有企业的盈利能力与产品竞争力。相关影响因素有：

①供应商所在行业的集中化程度。

②供应商产品的标准化程度。

③供应商所提供的产品结构在企业整体产品成本中的比例。

④供应商提供的产品对企业生产流程的重要性。

⑤供应商提供产品的成本与企业自己生产的成本之间的比较。

⑥供应商提供的产品对企业产品质量的影响。

⑦企业原材料采购的转换成本。

⑧供应商前向一体化的战略意图。

（2）购买者的议价能力。与供应商一样，购买者也能给行业盈利性造成威胁。购买者能够强行压低价格，或要求更高的质量或更多的服务。为达到这一点，他们可能使生产者互相竞争，或者不从任何单个生产者那里购买商品。购买者一般可以归为商业客户或个人客户。如果商业客户是零售商，由于他可以影响消费者的购买决策，因此零售商的讨价还价能力就显著增强了。相关影响因素有：

①集体购买。

②产品的标准化程度。

③购买者对产品质量的敏感性。

④替代品的替代程度。

⑤大批量购买的普遍性。

⑥产品在购买者成本中占的比例。

⑦购买者后向一体化的战略意图。

（3）新进入者的威胁。一个行业的进入者通常带来大量的资源和额外的生产能力，并且要求获得市场份额。除了完全竞争的市场以外，行业的新进入者可能使整个市场发生动摇。尤其是当它有步骤、有目的地进入某一行业时，情况更是如此。新进入者的威胁度取决于它进入该行业的可能性、行业壁垒的高度，以及预期的报复。其中第一点主要取决于该行业的前景如何，行业增长率高表明未来的营利性强，而眼前的高利润也颇具诱惑力。

对于后两种威胁，商家需要研究进入壁垒的难易因素，如钢铁业、造船业、汽车工业、规模经济是进入壁垒的重要条件，此外还有产品的差异条件，如化妆品及保健品行业，产品的差异条件是进入壁垒的主要条件之一。

（4）替代品的威胁。替代品是指那些与商家产品具有相同功能或类似功能的产品。如猪肉涨价后人们可以用牛肉替代，出行时高铁可以以飞机替代等，那么生产替代品的企业就给商家甚至行业带来威胁，替代竞争的压力越大，对商家的威胁越大，决定替代品压力大小的因素主要有：

①替代品的盈利能力。

②替代品生产企业的经营策略。

③购买者的转换成本。

行业中的每一个企业或多或少都必须应付以上各种力量构成的威胁，而且商家必须面对行业中的每一个竞争者的举动。除非认为正面交锋有必要而且有益处，例如要求得到很大的市场份额，否则商家可以通过设置进入壁垒，包括差异化和转换成本来保护自己。

（5）行业内的竞争。现有企业之间的竞争常常表现在价格、广告、产品介绍、售后服务等方面，其竞争强度与许多因素有关。一般来说，出现下述情况将意味着行业中现有企业之间竞争的加剧。

①行业进入门槛较低，势均力敌、竞争对手较多，竞争参与者范围广泛。

②市场趋于成熟，产品需求增长缓慢。

③竞争者企图采用降价等手段促销。

④竞争者提供几乎相同的产品或服务，用户转换成本很低。

拓展案例

"蜜雪冰城"——让全球每个人享受高质平价的美味

20年前，如今的"蜜雪冰城"董事长，郑州小镇青年张红超先生，在街头看到一款"彩虹帽"冰淇淋售价18元，"这也太贵了，冰淇淋应该不值这个价啊"。张红超先生随后苦心研究配料、工艺，终于研制出自己的冰淇淋，并通过"成本倒推"将一支冰淇淋定价1元。

20年过去了，这支冰淇淋也只卖2元，而这家卖冰淇淋的小窗口，已经发展成拥有7000余家连锁店的冰淇淋与茶饮品牌——"蜜雪冰城"。

高质平价是"蜜雪冰城"的品牌基因，让这个"小品牌"搏出了大规模：单单一款柠檬水，每年售出约1.5亿杯。

门店覆盖全国31个省市自治区并已开拓越南市场，缅甸、印尼等地也在筹备中。每天有400万杯产品到达顾客手中。平价征服世界，一杯现切现捣冰鲜柠檬水，在"蜜雪冰城"售价4元；而类似一杯柠檬果茶，在茶饮行业排名前三的两家门店，分别售价12元、18元。

走在大众消费品的赛道，用平价征服世界，有规模才有利润，全球化是"蜜雪冰城"的必由之路。这就要求"蜜雪冰城"的每一个战略动作，都要有全球化的前瞻性：全球化的品牌形象、全球可复制的标准化门店、全球化的品牌谚语、统领全球门店的营销活动。

（二）确定企业的愿景与使命

企业愿景是企业整体战略的统领，为企业提供了未来的发展目标和方向，是全体成员向往的宏伟蓝图，不仅对内提升员工的认同感，鼓舞人心，对外也能向市场传递良好的企业形象。在吉姆·柯林斯的《基业长青》和彼得·圣吉的《第五项修炼》两本经典著作中，都有大量篇幅探讨企业愿景。企业愿景的特征主要有：明确易懂、打动人心、共享和可操作。

企业使命即任务，是企业存在的根本目的和理由。彼得·德鲁克指出，企业必须有其宗旨和使命的明确界定，必须回答三个经典问题："我们的业务是什么？我们的业务将来是什么？我们的业务应该是什么？"从而明确企业带给顾客的价值。

拓展案例

知名企业的愿景与使命阐述

华为公司

愿景目标——丰富人们的沟通和生活。

公司使命——聚焦客户关注的挑战和压力，提供有竞争力的通信解决方案和服务，持续为客户创造最大价值。

阿里巴巴

愿景目标——成为一家持续102年的企业，成为全球十大网站之一，只要是商人就一定要用阿里巴巴。

企业使命——让天下没有难做的生意！

良品铺子

愿景目标——成为全球休闲食品零售服务业的领导品牌。

企业使命——提供高品质食品，传递快乐，为提高全球华人健康幸福生活而努力奋斗。

美的集团

愿景目标——做世界的美的，致力于成为国内家电行业的领导者，跻身全球家电综合实力前五强，使“美的”成为全球知名的品牌。

企业使命——为人类创造美好生活，为客户创造价值、为员工创造机会、为股东创造利润、为社会创造财富。

苹果公司：

愿景目标——让每人拥有一台计算机。

企业使命——借推广公平的资料使用惯例，建立用户对互联网之信任和信心。

迪士尼公司

愿景目标——成为全球的超级娱乐公司。

企业使命——使人们过得快活。

第二节

营销竞争战略

与企业宗旨和使命有关的下一个问题是：“给顾客带来的价值是什么?”这个问题与企业的营销战略紧密联系。营销战略的目的是通过满足顾客的需求，给企业带来销售业绩的增长，以确保企业战略目标的实现。在近几十年来市场竞争的不断加剧下，营销所扮演的战略功能越来越明显，逐渐发展成为企业发展战略中核心的一环。在近50年来营销思想的发展中，使用企业产品的客户价值不断被开发和挖掘，从过往被作为价值捕捉、实现销售收入与利润的对象，逐渐变成最重要的资产，和企业共创价值、形成交互性的品牌，并进一步将资产数据化。企业与消费者、潜在消费者之间形成一个共生的整体。

一、营销战略思想的发展与变迁

在目前物质过剩的时代，马斯洛需求模型中生理、安全、归属、尊重的四层需求相对容易被满足，在此价值之上，营销之父菲利普·科特勒提出了营销4.0的观点，强调以满足客户“自我价值的实现”这一诉求，来指导新时代营销战略的目标。表 6－1 为营销战略思想的四个重要变化阶段。

表 6－1　　从营销 1.0 到营销 4.0

阶段	1.0 时代产品中心营销	2.0 时代消费者定位营销	3.0 时代价值驱动营销	4.0 时代共创导向的营销
目标	销售产品	满足并维护消费者	让世界变得更好	自我价值的实现
推动力	工业革命	信息技术	新浪潮科技	社群、大数据、连接、分析技术、价值观
企业看待市场方式	具有生理需要的大众买方	有思想和选择能力的聪明消费者	具有独立思想、心灵和精神的完整个体	消费者和潜在消费者是企业参与的主体
主要营销概念	产品开发	差异化	价值	社群、大数据
企业营销方针	产品细化	企业和产品定位	企业使命、远景和价值观	全面的数字技术＋社群构建能力
价值主张	功能性	功能性和情感化	功能性、情感化和精神化	共创、自我价值实现
与消费者互动情况	一对多交易	一对一关系	多对多合作	网络性参与和整合

（资料来源：KMG 研究，菲利普科特勒凯洛格商学院讲义。）

营销战略思想的 1.0 时代为工业革命初期，企业以降低生产成本和低价竞争来吸引顾客。代表案例为福特汽车的 T 型车，不管是车型还是颜色，消费者都没有多的选择，但它的售价不到当时同类汽车均价的一半，到了 1921 年，T 型车占世界汽车总产量的 56.6%，为福特公司创造了巨额的利润。

营销战略思想的 2.0 时代以信息技术为时代标志。20 世纪 70 年代，西方的信息技术使得消费者更加容易获取产品与服务的信息，消费者可以更加方便地对不同的产品和服务进行比较，消费者也变得越来越聪明。企业把满足消费者特定的需求作为加强市场竞争力的目标，企业获得成功的黄金法则为“顾客即上帝”，正如宝洁、联合利华和欧莱雅等快速消费品企业通过开发不同的品牌及定位来满足不同市场的消费需求。

在营销战略思想的 3.0 时代，随着信息化程度的不断加深，消费者体现出更高的价值诉求。虽然和 2.0 时代一样，企业仍然以消费者的需求为中心，但此时的消费者具备更加独立的人格和完整的感情，企业需要具备更远大的，服务整个世界的使命、远景和价值观。这就要求企业关注社会、经济、环境等变化给消费者带来的情感和精神影响，努力帮助消费者寻求应对以上问题的方案并带来希望，满足消费者不同的情感与精神需求，和消费者产生内心的共鸣。

在营销 4.0 时代，随着移动互联网技术的普及和新的传播手段的发展，消费者能够更加容易地接触到所需要的产品和服务，也更加容易和与自己有相同需求的人进行交流，于是出现了社交媒体，出现了客户社群。企业将营销的重心转移到如何与消费者积极互动、尊重消费者作为"主体"的价值观，让消费者更多地参与到营销价值的创造中来。而在消费者与消费者、消费者与企业不断交流的过程中，由于移动互联网、物联网所造成的"连接红利"，大量的消费者行为、轨迹都留有痕迹，产生了大量的行为数据，我们将其称为"消费者比特化"。这些行为数据的背后实际上代表着无数与消费者接触的连接点。如何洞察与满足这些连接点所代表的需求，帮助消费者实现自我价值，就是营销 4.0 所需要面对和解决的问题，它是以价值观、连接、大数据、社区、新一代分析技术为基础来造就的。

二、营销的差异化竞争战略

随着市场竞争、消费者需求以及技术发展的不断变化，营销的战略指导思想和技术手段在不断升级，但是，营销战略的本质并没有太大的变化。以下是关于营销战略本质的一些定义：

营销战略是企业选择价值、定义价值、传递价值等一系列活动的组合（麦肯锡）；把营销战略作为企业创造客户价值组合的战略性工作，所有的工作围绕价值创造展开，营销战略是公司围绕目标客户的细分、定位以及在此基础上提供的营销组合 4P 工作，包括营销的市场细分、目标市场选择、市场定位（STP），以及相关的价格、渠道、促销和产品的工作组合（AMA，美国市场营销协会）；营销战略包括机会识别、客户吸引与保留、品牌创造、营销管理、外部机会、如何深挖客户价值、建立营销管理架构，并在此基础上创立品牌（菲利普·科特勒）。

由此，我们可以提炼出营销战略的本质有一个核心基础：建立差异化的价值。这也是迈克尔·波特提出的企业三大基本战略中差异化和专一战略在营销职能战略层面的呼应和体现。

要实现营销差异化的竞争战略有以下几个步骤：

（一）机会分析

机会往往是由于识别出新型消费者、发现消费者未满足的需要或创造出满足购买需求的新方法和新手段而产生的。机会分析注重发现对组织有利可图的市场。

企业在进行机会分析时首先要考虑所处的营销环境，一般包括两类要素：一是宏观环境要素，二是微观环境要素。

1. 宏观营销环境

宏观营销环境包括政治、经济、社会和技术（PEST）等方面。宏观环境对于企业的影响通常是间接的，尤其对于中小企业，其影响可能要通过较长一段时间才能体现出来。但对于大型企业来说，随着全球经济活动的联系越来越紧密，国际政治局势变化莫测，宏观环境的研究对企业营销战略的制定起到了至关重要的作用。比如华为公司 2020 年第四季度的营业收入出现了首次下滑——美国的制裁阻碍了华为 5G 和消费者业务的快速发展，打乱了华为依赖的全球供应链，受新冠肺炎疫情的影响，以及全球电子产业链的"芯片荒"。

2. 微观营销环境

微观营销环境包含供应商、营销中介、消费者、竞争者、社会公众、企业内部环境等方面，是直接影响企业营销能力和效率的各种力量和因素的总和。企业要达成营销战略目标，就要创造客户价值，并通过客户满意来建立客户忠诚和联系。而单独依靠企业自身能力是很难完成以上任务的，这需要依托于企业微观环境中的各要素，共同构成企业的价值链传导系统。由于企业所处的微观营销环境也在不断的变化，企业就要从这几方面来调整应对策略，通过事先制定的计划来应对变化，让企业获得竞争优势。比如，企业在选择供应商时要考核供应商的资信情况，供应商要具备能够及时并高效地满足企业需求的能力，同时保持多个供应商的合作，避免对一家或者几家供应商的过度依赖。再比如，当竞争对手通过降价来取得竞争优势时，企业需要对企业内部能力和消费者市场需求的发展趋势进行评估和判断，决定是否进行降价跟进或者推出新产品差异化的战略布局。

综上，市场营销环境是企业经营活动的约束条件，它对企业的生存和发展有着至关重要的作用，通过以上各要素的分析，企业需要洞察和发现两类关键要素：一是环境威胁，二是市场营销机会。通过辨别市场营销机会，进行合适的营销战略选择，企业才能够适应环境甚至改造环境，在激烈的竞争中立于不败之地，保持长期可持续的发展。

（二）市场的定义与市场细分

1. 市场的定义

市场可以看作愿意并且能够购买供应商所提供的现有或者潜在的提供物（产品或服务）的潜在购买者（组织或个人）。由此定义可以看出，是购买者而不是产品构成了市场。产品或者服务能够被购买是因为它们能够给消费者带来价值或者利益。比如迪士尼公司出售的产品和服务是要让世界快乐起来，所以它有4大业务——影视舞台、媒体网络、主题公园和消费品授权经营。迪士尼从战略上把公司产品和服务提供的利益和其具体有形的特性区分开来。

2. 市场细分

我们经常会谈到的汽车市场、饮料市场、教育市场等概念，其实叫法并不准确，因为每个其实都是许多微型市场的组合。将某个整体市场看作很多微型市场的组合更利于企业评估经营机会。

市场细分是分析市场的一种实用技术，即将潜在消费者分类或聚合为不同的群体，这些群体一般被称为细分市场。市场细分是基于一个对市场的基本认识而产生的，即一个企业不可能为所有人做所有的事。尤其是当企业面对较为激烈的竞争形势，市场细分是帮助企业取得差异化竞争优势的思考工具。在今天，由于技术的进步和柔性生产及服务配送体系的建立，使得极度细分的市场可以获得盈利，大规模的定制可以满足那些具有特殊个性化需求的消费者，同时企业还能维持一个比较合理的成本。

在市场细分的过程中，有两类变量被广泛使用。一类是消费者的社会经济特征，如区域、收入、职业等更加外显并容易区分的特征。另一类是心理行为变量，如生活方式、个性等较为难精准划分的内隐特征（见表6-2）。

表 6－2　市场细分常见变量及举例

细分标准		细分子市场举例
地理变量	区域	沿海、东北、华北、西南、西北、东部、中原地区等
	城乡规模	一线城市、二线城市、中等城市、小城市和乡镇等
	人口密度	核心商业区、社区、郊区、乡村等
	气候	热带、亚热带、温带、寒带等
人口统计变量	年龄（岁）	0—6、6—11、12—19、20—34、35—49、50—64、65＋
	性别	男性、女性
	家庭人口（人）	1—2、3—4、5＋
	教育程度	硕士以上、本科、大专、中专、高中、高中以下
	收入（元）	0—200、20000—100000、100000—500000、500000＋
心理变量	个性	外向、内向
	社会阶层	白领、蓝领、金领
	生活方式	传统型、新潮型、节俭型、奢靡型、严肃型、活泼型等
行为变量	购买习惯	一般指对品牌的忠诚度，可划分为单一品牌忠诚者、多品牌忠诚者、无品牌忠诚者等
	使用数量	大量使用者市场、中量使用者市场和少量使用者市场
	购买时机	平常、周末、节日
	追求利益	经济型、时尚型、实用型等

（三）目标市场的选择

进行市场细分后，需要结合企业自身的特点，来选择适合企业发展的目标市场，进行营销活动的集中部署。目标市场的选择规定了企业希望服务的细分市场，一旦选定了细分市场，企业就要决定采用何种营销战略。

目标市场营销最常用的方法有两种：差异化营销战略和集中化营销战略。

1. 差异化营销战略

企业针对细分市场中的一个或者几个子市场，制定不同的产品和营销组合，并满足细分市场不同的差异化需求，就是差异化营销战略。例如，华为公司旗下两个手机品牌：华为与荣耀，其中华为品牌面向全球高端市场，尤其是商务人士，主打高端旗舰型产品系列，但同时也覆盖到年轻化的市场，旗下有 P 系列、M 系列、nova、畅享、麦芒等。荣耀品牌专注给予年轻人潮流科技产品，定位为互联网手机品牌，营销和代言也均采用年轻人喜欢的线上模式和以青春偶像代言，有数字系列、V 系列、畅玩系列等。两个品牌几乎涵盖全部市场需求，华为和荣耀针对不同目标客户群的差异化战略（如表 6－3 所示）。

表 6-3 华为公司针对不同细分手机市场的差异化营销战略

系列	型号	特点	定位	客群
Mate 系列	M20/M30	商务旗舰	高端	商务人士
P 系列	P30/P4	时尚和拍照	高端	年轻人士
Nova 系列	5Z/6	线下销售、竞争 OPPO/vivo	颜值高，拍照佳	中低端
畅想系列	9/10	千元机	低消费群体	中低端
V 系列	V30	颜值、拍照、VR	潮男潮女	高端
荣耀系列	荣耀 20	时尚	性价比追求者	中低端
Note 系列	Note20/10	游戏娱乐	年轻人	中低端
畅玩系列	荣耀畅玩 8	千元机	入门级消费者	中低端

实施本战略的好处是：首先，很好地满足了各细分市场不同的消费需求，能够获取消费者的信任和忠诚度；其次，能够建立竞争壁垒，保持自己的相对优势；最后，树立品牌形象，让品牌能够得到长期的发展。

差异化营销战略的优势明显，但也会增加企业的管理成本和管理难度。由于企业要跨越多个细分市场，管理多元化的产品，无法像无差异化战略那样通过大规模生产来降低成本，势必会增加企业的营销、存货、供应链、广告和促销以及产品研发等费用。

2. 集中化营销战略

集中化营销战略是指企业专注于某个细分市场，为该市场提供针对性的产品与服务。企业将生产和营销活动集中在某个细分市场中，并在该目标市场中占领较大的市场份额，通过高度专业化获取竞争优势并收获可观的利润。

这种策略主要适用于小企业，一般说来，小企业很难和大企业在所有细分市场进行全面的抗衡，小企业就需要寻找大企业忽略掉的市场缝隙，通过集中化营销，为自己打下增长的根基。集中化营销战略可以为某个细分市场提供单一产品，也可以为目标市场提供一系列产品。例如，在运动服装市场，“Adidas” 和 “Nike” 多年来都占据了主要的市场份额，其他运动品牌一直很难对其进行超越。而 2000 年才成立的加拿大运动品牌 “Lululemon” 在 2020 年市值一度超越了 “Adidas”。与大运动品牌关注运动赛事和与男性群体不同，“Lululemon” 在成立之初就专注于女性瑜伽这个市场规模相对较小的细分市场，一开始为瑜伽爱好者提供专业的瑜伽服饰，后面开始提供线下的瑜伽课程和社区活动。通过引发瑜伽爱好者的情感共鸣，“Lululemon” 吸引了大批忠实的粉丝，市场和竞争力都得到了强劲的增长。

但集中化营销战略也面临着一定的市场风险，尤其是当细分市场规模过小或者是消费者偏好发生了重大变化时，过度的专业化反而会制约企业的发展，让企业陷入困境。同时，竞争对手也可能会及时发现该细分市场的机会，进入后给企业造成威胁。因此，企业要时刻关注市场的变化与发展方向，适时调整经营策略和战略目标。比如“元气森林”的创始人唐彬森在创业之初带领团队做在线的心理测试产品，发现做到规模行业第一也难以盈利后，继而转头尝试其他行业，最终进入瓶装饮料市场，打造了“元气森林”品牌，在 2020 年上半年达到 6 亿元销售规模，进入美国著名三大商业媒体之一的

《快公司（Fast Company）》中文版发布的“2020中国最佳创新公司50”（MIC）榜单，成为炙手可热的新兴碳酸饮料品牌。

第三节

品牌战略规划

从上一节的分析可以看到，营销差异化战略的成功也体现在企业品牌战略的成功上。不管是“Lululemon”还是“元气森林”，都成为了今天受到市场追捧的新兴成功品牌。虽然品牌战略属于企业职能层面的战略，但是品牌战略的选择并不意味着简单的执行工作，而是一种提升产品品类独特性与建立长期品牌资产的战略性决策。品牌战略规划意味着公司将品牌作为核心竞争力，来获取差别利润与价值。

一、品牌－产品矩阵

制定公司的产品和品牌战略时，可以借助一个有用的工具——品牌－产品矩阵（Brand－product Matrix），从产品与品牌两个维度来分析企业可选择的品牌战略（见图6－4）。

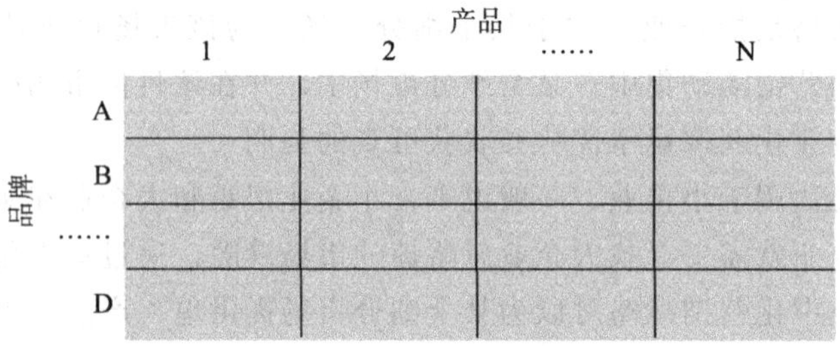

图6－4　品牌－产品矩阵

在该矩阵中，行代表了某一品牌下出售的全部产品、产品线以及品类延伸的产品组合。品牌线是某一品牌下出售的全部产品的组合，所以，矩阵的一行就是一条品牌线，可以反映出企业的品牌延伸战略。

矩阵中的列代表了每一品类产品下营销的品牌数量和性质。品牌组合是公司同一品类下销售的所有品牌的集合，矩阵的一列就是一个品牌组合。公司的一个品类里出现多个品牌的组合，主要是因为企业对市场进行了细分，采取营销差异化竞争战略的结果。

二、品牌组合

品牌组合是公司同一品类下销售的所有品牌的集合，也可以被视为一个组织管理的所有品牌。品牌组合的目标是让企业整体品牌资产最大化。当企业要开发新产品时，新产品是使用原有品牌名称还是重新设计新品牌名称？企业应该如何合理规划现有品牌数量和品牌间的关系？要回答好这些问题，企业需要明确品牌组合不是品牌数量的简单相加，而是企业所有品牌的有机结合方式。企业可以通过延伸强势的品牌，将其品牌价值和联想转移到其他产品品类上，从而实现对品牌资产的充分利用。

品牌的作用有两个维度，一个是品牌的能力和声望带来的价值，另外一个是品牌个性差异化以及辨识度带来的价值。企业在进行品牌组合选择时所受到的业务、产品及市场的约束程度不同，基于不同品牌组合创造不同的品牌价值，企业可有两类基本选择：多品牌组合（House of Brands，也称品牌屋）和品牌化组合（Branded House，即在同一保护伞下包含各种不同的品牌和活动）。多品牌与品牌化组合的区别在于，后者具有更加宽泛的品牌联想，多品牌组合体包含了较为独立的多种品牌，而品牌化的组合则是以主品牌带动一套其他品牌。

对于把整体市场细分为多个子市场的公司，公司选择的目标市场对于某一品牌的偏好不尽相同，因此这类公司需要采取多品牌的策略。多品牌战略使得企业能够追求不同的价格细分市场。最典型的案例就是巴黎欧莱雅化妆品公司，旗下有“赫莲娜”“兰蔻”“欧莱雅”“美宝莲”“卡尼尔”及“小护士”等从顶级到三线及以下针对各不同细分市场的各种价位的品牌形象。

在品牌化组合下，品牌的核心价值在市场及产品层面都得以体现，且公司的各项活动之间都存在连贯性。我们在设计品牌战略时，实际上是在设计公司不同部门及产品之间的价值流分布。因此，品牌战略规划会影响企业的价值，不同的品牌组合战略甚至会影响到资本市场对于企业的估值。比如对于一些明星的互联网公司，像亚马逊和京东，它们的产品品牌与公司品牌都为同一个名称，品牌化组合的战略帮助这些互联网新兴企业收获更高的投资回报和股票估值。

品牌组合战略还会对公司内部管理产生深远的影响。如果公司倾向于品牌化战略，强调品牌的情感和凝聚力，其组织架构就需要强调协作精神，打造共同的品牌资产。

“小米”能在短时间内渗透智能家居、生活用品、可穿戴设备和出行等多个领域，并能保证品牌输出的一致性，公司管理和品牌的协同程度可见一斑。但如果企业倾向于多品牌战略，其按照子品牌来组织成立各自独立的事业部，那同行业的事业部之间就会充满竞争和挑战。比如“宝洁”在洗发水领域就有“海飞丝”“沙宣”“潘婷”“飘柔”等多个品牌，这也就是“宝洁”所主张的：假如在某一个市场内还有其他品牌的生存空间，最好用自己的而不是对手的品牌和自己竞争。

三、品牌架构

品牌架构是企业对其产品及品牌的层次展现，也就是品牌组合的组织结构规划。企业通过规划其品牌元素的次序，包括新的或者既有的品牌元素，描绘出公司的品牌战略。品牌架构定义了公司所拥有的品牌数量以及品牌所对应的目标市场。例如一台“华为”MatePad Pro 平板电脑包含三个不同的品牌元素，分别是“华为”“MatePad”“Pro”。在这些品牌元素中，有一些代表了不同产品的共同点，而有一些代表了和其他产品的差异——更卓越和优质的功能，也标志着比同类产品更高的价格。

在进行公司品牌架构设计之前要综合考虑以下三个问题：

（1）应该采取几个品牌层级？即品牌是用来指代不同组织、不同部门还是不同的产品？

（2）不同品牌之间的关系是怎么样的？各自为公司做出了什么价值贡献？

（3）公司品牌的可见度如何？公司品牌的作用是什么？

品牌架构战略以差异性和背书性为基础，可以划分为以下6种基本战略形式：产品品牌战略、产品线品牌战略、范围品牌战略、来源品牌战略、伞型品牌战略及背书品牌战略（如图6－5所示）。

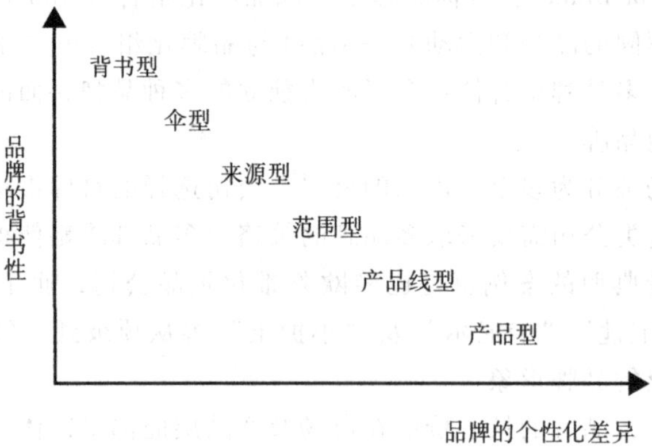

图6－5　品牌架构战略设计

（一）产品品牌战略

产品品牌战略是为不同功能的产品或不同的产品类别设计新的品牌名称，以及结合这个品牌名称为新产品匹配独立的品牌概念（如图6－6所示）。产品品牌赋予每一种产品（产品线）独有的名称及定位。"宝洁"公司的品牌战略就是该类型最经典的成功范式。"宝洁"的每一种产品都有其准确、精心设计的定位，分别对应某特定的细分市场。在国内市场，这一模式在日化行业也得到了广泛地运用。例如，上海家化公司旗下原有四大日化品牌"六神""佰草集""美加净"和"清妃"，都以女性个人护理品为主。但由于已有的品牌概念都不适合向专业的男性个人护理品延伸，上海家化建立了以"打造中国从容男士"为品牌概念的"高夫"，该战略下公司产品组合与其品牌组合完全对应。

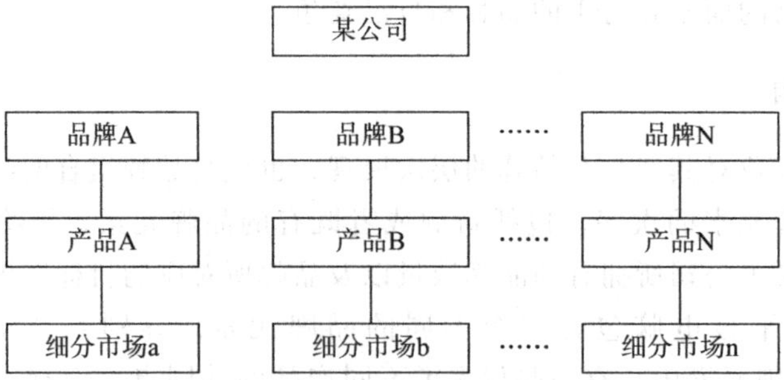

图6－6　产品品牌战略

使用该战略的优势在于：第一，对于专注于单一市场的公司而言，可以帮助其建立占领各细分市场的优势。通过对该市场提供多个品牌，可以满足不同细分市场的需求，从而追求整体份额最大化。第二，可以帮助企业快速开拓新的市场领域。创新型企业为了获得先发优势，往往采取该策略。有些企业产品品牌战略做得过于成功，导致了消费者直接把该品牌和该类产品等同起来，也就是该品类的其他品牌再难以与之匹敌。比如像创可贴被等同于“邦迪”，“凉茶”被等同于“王老吉”。第三，因为每个产品品牌都是独立的概念，因而，一个品牌失败的风险对于整个公司的影响有限。

产品品牌战略也尤其局限性。首先，产品品牌战略意味着产品背后的企业品牌以及其他产品品类品牌并不一致，新产品的出现就意味着新品牌的诞生，每个品牌的建立都有其传播成本，这是运营成本最高的一种品牌战略，对于公司实力以及营销管理的能力都有较高的要求。其次，产品品牌之间隔离开虽然规避了危机带来的风险，但是在正常情况下也会阻隔掉其他产品品牌所带来的积极效应。品牌 A 的成功对于品牌 B 和 C 等没有任何的帮助。

另外，企业在利用产品品牌战略时，会面对该细分市场消费者的变化和发展，也需要进行品牌更新和延伸。在该战略下，由于一种产品对应一个品牌名称及独特的地位，其品牌延伸的办法较单一，只能是更新产品。比如在包装上进行更新，或是在保持最初定位的情况下对产品用途进行适当的拓展。常用的方法有在产品品牌名称后加上数字（如一代、二代等），或者像“美加净”从面部护肤拓展到手部和身体护肤。

（二）产品线品牌战略

产品线是指同一产品种类中密切相关的一系列产品（Botton and Cegarra，1990），通过互补或不同的功能来满足消费者的需求。当特定细分市场的消费者需求出现泛化，企业就需要提供一系列产品来进行配套，这一系列产品完善了单一产品的功能，同时共同使用单个品牌名称，这样的品牌架构设计就被称为产品线品牌战略。英国面部及身体护理品牌“The body shop”就通过保湿、抗痘、抗氧化美白这些功能对产品线进行划分，每种产品线都围绕核心产品发展出产品系列。有些产品在供应商眼里可能属于不同的产品种类，但在消费者眼里，却是相互联系的。

该战略的优势在于，由于是配套的产品系列，企业在进行品牌延伸时比产品品牌战略有更大的空间。企业可以根据核心产品进行关联延伸，也就是根据消费者对于该品牌能够联想的第一产品来进行战略拓展。如果产品系列设计适当，既不会模糊消费者对品牌的印象，还能加强品牌的销售力，同时也能建立强势的品牌形象。另外，产品线战略还能降低企业新品发布的宣传成本和渠道成本。由于共用同一品牌，企业不需要花费额外的广告和宣传费用来让消费者记住新品牌名称；同时由于产品线系列产品都是高度相关的，所以往往可以共用分销渠道，避免了开发新渠道带来的额外成本。

但在实践的过程中，产品线往往容易被过度拓展，企业常常忘记了只有在新产品和现有产品密切相关时，产品线延伸才可行。如美国“派克”钢笔在早期质优价贵，精英或商务人士以拥有一支派克钢笔作为身份和地位的象征。然而 1982 年的新总经理在制定品牌战略时，推出了价格 3 美元的圆珠笔，虽然在低端市场获取了成功，但是却失去了钢笔的奢侈品形象和尊贵地位。由于模糊了派克钢笔在消费者心中的形象，其竞争对手趁机进入了高端钢笔市场，派克高端市场份额大跌，销售额只及竞争对手克罗斯公司的一半。

（三）范围品牌战略

范围品牌是公司所有产品支持同一品牌名称和同一品牌概念的品牌架构形式。在范围品牌架构中，所有的产品都为同一品牌做贡献。该品牌战略比产品线品牌战略的品牌覆盖面更宽泛（如图6－7所示），就像产品线使多样化产品能够通过某些相同功能结构化，范围架构可以将一个由产品线组成的产品群通过某些内部一致性结构化。比如“美宝莲”（纽约），最先推出的是眼部化妆品，之后又在唇膏市场获得成功。经过上百年的发展，“美宝莲”通过年轻时尚的大众定位，拓展了包括眼妆、唇妆、指甲油、面妆等多条产品线，建立结构化的产品系列。并且所有产品都表达了“美宝莲”的同一定位承诺：年轻时尚的大众消费化妆品，向消费者传达了统一的品牌概念。

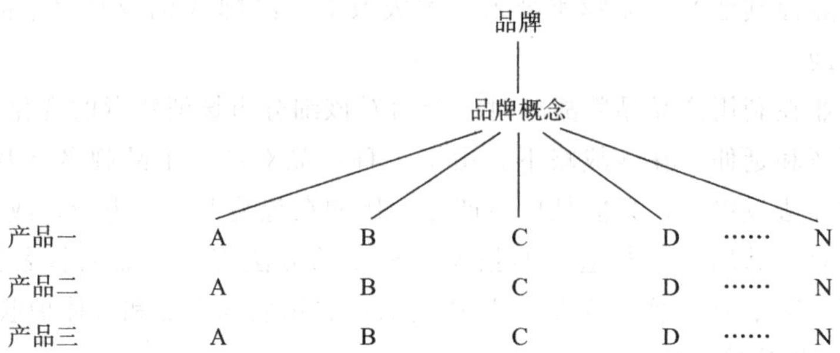

图6－7　范围品牌的构成

范围品牌架构的战略常见于各种领域，比如服装纺织领域（耐克、李宁、“优衣库”等），食品领域（亨氏、蒙牛、上好佳等），家电家居领域（海尔、宜家、美的等），电子通信行业（小米、苹果、华为等）。

范围品牌架构的优点有：第一，单一的品牌概念有利于维护统一的品牌形象。众多产品都使用同一的品牌概念和品牌承诺，避免了传播的随意分散。以一种通用的方式建立独特的品牌概念，让品牌理念能够深入消费者的心中，同时还可以被企业各种品类的产品所享用。比如小米的“为发烧而生”以及“极致的性价比”已经成为广大消费者对该品牌的认知理念，所以消费者在接受了其手机电脑等电子产品后也会去尝试小米的家电日用品等。第二，有利于企业成为某个品牌概念市场的领导者。范围品牌架构是面对目标市场的品牌架构，当品牌理念被敏感的目标消费群体所接受，多类产品的推广都是对该理念的不断强化。第三，范围品牌构架下新产品的上市成本较低，可以共用企业统一的品牌名称和品牌资产。产品线战略下，品牌延伸依靠核心产品，而范围品牌战略下，品牌延伸可以依靠品牌概念。

范围品牌的局限性在于：首先，产品都使用同一的品牌概念，具体的产品个性可能会体现不出来，让消费者相信所有产品都很出色是一个难题。其次，如果产品种类过多，可能会出现和品牌概念不一致的产品，从长期来说会对企业的品牌个性和品牌资产带来破坏，但短期内并不会从销售额或者利润上体现，有一定的隐蔽性。

所以，在范围品牌战略下，保证强大和统一的品牌概念是该战略成功的关键。比如像“星巴克”的品牌概念和承诺就是注重顾客的人文体验，为消费者打造除了家和办公室以外的第三空间，旨在给顾客营造休闲浪漫＋知识文化的特殊氛围。但在2000年

“星巴克”创始人舒尔茨离任后，新CEO以增加单店销售额为目标，“星巴克”的门店里面开始出售各种能增加收入的东西，比如三明治。烤箱加热三明治带来的味道彻底遮盖了舒尔茨坚持的、专属于“星巴克”的咖啡香气，从而破坏了“星巴克”一开始传递的客户体验。因此，当舒尔茨在2008年回归的时候，第一个举措就是禁止在全部门店出售三明治，尽管这当时占“星巴克”销售额的3%。以保证一以贯之的咖啡体验的品牌概念。

（四）来源品牌战略

来源品牌是公司品牌与产品品牌同时出现的一种品牌架构，在这一架构下，公司中的产品拥有自己的品牌名称。虽然公司品牌和产品品牌同时出现，是一种双重层级的品牌结构，但消费者对两个层级名称产生的联想是一致的（见图6－8）。

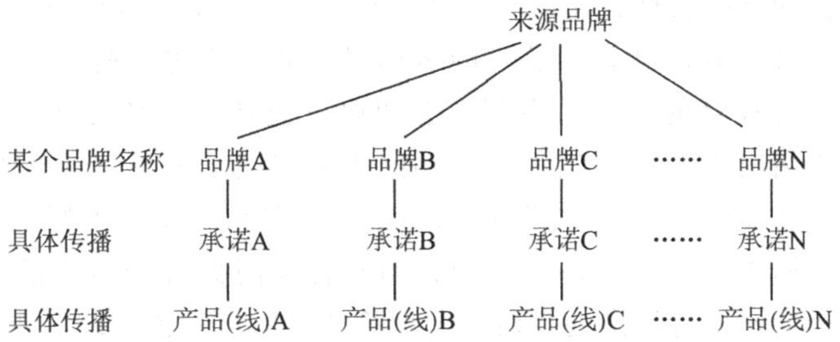

图6－8　来源品牌战略

拓展案例

“迪奥”的来源品牌战略

来源品牌结构常常用在奢侈品的品牌战略中，比如像“迪奥”香水在中国市场有14个不同品牌概念，每个产品品牌都和“迪奥”的“绚丽高级，代表上流社会成熟女性品味”的品牌概念相协调，同时又从多个角度来诠释“迪奥”品牌的核心价值。

来源品牌的优势很明显，公司层级的品牌概念能够给产品层级的品牌概念带来强力支撑。该战略可以带给消费者关于品牌差异和品牌深度的双重感知。公司品牌提供了品牌含义和识别，由产品品牌来进行修饰和丰富，因此来吸引特定的客户群体。虽然有很多香水产品的味道都可以产生“感性和诱人”的味道，但有“迪奥”的公司品牌概念作为支撑，“真我”才成为全球最受女性欢迎的香水之一。另外，“迪奥”公司还通过增加产品品牌来吸引其他的细分市场，比如“桀骜男士”和“香氛世家”就分别针对男性市场和香氛生活方式的心理行为细分市场。

来源品牌的局限性在于必须尊重母品牌也就是公司品牌的核心、精神和地位，不能做逾越母品牌的品牌延伸和产品宣传，所有产品的辅助活动都必须具有同样的品牌精神。如果需要有更大的自由度，公司可选择背书品牌的架构。

（五）伞型品牌战略

伞状品牌战略是以公司品牌为品牌名称，以同一品牌名称来覆盖不同消费市场的品牌结构，其特点是以公司品牌和品牌概念为基础，而不同的产品线根据市场的不同采用不同的事业单元战略（见图6-9）。

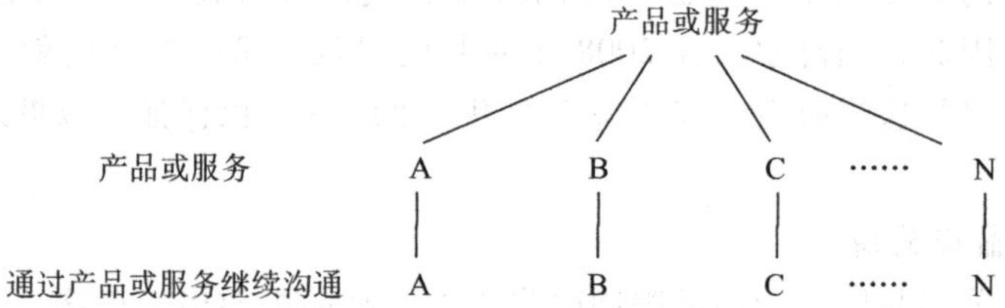

图6-9 伞型品牌战略

伞状品牌战略和来源战略有很高的类似性。区别主要是在来源品牌战略中，产品或者产品线拥有自己的品牌名称，而伞状品牌战略中只有一个品牌层级。为了识别某个产品，产品可能有代号，但是没有子品牌的名称以及品牌联想。荷兰的“飞利浦”就是典型的采用伞状品牌战略的公司。飞利浦公司旗下包括三大核心业务部门——医疗保健、照明和消费生活时尚。消费生活时尚部门由消费电子业务（大家电——黑电）及家庭小电器业务整合而成。“飞利浦”使用一个品牌名称，涵盖了好几种产品类别，而这些多样化的产品属于不同的部门和行业，同时各部门拥有较为灵活的组织和沟通方式，分公司或者子公司拥有较高的自由度。伞状品牌是一个名称，不涉及产品和服务的视觉识别系统，通常是工业集团的公司名称。比如日本的“雅马哈”用于摩托车、钢琴和吉他上，“三菱”用于家用电器、汽车、银行，甚至是水性笔上。这个战略尤其适合跨国公司在进行全球化扩张和营销时采用，跨国公司在世界各地成立销售部门，这些销售部门要根据自己对当地情况的了解，灵活地运用品牌营销和传播策略，从而达成销售目标。同一国家内，伞型品牌的广告宣传活动并没有必然的内在关联性，每种产品都可以有各自的宣传语并强调不同的品牌价值。所以，具有品牌全球化能力的公司，通过采用伞状品牌的战略，所有产品都使用同一公司品牌而受到较少的限制，可以更好地整合产品、渠道、推广、消费者、营销中介等方面的相关资源。

但是由于伞状品牌在传播时往往突出的是产品的具体品质和优点，因此很难有更高的品牌无形附加值，可能缺乏消费者对之产生的情感共鸣。随着产品生命周期不断推进，市场逐渐成熟，市场的产品趋同化，竞争更加白热化，企业就需要更大的品牌无形价值来赢得忠诚客户，而伞状品牌战略无法帮助公司进一步获得这种竞争优势。伞状品牌战略下，企业往往通过战略单元的增加来进行品牌的成长，而随着战略单元不断增加，品牌概念需要做出不断的调整，如果调整不当，就会影响到消费者对原有产品的认知。另外，如果某一产品出现了危机，也会对整个公司的品牌带来影响。

（六）背书品牌战略

背书品牌是利用公司和集团品牌为产品品牌做担保的一种品牌架构模式。背书品牌架构下，有两个品牌层级，一层是产品品牌、产品线品牌和范围品牌层级，另外一层就是为以上提供保证作用的公司和集团品牌层级（见图6-10）。

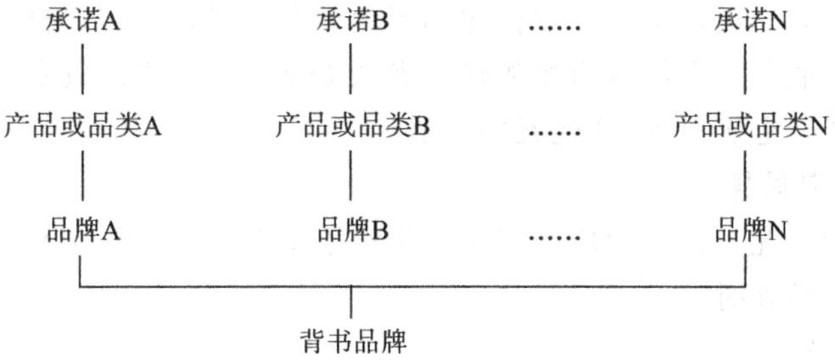

图 6－10　背书品牌战略

公司和集团名称出现的目的是为了获取消费者的信任，让消费者相信公司有能力为产品的品质提供保障。比如在雪佛兰、别克、“凯迪拉克”这些汽车品牌旁边我们总会看到通用汽车的标志。强生公司的隐形眼镜强生安视优和血糖仪强生稳豪也是使用这种策略。背书品牌和来源品牌有很大的类似度，不同之处在于来源品牌（如奢侈品品牌）能让消费者产生品牌联想，消费者对来源品牌会产生一定的情感认知，来源品牌往往能左右消费者的品牌决策；而背书品牌只是对产品提供一种潜在的保证，影响消费者决策的主角是产品，像邦迪品牌名称旁边有强生的公司名称，但很多人不认为邦迪是强生的产品。

背书品牌的优势是比较明显的。作为集团性质的公司，大多数时候采用背书品牌战略，一方面利用集团实力为产品品质做背书，另一方面旗下每个独立品牌都有让消费者产生独特联想的能力。同时，与来源品牌比较，由于公司品牌的联想度较低，背书品牌可以在更大的范围内自由行动。雀巢公司就是用母品牌提高信誉度，产品提供不同的口味以及特殊品牌价值的个人体验。如果雀巢是来源品牌，则一些与婴儿食品和儿童巧克力相关的特殊形象必然会影响到产品品牌的发展，但背书品牌的战略就为雀巢带来了无限发展的空间，使得它的产品领域还延伸到了咖啡、汤料等市场。

背书品牌的劣势在于消费者对于母品牌也就是公司品牌的联想力是比较弱的，母品牌对于产品品牌力的增强效果并不明显。但在今天，背书品牌的保证涵盖的外延越来越广泛，不仅包括产品质量和科技代表，还涉及社会责任、道德以及环境保护等方面。

四、品牌战略规划主要影响因素

我们在进行品牌战略决策时首先应该考虑以下因素：

（一）与公司战略结合

品牌战略是公司战略的象征。比如同样面对手机行业的“华为”和“小米”就采用了不同品牌策略。华为手机分为“华为”和“荣耀”两个品牌，通过多品牌战略来占领不同的细分市场。而“小米”不仅仅是手机这个产品，在进行其他产品线拓展的时候，它也坚持品牌化品牌战略。对于“小米”而言，品牌化的品牌战略确实体现了企业的优势，尤其是“为发烧友而生”这个统一的定位理念在互联网营销的基础上，提升了“小米”所有的产品线的品牌声誉。

（二）与商业模式相结合

在休闲零食行业，“良品铺子”以平台化的发展模式、品牌运营和产品、供应链、渠道运营等共同发力，通过多品类多样化的零食种类吸引目标客户群，打造高端零食的品牌形象。而该行业另一个细分市场领域的龙头企业“卫龙”，只专注于辣条产品，把一包 0.5 元钱的产品也卖出了 50 亿元的产值。

（三）考虑资源问题

在资金不足的情况下，公司应该将精力集中于单个品牌，特别是当这个品牌的知名度较高或者是国际品牌时。

（四）文化因素

不同国家和企业的文化理念，会影响到品牌战略的制定。比如美国宝洁公司已经形成了产品品牌文化，即每种产品对应一个品牌名称。而欧洲和日本是伞状品牌战略的倡导者，欧洲企业像“妮维雅”与“雀巢”，日本像“索尼”和“雅马哈”，都是将公司名称运用到不同品类的产品中。日本企业的理念是一个公司涵盖的行业与产品越多，该公司实力越强，声誉就越高。

（五）建立品牌愿景

品牌愿景也会影响到品牌战略和品牌构架。比如在化妆品市场有成千上万的产品和行业术语，企业通过创新来保持竞争力。化妆品企业根据市场需求的变化不断推出新产品，而新产品往往会伴随新的品牌的出现。产品经理在为产品命名的同时也赋予其生命，产品一旦拥有了名称，这名称就体现了该产品的使命以及存在的价值。1981 年，3M 公司创立并注册了 244 个品牌，但在 1991 年 3M 公司只创立了 5 个品牌。主要原因是 3M 公司发现，只有品牌才是公司真正的资产，所以今天我们在进行产品名称设计的时候往往要考虑我们的品牌愿景和品牌战略，要回答：“我们是否应该为新产品创立新品牌名称？”“我们应该将哪一个新产品放在哪一个已有的品牌名称下？”

（六）市场与消费者成熟度

市场发展水平越高，消费者越成熟，消费者获取信息的渠道更广也更便捷，消费者对于创新的个性品牌会有更加开放的态度。企业如果集中力量塑造针对某一准确细分市场的产品品牌，同时结合新媒体用多样化手段宣传公司的品牌价值观和使命，就能够培养出认可企业品牌文化和品牌价值的消费群体。比如近年来中国市场有很多本土的国货品牌受到年轻人的追捧，包括像“李宁”“安踏”“回力”等服装品牌，“正新鸡排”“奈雪の茶”“海底捞”等连锁餐饮品牌，“完美日记”“花西子”等国货化妆品牌都得到了快速的成长。

（七）市场竞争焦点

同样激烈的竞争，如果消费者更在意的是产品的质量、价格以及服务，公司化品牌是比较有竞争力的。因为客户更在意有实力的公司品牌作为其产品品质和服务质量作保障。比如家电行业，“海尔”“美的”“方太”等品牌名称就会让消费者产生产品品质过关、售后有保证的联想。但如果市场竞争的焦点在于产品个性以及其所带来的情感满足或者身份地位的象征等，个性化品牌就更能够吸引消费者。如大众汽车集团旗下包括“宾利”“保时捷”“奥迪”“斯柯达”“大众”等不同价格区间的汽车品牌。对于高端车系列，消费者基本上不会把产品品牌和公司品牌联系在一起。

本章回顾

本章逻辑主线是企业战略设计—营销竞争战略—品牌战略规划。

第一节是对于企业战略与品牌战略关系的梳理。品牌战略属于企业战略的一个层次。介绍了企业战略的设计。主要包括：(1) 界定企业的业务内容；(2) 确定企业的愿景与使命。

第二节介绍了营销竞争战略的主要内容和方法。包括：(1) 营销战略思想的发展与变迁；(2) 营销的差异化竞争战略。

第三节是对于品牌战略的重点介绍。包括：(1) 品牌—产品矩阵方法；(2) 品牌组合。基于不同品牌组合创造不同的品牌价值，企业可有两类基本选择：多品牌组合和品牌化组合；(3) 不同的品牌架构设计，选择不同的品牌战略形式；(4) 品牌战略规划主要影响因素。

课后思考题

1. 企业战略设计的主要内容有什么？
2. 品牌战略、营销战略和企业战略的关系是什么？
3. 营销战略的本质是什么？
4. 简述 PEST 分析模型的主要内容。
5. 目标市场营销最常用的战略有哪两种？
6. 如何用品牌—产品矩阵的方法来分析企业可选择的品牌战略？
7. 品牌组合战略的主要内容是什么？
8. 根据不同的品牌架构设计，公司可选择哪六种基本战略形式？

课后案例

中国移动的品牌战略分析

1. 中国移动简介

中国移动通信集团公司（简称“中国移动”）于 2000 年 4 月 20 日成立，注册资本 518 亿元人民币，资产规模超过万亿元人民币，拥有全球第一的网络和客户规模，是北京 2008 年奥运会合作伙伴，也是中国 2010 年上海世界博览会合作伙伴。

中国移动全资拥有中国移动（香港）集团有限公司，由其控股的中国移动有限公司在国内 31 个省（自治区、直辖市）和香港特别行政区设立全资子公司，并在中国香港和纽约上市。2012 年列《财富》杂志世界 500 强 81 位，品牌价值位列全球电信品牌前列。

中国移动主要经营移动话音、数据、IP电话和多媒体业务，并具有计算机互联网国际联网单位经营权和国际出入口局业务经营权。除提供基本话音业务外，还提供传真、数据、IP电话等多种增值业务，拥有“全球通”“神州行”“动感地带”等著名客户品牌。

截至2012年底，中国移动的基站总数超过109万个，客户总数超过7.2亿户。中国移动连续8年在国资委考核中获得最高级别——A级。上市公司连续5年入选道琼斯可持续发展指数，是中国内地唯一入选的企业。同时，中国移动积极投身社会公益事业，连续4年荣获慈善领域最高政府奖“中华慈善奖”。

2. 中国移动的品牌组合

（1）品牌组合现状（见表6-4，图6-11）。

表6-4 中国移动品牌—产品矩阵

		产品					
		通信服务	综合数据	集团应用	邮箱服务	生活娱乐	商务辅助
品牌	动感地带	飞信	彩信	V网		快讯	
	神州行	亲情号码	移动梦网	E网业务	Black Berry	手机导航	手机证券
	全球通	会议电话	集团信使	IP直通车	手机邮箱	音乐随身听	移动商信通

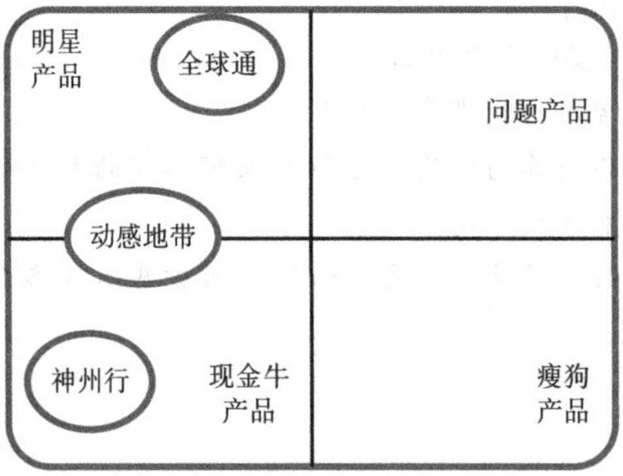

图6-11 中国移动品牌波士顿矩阵

（2）品牌组合特点。根据以上图表，可以看出中国移动具有合理的品牌组合。具体表现在以下三方面。“全球通”作为中国移动的明星品牌，一直拥有企业的战略重点，其拥有很强的竞争力和市场吸引力，可以说，“全球通”已成为中国移动的黄金品牌，是中国移动通信走向世界的重要标志。其次，“动感地带”为“狙击”和“种子”品牌，是中国移动未来的战略业务增长点。它为高端品牌“全球通”打通了一条强劲的通道，促使“全球通”由明星业务向现金牛业务转变。而“神州行”目前是中国移动最大的大众化品牌，是低端市场强有力的竞争品牌，也是抵御市场竞争的第一道防线。

3. 中国移动的品牌架构

(1) 品牌架构现状(如图6－12所示)

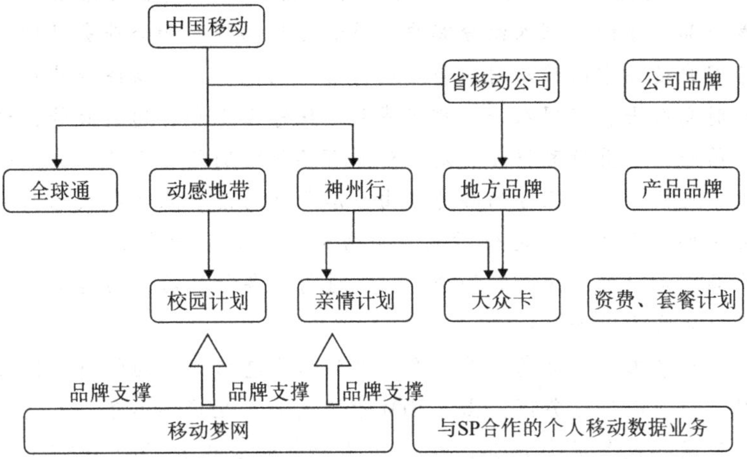

图6－12 中国移动品牌架构图

(2) 品牌架构特点。

①客户导向的品牌理念,即根据用户群消费心理来设计品牌,并使之成为和客户群建立联系的主要纽带,从而在此品牌下推出系列产品来迎合特定消费群的消费需求。这种方法避免了以技术为品牌驱动力,摆脱了业务的束缚,积极以客户需求为特征,成功地推出了以客户为导向的三大移动产品。

②架构划分比较粗。中国移动的品牌架构划分比较粗,存在市场空隙。在政府/企业这一块肥沃的市场上,缺乏知名的品牌。在这一领域,特别是针对集团客户,中国移动并没有树立起任何具有强大竞争力的知名品牌。已经存在的四大品牌相应的支撑体系还不够完善。不仅资费上不同品牌区别不显著;在服务上,它们的区分度也不够。

4. 中国移动的品牌战略及建议

(1) 品牌战略。中国移动是发展品牌战略最多的运营商,但是在激烈竞争的市场上,中国移动遇到了很多由多品牌战略带来的问题和困惑。中国移动目前主要有三大品牌:全球通和神州行(两大话音业务品牌)和移动梦网(大数据业务品牌);其中"移动梦网"下面又有四大品牌:"动感地带""商务干线""数码乐园"和"随e行"。

中国移动的品牌战略,包括了品牌的定位、设计、管理、包装、推广等环节,当"全球通"的资费超出低端客户的心理上限时,"神州行"应运而生;当眼花缭乱的移动新业务层出不穷时,"动感地带"又精彩地亮相。

虽然中国移动不生产具体的有形产品,但满足客户多样化的消费需求是企业经营的共同要求,中国移动在细分市场的基础上对强势品牌进行整合。开发出面向中低端客户的"神州行",让这些客户从"全球通"的品牌中自然剥离,主动维护了"全球通"的高端定位,突出了"专家品质,值得信赖"的卓越气质,使产品的溢价能力并没有随价格的变动而降低,这在近乎同质竞争的移动通信市场中十分难得。中国移动的品牌战略,得到了市场的丰厚回报,短短两三年时间,就以超过一亿的客户规模跃居世界首位，企业实力迅速增强，无论是客户份额还是盈利能力，都远远领先于对手，一举奠定了国内移动通信运营商的主导地位，其中“神州行”客户数以千万计。

(2) 建议——发展多品牌战略。中国移动发展多品牌战略的思路为：由业务品牌导向转变为客户品牌导向，深入细分客户、重新定位品牌、融合业务品牌、完善客户品牌。深入细分客户是指中国移动对消费者进行全面的调查，寻找细分市场的标准，可以把市场分为：时尚人士、实用人士、都市贵族、保守人士和普通大众等，这是实施有效多品牌战略的第一步。重新定位品牌是指对原有品牌特别是原来的业务品牌，按新的细分市场进行重新定位。融合业务品牌是指由于消费者对语音业务和数据业务的需求是不可分割的，应该按照品牌的新定位对两大业务进行融合、组合和打包，再提供给消费者。完善客户品牌是指对划分的新细分市场，进行业务打包后，为其提供极具针对性的客户品牌。具体战略方案如下：

①实施产品形象工程，提高品牌形象。产品形象包括固化的物质、销售的渠道和售后的反馈。对于移动通信服务商，出售 SIM 卡只是为了生产创造条件，生产过程和服务过程的统一，使网络服务成为产品，塑造产品形象和创造产品收益时刻同步，密不可分，致使产品形象无法事前控制。所以，在与客户接触的最直接界面上，要发挥产品形象的最好效果。

②实行品牌细分，在品牌之间创造强大的屏障。服务市场必须多样化，以满足客户的不同需求，也就是品牌战略必须切实从消费者需求出发，进行合理的市场细分，不断激发消费者的特殊需求；从而对最终消费者进行积极的控制，通过针对这些细分的利益群体推出多品种与多结构的产品，使后来者无机可乘，从而控制竞争对手的发展。在进行品牌细分时将高端用户的利益放在首位，同时考虑那些中小型商业客户和有创利前景的年轻客户群。

③提高知名度，扩大影响。通过公关、广告等活动，扩大中国移动通信品牌的影响力，提高其知名度与美誉度，优秀的创意与广告是扩大品牌知名度的最主要手段，几乎所有的名牌都重视广告宣传。广告的主要目的是与客户沟通，推广产品，扩大影响。

④积极创新，不断开发新产品以满足社会需求，通过资本运作，加快品牌开发速度。品牌在某种程度上体现了顾客与公司所提供的产品或服务之间的关系，这一关系需要花时间来建立。保持品牌的长久活力也需要不断创新，因为信息技术的不断进步，创新对移动行业尤其重要。品牌发展的初期需要创立品牌，而等品牌战略成熟到一定阶段，经营品牌就需要一定的商业手段。资本运作的形式是通过兼并、收购、转让、特许经营、有偿使用等方式，嫁接现成的品牌。

⑤加强企业文化建设，提升中国移动品牌的生命力。企业文化是企业成长的生命力源泉，它与企业同生、同伴、共同发展。任何企业在成立之初，都应该旗帜鲜明地提出企业文化的相关内容，如企业目标、企业价值观、行为规范等。中国移动通信公司应该确定相关的企业理念系统和行为识别系统，同时加强企业文化建设，努力形成具有中国移动个性的企业文化，提升企业核心竞争力。

案例思考题

1. 该案例分析中体现了本章所学的哪些知识点？请问是如何运用在具体分析中的？

2. 中国移动采用的企业战略是波特一般战略中的哪种战略模式？其品牌架构采用的是哪一种战略模式？两者之间是如何承接统一的？

第七章

品牌延伸

【学习目标】

1. 掌握品牌延伸的概念和作用；
2. 掌握品牌延伸的原则；
3. 掌握品牌延伸的步骤；
4. 理解和运用品牌延伸的策略；
5. 掌握品牌延伸的风险。

【导入案例】

品牌延伸危机

全球最大的软件公司微软，推出手机和平板电脑产品；做网络视频内容的乐视做起了手机；做手机产品起家的小米开始做电视机、净水器和插线板等。它们的共性是都从主营业务延伸到其他产业，甚至与主业相距甚远的产业，这是典型的“品牌延伸”行为。它们面临的一大问题就是如何让内部员工、外部投资者和用户确认，他们公司和品牌可以延伸到其他领域，既不会损坏公司定位和品牌形象，又能做好新产品。比如微软做手机，会让消费者很困惑，微软到底是软件公司还是硬件公司？何况公司名称还有一个“soft”在里面；乐视做手机，而产品品牌标志里居然有“TV”这个词……

随着各个行业的数字化、互联网化，公司跨界变得更加容易和普遍。扩展技术和产品不难，但品牌延伸却是一件不容易的事：首先，要对内部员工交代公司的定位，其次要对投资者交代公司的业务边界、新业务的市场规模和盈利情况，最后，要向忠实用户解释清楚品牌定位和形象是否发生了调整。否则会导致广泛质疑，失去公众信任，最后演变成公司的一场危机。关于品牌延伸，厂商可以开展以下几方面的工作：

第一，对公司进行重新定位，对内和对外重新诠释公司的价值观和业务模式，让公司投资者、员工和消费者认识到公司不是不务正业，不是放弃主业，而是在做与主业相关的衍生行业和产品，让消费者不再困惑，也不会失去忠实消费者。这方面的一个成功案例，就是360公司的再定位："360"在2015年初宣布，将公司定位从"做互联网安全的公司"，扩展至"做安全的互联网公司"，仅仅将"安全"与"互联网"两个词交换位置，业务就从互联网软件服务延伸到任何与安全相关的软硬件安全业务，包括儿童安全手表、行车记录仪、家庭摄像头等。"360"依然是做安全，只不过是扩大了业务范围，这对于内部和外部，都可以作很好的解释。苹果公司，也曾将其公司名称"Apple Computer Inc."改为"Apple Inc."，以适应公司日益扩大的产品线。

第二，品牌和口号再造，将品牌和口号去掉原有的行业化，让其可以涵盖新进入以及未来将进入的行业。"apple"原来是一个PC品牌，但后来成功地将"apple"品牌改造为一个数码产品甚至互联网品牌。"联想"也曾经面临这个问题，它成功地从一家PC厂商和品牌，延伸到手机等行业，期间也经历过两次更换品牌和口号的过程。

第三，品牌标志的调整。显然"ETV"已经不太适合开始做手机甚至想做汽车的乐视公司了，要么更换品牌标志，要么重新诠释品牌标志。就像比亚迪将"BYD"解释为"building your dream"；微软（Microsoft）做硬件产品，也需要去"soft"化，要么改名，要么重新解读这个带"soft"的品牌标志。

品牌延伸（尤其是大幅度的跨界延伸）会带来一系列的问题，需要对品牌延伸进行谨慎操作，这绝不是简单技术和产品扩展问题，如果处理不当，很可能成为一场危机，最后赔了夫人又折兵，既失去老用户，又未得到新用户。鉴于很多企业都难以避免地进行业务扩展和品牌延伸，建议企业品牌、口号和品牌标志不宜过于行业化、产品化，因为这样很可能会限制公司事业的拓展。

第一节

品牌延伸的概念与作用

一、品牌延伸的概念与类型

1981年美国康奈尔大学的爱德华发表了学术论文《品牌授权延伸，新产品得益于老品牌》，品牌延伸成为学术界和实践领域的热点。

美国品牌领域研究学者凯勒给出定义：品牌延伸是利用一个已有的品牌引进一个新的产品。但是凯勒并没有对新产品做出明确的界定。

营销大师菲利普·科特勒则认为，品牌延伸是把一个现有的品牌名称应用到一个新类别的产品上。但是在企业在品牌延伸策略的具体实施中，并非只借用表面上的品牌名称这么简单，而是对整个品牌资产的策略性运用。

中山大学卢泰宏教授将其定义为：品牌延伸是指借助原有的已经建立的品牌定位，将原有品牌转移至适用于新进入市场的其他产品或服务（包括同类的和异类的），并运用于新的细分市场中，达到以更少的营销成本占领更大的市场份额目的。卢教授的观点的要点在于：（1）品牌延伸借助的母品牌必须是在市场中建立了品牌地位、取得一定声誉的品牌，向没有声誉的品牌进行延伸是没有意义的；（2）品牌延伸包含同类和异类的新产品或服务，同类即原有产品的延伸，而异类即新的产品类别；（3）品牌延伸能使得企业以降低营销成本的形式进入新的细分市场并扩大品牌的市场份额。

综合以上学者的定义，本书认为品牌延伸的概念为：品牌延伸（Brand Extension）是指企业或者组织在原有成功品牌的基础上改良原有产品或者推出新产品，使已有品牌的价值增值，从而使品牌的资产价值最大化的一种品牌策略（如图7－1所示）。

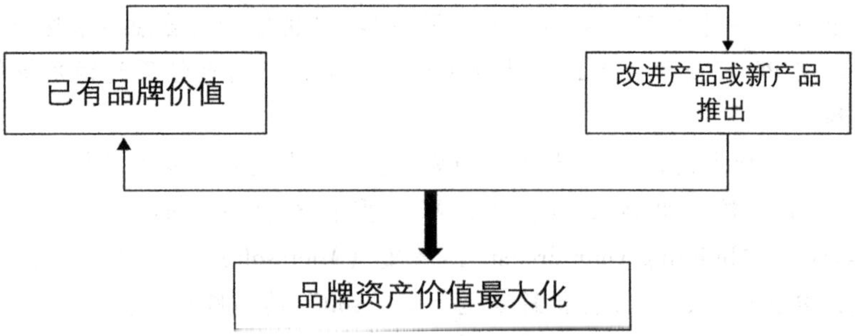

图7－1　品牌延伸

品牌延伸与多元化战略的区别：企业实施多元化战略可能会采用同一个品牌，也可能采用多个品牌。如果采用的是同一个品牌，则属于品牌延伸，如海尔集团推出海尔冰箱后相继推出海尔电视、海尔手机、海尔洗衣机、海尔热水器等，就是属于品牌延伸；反之，如果采用的是多个品牌，则属于多元化战略，如宝洁旗下有飘柔洗发水、汰渍洗衣粉、玉兰油护肤品等，品牌不相同，不属于品牌延伸。

按照新产品是否来自同一产品线，品牌延伸分为产品线延伸（Line Extension）和产品类别延伸（Gategory Extension）两大类。前者是指新产品来自同一产品线，往往与已有产品表现为不同的成分、不同的口味、不同的形式和尺寸、不同的使用方法等；后者是指新产品来自不同的产品类别。

将产品线进一步具体化，根据产品所属产业的不同，品牌延伸分为同一产业领域延伸和跨产业领域延伸。同一产业领域延伸主要是指企业将现有品牌延伸到同一产业领域内的新产品，如海尔冰箱成功后，又将“海尔”品牌运用到家电产业的洗衣机、空调、微波炉、彩电等多种产品。“统一”将其品牌运用于汽水、纯净水、茶饮料、果汁、方便面、酱油等产品中，这些产品都属于食品产业，是同一产业领域延伸。跨产业领域延伸，强调企业将现有品牌延伸到不同产业领域的新产品。例如巨人品牌最早应用于计算机软件产品，后来又延伸到保健品产业。

二、品牌延伸的作用

品牌延伸是树立企业品牌形象，扩大品牌影响力，增强企业盈利能力和市场竞争力的重要途径。海尔因电冰箱的可靠质量建立了品牌信誉，接着推出冰柜、空调、电视、洗衣机、计算机等家用电器，实现了单一产品竞争到多元化竞争的转变，成为全球家电领域的著名企业。

从品牌延伸的定义中，可以看出品牌延伸一方面是利用现有品牌资产实现新产品的有效推出；另一方面是通过新产品推出实现现有品牌资源的优化，实现已有品牌的资产升值。其作用具体可以分为以下几个方面：

（一）提升原有品牌内涵和价值

品牌延伸的成功可为品牌注入许多新的元素，提升原有品牌内涵，特别是那些容易与某一产品产生强烈联系的品牌，可有效摆脱“品牌就是产品”的束缚，为品牌提炼内涵奠定基础，从而实现品牌的资产价值升值。实际上，品牌的最高境界就是品牌个性，品牌个性是超越品牌定位层次的，只有具有个性的品牌才能在消费者认知中不断深入和清晰。例如，“娃哈哈”最初属于保健品品牌，之后转向果奶、八宝粥等，在中国保健品行业出现信任危机时，“娃哈哈”已抽身而出，涉足纯净水，启用“明星+广告”模式为娃哈哈加入快乐时尚的元素，超越了儿童品牌的局限，成为“快乐加时尚”的代表。

（二）借助新产品上市，强化和捍卫企业核心品牌

有许多小企业甚至较大的企业会采取低价渗透策略来进入一个新的行业，以低于主导品牌价格的价格去抢占市场领导品牌的市场份额。这时，为捍卫主品牌，抵制竞争对手的挑衅，处于领导地位的主导品牌便实施品牌延伸战略，让竞争对手占不到便宜。例如，日本“富士”胶卷在进入美国市场时，为了抢夺市场份额，采取了低价渗透的策略。而“柯达”为了应对“富士”的低价挑战，实施了品牌延伸战略，在原有目标市场上推出了“柯达金”品牌，同时在低价位市场上推出了“柯达快乐一刻”品牌。“快乐一刻”作为保护性品牌，与“富士”进行价格较量。经过多年“鏖战”，“柯达”的市场占有率在美国稳居80%以上，最终有效地保护了“柯达”在美国的市场份额，成功地捍卫了主品牌。

（三）扩大市场覆盖面，占领更多细分市场，防止顾客流失

在以顾客为导向的市场竞争中，由于产品更新日益加快，消费需求也多元化、精细化，这就要求企业必须抢占先机，加快新产品的推出。在已有品牌知名度和美誉之下，企业新产品的推出可以大大缩短被消费者认识、认同、接受、信任的过程，有效缩短新产品的上市周期，从而快速占领市场，满足消费者的个性化需求，以提升市场份额。例如，汰渍洗衣粉在已有品牌影响力的作用下，通过快速推出特大号家庭装、机洗专用装、洗衣凝珠等新产品，有效满足了市场的差异化需求，有效地抵制了竞争对手的侵入，确保了企业的市场份额。

（四）降低企业营销成本

通过品牌延伸战略，一方面可以借助于现有品牌的知名度和美誉度，大大降低企业新产品的市场推广费用，与创建一个新品牌相比，大大降低广告宣传成本；另一方面，借助现有品牌的分销渠道，企业新产品的分销费用可以有效降低。例如，娃哈哈品牌延伸的一个成功之处，就是大量新产品可以共享分销渠道。娃哈哈纯净水的成功使得其他的一系列新品饮料都可以在同一分销渠道之中实施分销，从而大大降低渠道建设和维护成本。

拓展案例

品牌延伸，符合期待是要义

变化是生活的调味品。许多品牌都在扩展业务，以获得更多收入（基于公司现有的知名度和成功），而不是“原地踏步”。品牌延伸是在一个全新的市场或一个全新的品类推出一种产品的策略，延伸的产品有时与核心产品密切相关，有时则不相关。一些独具价值的品牌延伸扩展了消费者接触品牌的渠道，改变了人们对该品牌的既有看法。纽约品牌咨询公司 MonacoLange 的合伙人 Greg Monaco 认为：“任何形式的品牌体验延伸都会增加消费者的期望，不管是释放善意、增加趣味性、加强参与，还是观点的共振或者是价值观的共享，都需要与消费者的期望相关联，否则这种延伸就将是不协调的。”

尽管品牌延伸存在一定的风险，比如疏远原有客户群。然而，回报也可能是巨大的，比如有机会打入新市场、产生新的收入流。品牌延伸也可以是一种很好的营销方式，让品牌能够创造新知名度并增加曝光率。

Panera Bread 是美国一家很受欢迎的烘焙连锁店，以售卖各种美味的沙拉和三明治而闻名。新冠肺炎疫情下，Panera Bread 于 2020 年 3 月关闭门店。但这家烘焙连锁店很快发现了新的客户需求——杂货。当时，英国和美国超市货架上的新鲜农产品一度供不应求，消费者开始从实体店购物转向网上购物。

2020 年 4 月，Panera 在其网站上宣布将销售杂货，推出 Panera 杂货递送服务。Panera 的首席执行官 Niren Chaudhary 解释说：“有了这项新服务，我们可以将品质过硬的食物和新鲜的食材从我们的食品储藏室送到您的手中，帮助您更好地获得越来越难得到的必需品。”Panera 杂货店通过路边取货、得来速、杂货售卖机和非接触式配送向美国消费者推出食品和配送服务。2020 年 4 月初，Panera 在其网站上发布如下公告：当您不想去商店的时候，我们可以帮助您实现安全地待在家里的愿望。现在您可以在我们的网站上订购“Panera 心选”，我们可以安排非接触式配送。我们目前有各种牛奶、面包、酸奶和新鲜农产品等必需品供您选择。

此后，Panera 还推出了“Panera 居家服务”，消费者可以像在亚马逊（Amazon）等电商平台购物一样，从 Panera 购买包装产品和食品，如调味品、汤和意大利面等。如今，一年多过去了，向食品杂货领域扩张的线下餐饮服务门店不断涌现，Panera 不再独一无二。为了迎合消费者的新需求，许多餐馆和烘焙店等都积极尝试外卖、食品杂货配送等服务。

Panera Grocery 是一个非常好的品牌延伸例子，不仅因为它强调如何迎合不断变化的消费者需求，还因为一个品牌借此成功地转向一个不同的类别，而不偏离消费者对原品牌的喜爱。

正如《福布斯》杂志的 Larry Light 所言："作为真正优秀的品牌延伸，Panera Grocery 以一种不同的、相关的方式实现了 Panera 的品牌承诺。换句话说，它仍在履行其'清洁'农产品的承诺，即新鲜烹制、负责任的饲养和由高质量原料制成的食品。但是，通过挖掘新的客户需求，Panera 也确立了自己的品牌地位，不仅履行了最初的品牌承诺，还成功地巩固了现有的忠诚度，并找到了新客户。"

数字化时代的品牌延伸，还可以为传统品牌延展与消费者沟通的维度空间，运用数字化技术为其消费者提供更好的服务。尽管这些延伸并未产生新的产品，却延展了传统品牌的触角，助力其更好地为消费者提供服务。

"孩之宝（Hasbro）"的培乐多（Play - Doh）品牌在 Pinterest（国外某图片视觉社交网站）上创建了一个名为"罐子回收站"的版块，鼓励用户分享处理旧培乐多罐的有趣想法，用户分享的创意包括：被改造成花盆的罐子、沙球等。这种围绕品牌形象的二次创作，能够再次强化品牌形象，提升用户的好感度。

第二节

品牌延伸的原则与步骤

在企业实施品牌延伸战略的案例中，一般情况而言，企业涉及的品牌越多，市场竞争越激烈，品牌延伸的成功系数就越低，但是在欧美等发达国家，企业面临的市场品牌很多，市场竞争也十分激烈、残酷，而很多企业都热衷于实施品牌延伸战略并大多数取得了很大成功。以美国市场为例，近 10 年里成功的产品有 2/3 属于品牌延伸而不是创建新的品牌，曾有人说："像当年成吉思汗横扫欧亚大陆一样，品牌延伸席卷了整个广告和营销界。"由此可见，品牌延伸战略已成为西方企业发展的核心战略之一。

随着全球经济一体化发展，中国企业面临的市场竞争日益激烈，因此品牌延伸会比欧美发达国家市场有更多的成功机会。实践数据表明，品牌延伸在整个中国市场上也有着顽强的生命力，很多企业成功实施了品牌延伸战略，如"海尔""乐百氏""娃哈哈""美加净""步步高"等许多国有品牌都通过实施品牌延伸战略迅猛发展，成为同业翘楚。

一、品牌延伸的原则

品牌延伸战略实施成功与否对企业来说非常重要，既可能是一本万利的好事，也可能是前进中万劫不复的深渊。实施品牌延伸战略如果缺乏理性决策或操作不够科学稳健，对企业来说就会非常危险。要有效回避品牌延伸风险，帮助企业迅速上新台阶就必须掌握品牌延伸的原则，具体而言，可以归纳为以下几条。

（一）实施品牌延伸的产品间有共同的品牌核心价值

实施品牌延伸策略成功与否的关键在于是否存在共同的品牌核心价值。在企业的所有产品中，门类接近、关联度较高的产品可共用同一个品牌。但是，完全不相关的产品同样也适用于品牌延伸理论。比如："万宝路"从最开始的香烟延伸到牛仔服、牛仔裤、鸭舌帽、腰带等产品，品牌延伸获得了很大的成功。究其原因，虽然产品包含的范围跨度很大，产品之间的关联度很低，但是它们有共同的品牌核心价值，因此能成功共用一个品牌。再比如男装品牌"华伦天奴（Valentino）"品牌麾下的产品有西装、衬衫、领带、T恤、皮鞋、皮包、皮带等，虽然物理属性、原始用途相差甚远，但都能提供一种共同的效用，即身份的象征，能让消费者获得高度的自尊和满足感。此类品牌的核心价值象征一种文化，主要由情感性与自我表现性构成，所以能包容物理属性和产品类别相差甚远的产品，只要这些产品能成为品牌文化的载体，就能取得品牌延伸的成功。

企业在实施品牌延伸战略的时候需要注意的是，高档奢侈商品向低价商品延伸，可能会导致品牌延伸战略失败。比如"香奈儿""华伦天奴""爱马仕"等顶级奢侈品牌如果生产单价为200—300元的包、衬衣、香水等低价商品，就会使得原有品牌档次降低，这样的品牌延伸就会失败。以档次、身份及文化象征为主要卖点的品牌，一般很难兼容中低档产品，否则会破坏品牌的核心价值。派克钢笔曾是钢笔中的奢侈品牌，一直以价高质优著称，是上层成功人士身份的象征。但在后来的品牌延伸战略中生产了每支仅3美元的低档笔，结果不但没有顺利进入低档笔市场，反而还丧失了一部分高档笔市场，使其高贵的形象蒙受了损失，得不偿失。派克笔的品牌延伸战略之所以失败是因为新产品与原有的品牌核心价值相抵触，拉低了其品牌形象。

产品关联度高低与否并不是品牌延伸战略成功与否的关键，它只是表象，只有品牌核心价值派生出的关联度高才会导致消费者会因为同样或类似的理由而认可并购买。市场中除了大家所周知的同行业产品外，关联度高的产品还有："雀巢"的咖啡与伴侣、牙刷与牙膏、打印机与墨粉等配套产品；产品之间有相似的成分、共同的技术；相同的目标消费群（如日本的"康贝爱"和国内的"好孩子"延伸到婴儿童车、纸尿裤、童装）；相同的营销方式与服务（如各种电脑耗材）。

（二）个性化、感性化的产品不适合品牌延伸

如果消费者购买产品的时候主要考虑的是品牌的质量保证，则可以实施品牌延伸战略，如电器、工业用品；但对可细分、个性化、感性化和细腻化的产品则很难实施品牌延伸战略，即使实施也很难取得成功。韩国LG品牌用于所有的电器、手机、显示器、零部件乃至电梯、乳胶漆、幕墙玻璃等产品，而该公司生产的化妆品却用蝶妆（Debon）品牌。LG作为国际大品牌，用户选择电器、手机、乳胶漆、幕墙玻璃等产品时，LG这个品牌无疑能给人踏实和品质有保证的感觉。而化妆品是极其感性化和个性化的产品，品牌名、包装、设计、广告、文化内涵能否获得消费者的审美认同是成功的关键，光靠硬邦邦的品质保证无法获得消费者的厚爱。因此，化妆品的品牌名要富有女性化色彩、给人以柔和、浪漫的感觉和美的遐想。所以针对产品特点，LG公司在推出化妆品的时候专门推出了新的品牌"蝶妆DEBON"，而不沿用原有品牌LG。P&G品牌也较少进行品牌延伸，主要原因也是因为行业与产品易于细分化，可以通过性格迥异的多个品牌来增加对不同消费群体的吸引力。

（三）财力、品牌推广力弱的中小企业适合品牌延伸

实施品牌延伸战略能降低企业营销成本，因此财力弱且推广能力差的企业应该尽快抓住原有品牌的核心价值，在原有品牌的基础上延伸新的产品。财力雄厚的企业品牌推广力强，比如汽车市场的差异性就很大，面对不同消费能力的目标消费群体，需要多个个性化的产品品牌来吸引不同的消费群。同样，瑞士的名表厂也能推出多品牌战略，如欧米茄、雷达都属于同一个公司。产品价值较高，能够支撑得起多品牌的巨额成本开支，故汽车业与名表行业推出多品牌有其特殊性。

（四）容量小的市场环境适合品牌延伸

企业所处的市场环境与企业产品的市场容量也会影响品牌决策，一般容量小的市场环境适合实施品牌延伸战略。具体实践中，品牌延伸战略运用最频繁的有我国的台湾企业，这与其成长的市场环境有关。在这些企业的发展初期，因为缺乏拓展岛外市场的实力，其目标市场局限在岛内。消费品的市场容量是以人口数量为基础的，而台湾岛内人口基数有限，在众多企业竞争的环境下，任何一个行业的市场容量都十分有限，成功推广一个品牌所需的费用对于企业来讲是巨大的。为了节省企业运营成本，很多企业采用“一牌多品”策略，如：统一集团所生产的汽水、茶、饮料、果汁、方便面全部都冠以“统一”的品牌名。

统一集团的品牌延伸策略几乎用到了其所有的产品，甚至延伸用于蓄电池。统一蓄电池因为很少被汽车业以外的人士所认知，故不会对“统一”的方便面、饮料的销售带来不良影响。同时汽车业专业人士又会很自然地想到，“统一”作为一个大企业，有足够的财力投入到蓄电池产品的开发上，在资本上足以保证获取优秀的人力资源、先进的技术及精良的设备，所以统一蓄电池产品品质是有保证的。统一公司用“统一”品牌既能以较低的成本推广蓄电池，也能加快被业内人士接受，同时对主业的负面影响也很少，成功地实施了品牌延伸战略。

（五）企业发展新产品的目的是否明确

如果企业发展新产品的目的是推出新产品、开拓新的市场，则不适合采用品牌延伸战略；如果企业发展新产品的目的仅仅是发挥成功品牌的市场促销力，“搭便车”卖一点儿，那么就算不符合品牌延伸的一些基本原则也可以延伸。但在具体的操作时，新产品应尽量少发布广告以免破坏品牌的原有个性。如上述提及的统一集团。如果统一集团在媒体发布大量的蓄电池广告，让每位消费者都在吃面与喝冰红茶的时候，联想到蓄电池，肯定对食品品质有所顾虑。同样，“娃哈哈”除了消费者熟知的产品外还推出了平安感冒液，这与“娃哈哈”的原有品牌核心价值不一致，所以仅有少数专业人士知道这一产品，因此感冒药的推出不足以破坏“娃哈哈”的品牌形象。

（六）市场竞争格局也会影响品牌延伸策略的实施

市场竞争格局对品牌延伸策略的实施影响也很大。如果延伸产品的市场竞争不激烈，没有财力雄厚的专业大品牌，那么进行品牌延伸策略就很容易取得成功；反之，则不宜实施品牌延伸策略。比如：美的公司从家电市场进入燃具灶具市场，推出“美的”牌抽油烟机、煤气灶、热水器等燃具、灶具，广告投入很少却获得成功，主要原因是燃具、灶具行业的现有品牌相对“美的”而言都是小品牌，而“美的”的品牌知名度与威望早已被消费者所接受，自然很容易占领市场。

选择一个好的市场机会是实施品牌延伸策略的关键因素。TCL 公司成功地从电话行业延伸进入彩电行业，就在于该企业选准了当时大屏幕彩电还没有被彩电业领导品牌所重视的机会点；海尔切入彩电业选择了彩电数字化的机会而成功；美的则选择了在大多数国产品牌还在生产中低档电饭煲，而日本品牌的豪华型电饭煲价格又太高的时候进军电饭煲市场，一举功成。

拓展案例

国货品牌进阶之路

"鸿星尔克"直播间的火爆场景，让我恍若看到了《大决战》中淮海战役时民众自发支前的浩大场景。历史总会以相似的场景展现民众的声音和力量。为什么会出现这样的场面？经过新冠肺炎疫情大考，身处大变局时代，新一代国民（网民）的思悟有了新的提升，爱国向善之心被进一步激发。

企业，因善而率性捐赠

营业收入远远落在同行后面的鸿星尔克，自己家底不厚，且处在亏损之中，却出手大方，率性"豪"捐大笔钱物，触发了网民的泪点！一个业绩下滑、自身经营困难的品牌，在宣传上舍不得花钱，官方微博连会员都没有买，直播间用国货品牌的风扇，在国家有难之时，倾囊而捐。这种强烈的对比，感动了无数网友，触动了广大民众心里向善盼善的感动点。

网民，因爱而"野性"消费

"感觉你都要倒闭了还捐了这么多?""你这么任性，作为网民我能不感动吗？能不'野性'消费吗?""鸿星尔克"的任性，唤起了民众的"野性"，抬升了国货的责任担当和爱国情怀。这是鸿星尔克对国货品牌最好最大的品牌宣传。

爆红如何持续长红

中国企业要做好"国际国内的双循环"，就必须发展好国货品牌。

回溯中国营销史，一次爆红成为一个品牌的不多，而能弥久长红的更少。反而爆红之后，陨落的倒不少。品牌是需要经营、需要沉淀积累的。"点燃"只是品牌火炬传递的第一步，要打造长期畅销的国货品牌，为消费者所喜爱，需要长期耕耘，不断创新突破，修炼提升。

由偶然的爆红到成为品牌的长红，是一个庞大、系统的运营工程，企业不同、行业不同、时期不同，观点和实践也不同：有深耕品质的"格力"，深耕技术的"华为"，深耕服务的"海底捞"，深耕创新的"大疆"和"讯飞"，各有绝招。

好品牌要有信仰支撑。由爆红到长红，要将爆红的原因提炼出来，与企业价值观、品牌价值观融合起来，长期坚持，长期打造。"鸿星尔克"自 2013 年向福建残联捐赠 2500 万元物资始，2018—2021 年，一直在低调尽己所能地捐款，企业虽在困境，但遇到国家和人民需要时，爱心捐助一直未停。将爱心和社会责任注入品牌价值，埋头奉献，少说多捐。

诚如古井集团董事长梁金辉所说："做企业、做事业不仅仅是赚几个钱的问题，而是一种责任、一种追求、一种信仰。""心中有信仰，脚下有力量。"品牌崇拜就是品牌信仰。好的品牌会影响、丰富人们的生活，影响所在的城市、所处的社会，乃至世界的未来。打造一个亮丽、健康的品牌，给世界构建一道美好的风景。

好品牌要有好品质支撑。品牌由爆红到长红，不仅要有超强的关注度，还要有超强的品质，企业团队要有精品意识、极致思想，坚守工匠精神，追求卓越，不断向“怎么更好一点”探索、精进。卓越就是不断地提升工作标准，把有条件的偶得转换成长期保持优势的必得，不断地积累优势，追求更好，保持领先；一心一意抓质量，踏踏实实做经营，不搞短期主义、投机行为。

好品牌要有强功能支撑。从爆红到长红，离不开正确的企业价值观。要持续开展科技创新、服务创新，不断地为客户提供超出想象、超值的功能或服务，给消费者美好的消费体验。好品牌要有正确价值观的支撑。好的品牌需要好的团队，好的团队来自优秀的企业文化，优秀的企业文化来自正确的企业价值观。企业价值观是品牌的根基和发展源泉，品牌建设核心就是企业价值观建设。

二、实施品牌延伸策略的步骤

（一）实施品牌延伸策略的第一步是进行品牌形象调查

实施品牌延伸策略第一步的核心任务是对市场进行品牌形象调查，通过系统的市场调查、准确了解消费者对现有品牌的印象，认知品牌的属性、个性、意图、内心承诺和潜在力量，掌握不同的消费者对企业品牌的各方面认知程度是否存在偏差以及存在哪些方面的偏差，从而对消费者的品牌认知程度与结构分布有比较清晰的了解和把握。

现实经验数据表明企业对品牌的认识和消费者对品牌的认识总是存在一定的偏差，消费者对品牌的认知决定着企业品牌的实际形象与定位，决定了企业延伸产品是否为市场所接受、能否获得成功。因此，可以用定量和定性的市场调查方法对消费者对品牌的认知进行调查分析。其中定量调查方法便于精确描述企业品牌形象，其结果较为准确；但定性调查方法则能够对企业品牌进行开放性的探索。所以在具体的实施过程中一般综合利用两种调研方法，有利于企业准确全面地把握自身品牌形象。

（二）实施品牌延伸策略的第二步是制订备选方案并选择可行的候选产品

企业实施品牌延伸策略时选择以何种产品、何种时机进入何种市场，必须充分考虑消费者因素、企业自身状况以及企业竞争态势等。当营销决策在选择可行的品牌延伸候选产品时，必须以消费者为中心，以顾客为导向，了解消费者关注品牌的联想、品牌定位、品牌核心利益。在上述基础上，以顾客需求为中心，明确原有品牌形象与定位，并以品牌相似性为指标，充分考虑自身实力和市场竞争因素，列出可行的候选产品，依托第一步的消费者调查研究结果以及头脑风暴法，选出品牌延伸策略基本可行的候选产品清单。在选择基本可行的候选产品时，应采用开放的心态和动态发展的思维进行产品搜索，而不应盲目地否决任一种可行产品。例如苹果公司的品牌延伸策略：其最开始的产品是计算机，之后延伸到音乐播放器，再随着互联网时代的到来，其产品延伸到智能手机市场，生产出具有划时代意义的 iPhone。

（三）实施品牌延伸策略的第三步是对可行的候选产品进行评估

在按照评估候选产品的标准：品牌相似性、企业实力和市场竞争选择出了可行的候选产品后，第三步是对候选产品进行合理的评估。在此环节需要更细致、全面和精确地评价各个候选产品的优劣，在此基础上选出品牌延伸策略可行的候选产品。

（四）实施品牌延伸策略的第四步是设计品牌延伸计划

对筛选出的可行候选延伸产品，企业需要进一步制订出详细的营销战略计划以确定品牌延伸策略的进一步实施。首先，要确定延伸产品的品牌核心价值与已有产品的品牌核心价值一致。品牌延伸除了使用已有的品牌名称以外，还需要与其他重要的形成品牌资产的诸多元素一起使用。所以延伸产品的品牌元素要与已有产品的品牌元素保持一致，来表明这一新产品的特色。其次，设计出营销计划。在营销设计中要充分考虑建立品牌联想，品牌联想可以与产品相关，也可以不相关，价格制定时要用消费者认知价值指导，使用“推”和“拉”的方法实施营销策略，打破传统营销沟通手段，使用多种媒体进行营销沟通。特别是对产品跨度较大的情况，应尽力诉求共同点，加强宣传，强化消费者感知。

（五）实施品牌延伸策略的第五步是实施品牌延伸计划以及实施后评估

在品牌延伸计划实施结束后，或在实施到一定的阶段，按着计划对实施过程检查是否符合原实施计划，或对原计划的实施结果进行总结和评价。

第三节

品牌延伸的策略

根据自己的品牌在市场上得到消费者的认可度、品牌忠诚度、品牌信誉等品牌资产的不同、企业的所拥有的资源状况、具体面临的市场环境和竞争态势不同，每个企业采取的品牌延伸策略和品牌发展思路也会有所不同。从不同的角度，企业品牌延伸策略可以分为以下几种。

一、按照延伸产品与已有品牌的关联性强弱分类

按照延伸产品与已有品牌的关联性强弱分类，品牌延伸策略可以分为关联延伸策略和适度分离策略。

（一）关联延伸策略

关联延伸策略强调了延伸产品和已有品牌的相似度很高，具有较强的关联性，即借助成名品牌在消费者心中的已有品牌形象，选择那些与已有产品相关联的新产品，使其包装、广告、宣传等尽可能地展示出与已有产品相似的做法，让消费者从中快速发现新旧产品之间的共性，进而接受新产品的策略。这一策略特别适合于功能型品牌的产品延伸。因为消费者对已有成名品牌的个性、质量、用途、功能保留着深刻印象并存在显著的偏爱，所以保持新旧产品之间的高度相似性，就成为品牌延伸成功与否的关键。实行关联品牌延伸，包括关联产品延伸、相似包装延伸、统一分销延伸、相似广告宣传延伸等具体方法。

关联产品延伸是选择那些与已有产品个性、技术、用途、形象等方面具有关联的新

产品作为品牌延伸的对象，比如用途相同的产品、伴侣或互补产品、技术先进性与质量水平都很接近的产品、专业用产品、顾客特权类产品等；基本形式是产品线延伸，即对同一产品线中的新增产品项目采用与已有产品相同的成名品牌。

相似产品包装延伸策略主张将新产品的包装设计为已有产品相似的样式，包括包装造型、图案、颜色以及品牌标签等方面。包装不仅用于保护产品和方便识别，也有吸引目光、展现品牌、表现个性的作用。采用相似包装的方法，可促进消费者快速地联想到已有品牌的个性和特色，进而对新产品产生好感。

统一分销延伸是利用已有产品的销售渠道，甚至是新产品与已有产品一并展现在零售货架上，让消费者在关注已有产品时，能够马上注意到相同品牌的新产品。

相关产品广告宣传延伸指将品牌的新旧产品放在相同的或者紧密相连的广告宣传之下，让消费者有更多的机会了解新旧产品之间的相似性或关联性，加快将消费者的情感和偏好向新产品的转移。

拓展案例

“念慈庵润”品牌延伸

念慈庵作为一个拥有近300年历史的中药品牌，远销欧美亚全球20个国家，被誉为中药产品全球销量第一的中药品牌，在2007年下斥巨资高调进入草本饮料行业，并且在深圳成立独资公司，东城建业食品（深圳）有限公司，负责“念慈庵润”饮料在大陆的推广与销售，正式拉开了其多元化扩张之路。

念慈庵的多元化发展是以关联延伸，优势扩张为多元化经营策略。表面看，其进入的是全新饮料领域，但并没完全脱离自身优势产业和优势区域。它进入的是饮料细分市场，主推草本植物饮料，继续依托其在中药领域强大的研发能力和技术优势，进行关联性延伸，打造草本饮料品牌。

（二）适度分离策略

适度分离策略不仅强调品牌共性，也更加注重不同产品的个性。这一方法适合于在用途、技术、市场与分销渠道等方面与已有产品有较大差异的新产品。在这一策略下，企业品牌会逐渐发展成为抽象型品牌，代表整个企业的核心价值，即品牌不再是产品的个性和特色，而是代表着企业信誉、企业对消费者的服务承诺。而品牌之下的每一个产品均成为支撑企业总体品牌形象的有机组成部分。

在适度分离策略之下，一方面，企业要实现品牌抽象化、理念化。这就要求企业凝聚新的更为抽象的品牌定位，并实施专门的品牌形象宣传。例如，建立一个以该品牌名称命名的机构，或者组织一个用该品牌命名的公共关系活动，以突出品牌声誉的广告诉求，表达企业的善意承诺，并通过该机构良好的公共宣传，淡化品牌与产品个性的联系，植入品牌更为丰富的信息内涵，让消费者对品牌产生一种全新的认识。另一方面，企业也要专门为新产品策划和组织广告宣传活动，而不必完全借助于已有产品的特色。比如，“联想”作为一个计算机品牌已经获得了市场较大的认可，但是当企业看到移动互联网的发展前景时，企业开始把品牌延伸到移动互联网和云计算产品（如乐 Phone、

ThinkPad Tablet）。这时，“联想”开始抽象化——“世界因联想更加美好”，而新的移动互联和云计算产品也开始采用新的产品策划和宣传。联想宣布在中国正式启动移动互联战略，并推出 Phone、Skylight、IdeaPad、U160 等移动互联网终端。

拓展案例

“李维斯” +家居品牌

在人们的既有印象中，李维斯（Levi's）只是一条牛仔裤的代名词。不过，这家牛仔裤制造商现在正与超市品牌“塔吉特（Target）”合作推出新的家居用品系列产品，以延展自身的商业空间。这个系列仍然以牛仔布为灵感，包括玻璃器皿、桌布、宠物饰品等百件商品。这已经不是两家公司第一次合作了——自 2019 年以来，“李维斯”开始在“塔吉特”出售。现在双方的扩大合作将帮助“李维斯”这个服装品牌获得一个全新的身份（为自身打开一个更广泛的目标市场）。

2021 年第一季度，“李维斯”公布其在假日季销售额下降了 12%，尽管这比 2020 年第四季度下降 20% 有所改观。相比之下，“塔吉特”的销售额则增长了 17.2%，而其电子商务销售额在 2020 年 11 月和 12 月甚至增长了一倍多。“李维斯”能否长期在家居用品领域站稳脚跟，或许值得怀疑。尽管如此，这个例子表明，即使是短期或一次性的品牌延伸，也可以创造足够的轰动效应并拉动销量，推动品牌向前发展。此外，这次品牌延伸也显示，拥有一个强大的零售伙伴，能为品牌增益。

二、按照是否全部或部分地改变公司原有产品的市场定位分类

按照是否全部或部分地改变公司原有产品的市场定位分类，可以使用产品线延伸策略，具体分为水平延伸和垂直延伸。

（一）水平延伸

水平延伸指原产品与新产品处于同一档次，品牌形象和个性定位容易统一，原产品的影响很容易泛化到新产品上去，产品的信息、传播容易整合。实施水平延伸策略风险最小，能尽可能地满足消费者现有消费水平的多种选择，也是最容易实施的品牌延伸方式，但是在实施水平延伸之前要特别关注市场空间容量的大小。在企业的营销能力比较强时，运用这种延伸策略可以充分利用品牌延伸的优势加速企业的发展。产品水平延伸策略在同一行业更容易取得成功，向不同行业延伸时需要注意行业之间的兼容性。

（二）垂直延伸

垂直延伸指产品在延伸时新产品与原产品处于不同的档次。垂直延伸又分为向下延伸、向上延伸和双向延伸。

1. 向下延伸

向下延伸策略一般是企业从高档品牌进入中低端品牌市场。有很多企业最初的品牌定位于市场的高端，在以后的发展过程中，为了反击对手，将品牌线向下延伸来占据整个目标市场，在市场的低端增加新产品以填补品牌在中低端市场的空白，吸引更多的消费者，提高市场占有率。例如，为了应对日韩低端车的市场竞争，作为高端车代表的宝

马也推出了一系列低端车型，从而实现了品牌的向下延伸。

但是，品牌向下延伸策略存在一定的风险，为了抵制竞争对手、扩大市场份额采取向下延伸策略，容易影响原品牌的定位和品牌形象，可能会降低原有品牌档次，失去原有的一部分消费者，引起品牌价值的贬损。例如“派克”笔的品牌延伸失败。当然如果以反制竞争对手为目的，只是一种竞争策略，在不降低产品质量标准的前提下则可以采取。

2. 向上延伸

向上延伸策略一般是指企业以中低端品牌向高档品牌延伸，进入高端产品市场。位于市场低端的企业为形成完整的品牌链，给消费者更完整的品牌选择，或受到高端市场高利润的吸引，可能会设计新的品牌名称、标志，设定新的品牌定位、品牌文化等，以新产品进入高端市场，从而获得较高的销售增长率和边际贡献率，逐渐提升企业产品的高档形象。比如，三星电子品牌在早期是低端品牌，但是随着一系列高端新产品的推出以及其他战略活动的推出，成功扭转了企业品牌档次。日本丰田汽车价格低、质量好，但是进入美国市场时采取了向上延伸的品牌延伸策略，开发出了新品牌 Acura、Lexus 等高端品牌占领了高端市场。

3. 双向延伸

双向延伸策略是指原位于中档产品市场的企业掌握了市场优势以后，决定向产品大类的上下两个方向同时延伸，一方面增加高档产品，另外一方面增加低档产品，以扩大市场阵地。例如，作为中档车代表的大众汽车，为了面对来自其他高端品牌的向下延伸以及部分低端品牌的向上延伸的竞争压力，不仅推出了以辉腾为代表的高端汽车进入市场，也降低部分已有产品的配置进入低端市场，即双向延伸。需要注意的是，双向延伸有可能会模糊原有品牌清晰的定位，给消费者造成“高不成低不就”的印象。

从以上垂直品牌延伸策略包含的三种方式可以知道，品牌垂直延伸策略比水平延伸策略要难得多。一个企业在同一品牌上同时维护高、中、低档产品形象是非常困难的，一旦平衡不好三种产品之间的关系，就很容易破坏品牌的整体形象和定位。所以企业选择品牌延伸策略时要根据自己的品牌战略、所处行业的特点、市场环境等情况来具体分析和选择品牌延伸策略。

拓展案例

“海尔”的品牌延伸策略

2018 年 6 月，世界品牌实验室发布了 2018 年“中国 500 最具价值品牌”分析报告，“海尔”以 3502. 78 亿元的品牌价值位居当年最具价值品牌第 3 位。至此，“海尔”已经连续 15 年位居中国最具价值品牌前三甲。2019 年 1 月，世界权威市场调查机构欧睿国际数据显示，2018 年“海尔”全球大型家用电器品牌零售量第一，这是海尔第 10 次蝉联全球第一名。同时，海尔制冷、海尔洗衣机也继续蝉联全球第一。是什么原因使海尔在众多的品牌中脱颖而出，取得成功？“海尔”又采取了什么样的品牌延伸策略，连续多年蝉联全球第一呢？

1. 海尔品牌延伸的阶段分析

(1) 1984—1991年，只生产一种产品——电冰箱。1984年，海尔前身——青岛电冰箱总厂开始引进德国利勃海尔的冰箱生产设备，学习其制造技术，进行生产和销售。而在此后的7年里，“海尔”一直专注生产电冰箱这一种产品，并不断改进管理方式、创新生产技术，使企业知名度和影响力不断扩大。截至1991年，“海尔”牌电冰箱不仅是中国家电的唯一驰名商标，还形成了全国性的销售网络和服务网络，品牌影响力可谓家喻户晓。

(2) 1991年底至1997年，“海尔”经营领域覆盖所有白色家电产品。利用全国性销售网络和服务网络的优势，“海尔”开始利用自身品牌的技术优势和市场资源，向与自身产品相关性大的家电行业进攻，进行多元化经营。在此6年的时间里，“海尔”经过了内部扩张、外部兼并之后，不仅扩大了电冰箱的生产销售规模，还将其品牌延伸到了所有的白色家电。至此，“海尔”不再是一个冰箱的品牌，而是所有白色家电的品牌。

(3) 1997年开始，“海尔”进入黑色家电领域。1997年是海尔扩张规模最大的一年。借助原有的品牌优势与营销网络，“海尔”开始进攻黑色家电领域，不仅开始生产经营彩电、电脑、传真机等家电产品，还进入了整体厨房等家具设备领域。截至现在，海尔集团的产品几乎覆盖了所有的家电品类，海尔家电王国的形象已经深入每个人心中。

2. “海尔”品牌延伸的策略

(1) 垂直延伸海尔在品牌延伸的过程中，通过向上延伸塑造了良好的品牌形象。20世纪80年代末，国内冰箱价格战打得如火如荼，“海尔”（当时的名字是“青岛－利勃海尔”）却没有随波逐流，将全部产品提价10%以提高市场定位，不仅避免了与其他厂家的“价格大战”，还将“海尔”冰箱提到了一个“高质量、高档次”的水平，形成了自己的顾客忠诚度。近些年，“海尔”的各类产品即使价格不下降，销售量依然名列前茅，也从侧面反映了其品牌向上延伸的成效。

(2) 水平延伸主副品牌延伸策略是海尔最具特色最有成效的策略，就是在销售的过程中，所有的产品都用同一个品牌，但又根据每种产品的个性特征给予不同的名字。

纵观“海尔”几十年的发展历程，从单一的冰箱品牌到全方位的家电王国，只用一个单一的“海尔”品牌来表现其产品的共性，难以展现每种产品的个性。为了更好地展现产品特色，“海尔”开始采用副品牌策略。比如冰箱系列产品，海尔推出了“海尔－小王子”“海尔－大王子”等一系列副品牌；洗衣机系列产品中，海尔相继推出了“海尔－神童”“海尔－小小神童”等一系列产品。这些副品牌，既能体现海尔家电的高品质，又能满足消费者的个性化需求，扩大了海尔的市场影响力。

(3) 服务流延伸作为生产厂家和服务商家，“海尔”与其他品牌在观念上存在着根本差异：“海尔”不但重视售后服务的质量，还特别重视销售前、销售中的服务效果。到目前为止，“海尔”所有产品都已经达到了国际星级服务标准。在“海尔”的服务理念中，产品的服务不只包括维修、安装，还要提前征求消费者对产品的需要，并根据市场需求及时做出反馈，改进现有产品的特性、开发符合消费者需求的新产品。现在，海尔公司已经成立了很多灵活性的团队，每个团队都可以根据市场需要及时改进自身产品，提高市场竞争力。

在几十年的发展历程中，“海尔”始终以客户为中心，树立了“用户永远是对的”的企业文化，形成了“真诚到永远”的全方位承诺，并不断提高服务要求，使其成为“海尔”的无形财富和动力源泉。比如，很多消费者原来使用海尔电冰箱，后被“海尔”的服务理念所折服，认可“海尔”这个品牌，又去尝试购买“海尔”洗衣机、“海尔”电视等系列产品。

第四节

品牌延伸的风险

品牌延伸策略是将现有成功的品牌用于新产品或修正过的产品的一种策略，它是企业推出新产品时经常采用的策略，也是品牌资产利用的重要方式。品牌延伸在越来越多的企业实践中得到应用。但是任何事情都有两面性，品牌延伸在帮助企业走向成功的同时，也蕴含着巨大的风险。

一、抢去原品牌产品的市场份额

企业的每一个品牌都有相对应的原产品支撑。但实施品牌延伸策略后，延伸后的新产品可能会抢去原产品的市场份额，这一情况通常表现在产品线延伸这一类型上。比如某品牌延伸出相对于原产品的更便利、更实惠或性价比更好的新产品，则消费者会放弃原有产品而改选新产品，从而导致原产品的销量下滑，市场份额被延伸新品抢占。

二、损害原品牌的高品质形象

企业在实施向下延伸策略时可能会损害原品牌的高品质形象。其一，由于企业自身技术等条件变差而影响产品质量，从而损害原品牌的高品质形象。其二，把高档品牌使用在低档产品上，从而损害原品牌的高品质形象。例如“派克”笔的品牌向下延伸失败。

三、引起消费者心理冲突

实施品牌延伸策略时，如果品牌延伸到与原主品牌相对立或者容易引起消费者反感的产品或行业上，就会引起消费者的心理冲突，消费者只能购买其一，或两者都不买，从而损害原有品牌的形象。例如我国的三九企业集团以“三九胃泰”胃药起家，深入消费者心中，打响了品牌。一时间消费者把“999”作为胃药的代名词。后来企业拓展市场实施品牌延伸策略，把“999”品牌延伸到啤酒和摩托车上。从而让消费者难免在消费时产生心理冲突，质疑产品质量，从而导致品牌延伸失败。

四、“跷跷板”效应

品牌若延伸到另一个类别的产品时，还会发生新品销量上去了，原品牌产品的市场份额却被竞争对手占领了，就像跷跷板一样，一边翘起，一边就落下。这种情况往往发生在主品牌还不够强大，其市场地位尚未牢靠，便轻易延伸到别的行业的企业。还有一些实力强大的品牌由于在延伸时注意力太过集中于新品，忽视了竞争对手对原品牌产品的进攻，也丢过阵地，不过相对那些实力弱的企业，它们更易收复失地。因此，企业在尚不具备“两线作战”的能力或时机时，不要轻易倾力去做品牌延伸，即使在延伸的同时也要提高警惕，严防原产品受到竞争对手的“乘虚攻击”。大家熟知的牙膏品牌“两面针”在2004年销量超过5亿只，成功登陆A股市场。但是后来两面针实施品牌延伸策略，从牙膏延伸到了包括洗涤用品、旅游用品、生活纸品、医药、精细化工、制浆造纸和房地产等产业，但两面针2015年财报显示，旗下8家公司有6家亏损，宣告其延伸失败。

本章回顾

第一节对品牌延伸的概念和类型进行详细的阐述。（1）品牌延伸的概念；（2）品牌延伸的类别；（3）品牌延伸的作用。

第二节介绍了品牌延伸的原则和步骤。（1）品牌延伸的原则；（2）品牌延伸的步骤主要有：第一步是品牌形象调查；第二步是选择可行的候选产品；第三步是评估候选产品；第四步是设计品牌延伸计划；第五步是执行品牌延伸计划以及执行后评估。

第三节对品牌延伸的策略进行了详细的阐述。品牌延伸的策略按照延伸产品与已有品牌的相似性，分为关联延伸策略、适度分离策略；按照是否全部或部分地改变公司原有产品的市场定位，可分为水平延伸和垂直延伸。

第四节概述了品牌延伸的风险，主要有：（1）抢去原品牌产品的市场份额；（2）损坏原品牌的高品质形象；（3）引起消费者的心理冲突；（4）发生“跷跷板”效应。

课后思考题

1. 概述品牌延伸的概念。
2. 说明品牌延伸的类型。
3. 分析品牌延伸的作用。
4. 品牌延伸的策略有哪些，存在哪些风险？
5. 品牌延伸的步骤有哪些？选一个品牌，谈谈你对其品牌延伸步骤的理解。

课后案例

为何“两面针”失败了，而“云南白药”成功了

电视剧《白鹿原》获得了收视口碑双丰收的好成绩，观众感叹老戏骨“神演技”的同时，还发现了一个老品牌两面针中药牙膏在剧中的植入，唤起了很多观众“久远”的记忆。说起中药牙膏，现在的消费者首先想到的是云南白药。通过多元化战略转型，云南白药产品由起初单一的散剂发展至300种，明星产品云南白药牙膏也早已坐稳了国

产牙膏的头把交椅。然而，第一个推出中药牙膏产品的并不是“云南白药”，而是“两面针”。“一口好牙两面针”的广告语也担负起一代人的“口腔”护理。“两面针”牙膏从1986年到2001年连续15年本土产销量第一，替民族日化企业扛起了一面大旗。然而，如今的“两面针”牙膏只能与消费者在快捷酒店里“偶遇”，而后来居上的“云南白药”成了家喻户晓的国产第一牙膏品牌。两家企业究竟采取了怎样的发展战略，从而导致了截然相反的结局呢？

1. 定位理论还能号令天下？

20世纪70年代，定位成为了一个时代的营销秘笈。然而，在不同的时代、不同的土壤，定位理论适应中国企业吗？曾有专家建议鄂尔多斯集团专心搞羊绒，做世界羊绒大王。不过，鄂尔多斯的掌门人并没有采纳教授的定位建议，反而是大举扩张，把握一个又一个的发展契机：以能源城市的发展为引爆点，快速进军煤炭、化工、房地产等当时的热门产业……转瞬之间，鄂尔多斯集团由原来的十几个亿产值迅速蹿升到上千亿的规模，甚至把原来的东胜市地名也改成了鄂尔多斯市。

多元化战略往往是成功者的选择。在“两面针”和“云南白药”的发展过程中，两家企业同样没有遵循定位理论，纷纷布局多元化。不过，企业的品牌延伸并不是简单地进入其他领域，需要掌握更多的技巧。

2. 逆流而上还是顺流而下

2004年，“两面针”销量超过五亿支，仅次于“佳洁士”“高露洁”。同年，“两面针”成功登陆A股市场。然而，就在“两面针”上市的那一年发生了两件事，预示了后来的结局：第一件是自2004年开始，“两面针”开始进行多元化的布局。到2007年，“两面针”又提出：“无产品经营不稳，无资本运作不富”的理念。最终，“两面针”由牙膏延伸到了包括洗涤用品、旅游用品、生活纸品、医药、精细化工、制浆造纸和房地产等产业。第二件是在2004年，云南白药牙膏进入市场。虽然“两面针”是第一家提出中药牙膏概念的，但是并没有深入挖掘核心利益点。反而云南白药牙膏自进入市场就明确了核心卖点：预防牙龈出血或止血，让中草药牙膏的核心利益点落在产品上。

品牌延伸有一个规律：品牌自上而下延伸相对容易成功，反之，自下而上延伸容易失败。加多宝公司自凉茶后出了一款产品——昆仑山矿泉水。这就是典型的向下延伸，当消费者将两款产品联系起来的时候，会感觉“加多宝”生产凉茶都卖得风生水起，那生产水岂不是小菜一碟。而且，无论是燕京啤酒还是崂山啤酒，也都有相同品牌的矿泉水。反之，如果让“农夫山泉”出一款啤酒，品牌向上延伸，可能就会引起消费者怀疑：你以为水是啤酒的全部吗？

“两面针”的品牌延伸就是逆流而上，无论如何解释，“两面针”的洗涤用品、旅游用品、生活用品都无法让消费者因为一支牙膏就产生信任。而且做牙膏的企业进入医药、精细化工等高精尖的专业领域，更会让消费者对其专业性产生怀疑，更何况还有毫无关联的房地产领域。“两面针”2015年财报显示，旗下8家子公司有6家亏损。更惨的是，“两面针”没有捡到西瓜，还丢了芝麻：“两面针”因为没有将工作重心放在两面针牙膏上，忽视了改进两面针牙膏的服务与综合竞争力，最终在200多亿元的牙膏市场中，份额跌落到1%以下。

反观“云南白药”的延伸之路：一款神秘配方的“灵丹妙药”，先是应用到创可贴中：面对毫无药效的邦迪创可贴的竞争，消费者认为用“云南白药”去对付小伤口，简直是“药到病除”。之后，再用“云南白药”去治疗牙龈出血，又被消费者迅速接受。所以，创可贴和牙膏这两款明星产品，利用了云南白药散剂之前所获得的所有荣誉背书，一问世就备受瞩目，这就是品牌向下延伸的成果。所以，即使多元化也不要盲目进入其他领域，隔行如隔山，要时刻利用已有优势，选择合适领域。

3. 如何建立品牌势能？

海拔越高，重力势能越大；品牌认知越高，品牌的势能也越大，“自上而下”进入的领域就越多。在多元化的战略中，如何做到“自上而下”的品牌延伸、建立品牌势能呢？

第一，认清自己的品牌势能，既然进军高于自己的领域容易失败，那就寻找下面的领域。第二，整合自己的品牌势能，“云南白药”的品牌延伸始终都借助云南白药散剂的好口碑——既然散剂是“灵丹妙药”，那创可贴和牙膏自然不会差。第三，增加自己的品牌势能，在多元化战略之前，要善于让自己的品牌势能高一些。比如，滴滴打车改名为滴滴出行，苏宁电器改名为苏宁易购，国美电器改名为国美零售等，都成功地将商业模式延伸到了更宽广的领域，从而增加了品牌势能。

这样一分析，就明白为什么“云南白药”的洗发水叫“养元青”，而不叫“云南白药”洗发水了。“云南白药”的品牌如果想要继续延伸，品牌名可能会成为阻力，这也正常，当瞄准了更“高”的领域，自然就变成了“自下而上”的延伸。别忘了，高度是相对的，品牌势能也是相对的。

“两面针”的失败与“云南白药”的成功，背后是对品牌发展规律的认知战。多元化的战略转型，切忌“自下而上”的盲目延伸，一定要对品牌延伸规律和品牌势能进行全盘考虑，“谋定而后动”。

案例思考题

1. 试分析两面针品牌延伸失败的原因？
2. 从云南白药品牌延伸成功的经验中你能得到什么启发？

第八章

品牌资产

【学习目标】

1. 掌握品牌资产的定义，了解品牌资产的特征，深刻认识品牌资产的作用；
2. 掌握戴维·阿克的品牌资产五星概念模型的构成及内容；
3. 理解品牌资产管理的若干问题、一般方法和提升策略；
4. 理解品牌资产评估的方法、意义和程序。

【导入案例】

认知升级、价值焕新、品牌资产打造

“小米”藏在新品牌标志里的大心思

“小米”再次成为大众焦点，这次是因为它的新品牌标志。截至2021年4月6日，“小米”新品牌标志的话题在微博的阅读量已达2.5亿，讨论超3.4万，话题同步在抖音持续居于热榜，热度达684.1万。在发布会上，雷军动情地说：“我不知道大家需要多长时间来习惯‘小米’的新品牌标志，反正我就看了三年。但确实，越看越好看，越看越觉得，它很适合今天新的‘小米’。”

对于“小米”的新品牌标志（见图8－1），大众可能需要更长时间来适应，微博上也褒贬不一。说它天圆地方，新改动很符合中国传统哲学的有之；说看不懂，但觉得很有技术含量的有之；说就是原来的大方块被磨平了棱角，看不出太大变化的亦有之。不论是话题传播范围，还是用户反应的激烈程度，“小米”品牌标志换新已经远远超出换新动作本身。那么，"小米"新品牌标志真的只是旧貌换新颜吗？品牌标志变化的背后是否还有其他考虑？我们试图从品牌与营销的角度找出答案。

图8－1　"小米"的新旧品牌标志

1. 品牌标志换新构建可视化品牌资产，"优化"策略推动大众认知平稳过渡

《超级符号就是超级创意》一书曾提及，品牌标志作为品牌的超级符号，其本质是降低品牌识别、记忆和传播的成本。品牌标志的改变可谓牵一发而动全身，不仅会打破消费者认知，引起较大反响，可能还会损害品牌形象的稳定性。

品牌标志换新究竟是利好还是利空，总要换换才知道。近几年，品牌标志界也迎来一波波换新潮。"Burberry""Céline""Calvin Klein""Balenciaga""Yves Saint Laurent"等一众奢侈品牌早已打响换新头阵，并且采取了同一套微整模板：无衬线字体、全大写字母、缩小字距。

而在此次品牌标志变化上，"小米"同样采取了优化而非颠覆的换新策略，但选择的路径却较一众奢侈品牌有明显不同。在外形变化上，"小米"以"超椭圆"的计算公式，重新定义品牌标志形态，通过连续曲率之美的呈现，点亮品牌的视觉焦点、达到最佳的视觉动态平衡。

全新的"xiaomi"字母设计，刷新了"小米"独特的品牌识别度。在未来高科技智能设备的运用上，也便于"小米"在品牌、产品、行业等业务场景做统一的心智延展（见图8－2）。

图8－2　"小米"的品牌标志

在颜色的变化上，新品牌标志沿用了象征生命力和探索活力的"小米橙"品牌色，同步新增了银灰与黑色作为辅助色，更加适用于高科技的相关场景。

整体而言，"小米"在品牌标志上的动作，传承了原先的识别度，又在形态和细节上做出更具视觉冲击力的调整，有效传达出品牌升级的认知。

而对于一个影响了千万级用户的科技品牌来说，品牌标志的变化，不仅代表品

牌官方对于设计语言、审美旨趣的理解，还意味着它能否映射出产品所带来的体验感，更昭示着品牌能否以视觉资产的方式，更有效地连接年轻代用户、制造吸睛效应。

（1）差异化策略契合年轻一代审美，打造可视化品牌资产。毫无疑问，如何在当下抓住年轻消费者的目光，并将其转化为忠实顾客，是所有品牌的当务之急。对于成立数百年的奢侈品牌来说，品牌标志换新是年轻化的手段，但是如果寻求年轻化的调整思路过于接近新生品牌，容易让大牌秒变“网红脸”，失去原有品牌独特性。

对于“小米”来说，选择特立独行，比平庸无错更契合年轻人追求个性化、新鲜感的审美心理。大到色调新增、小到字形处理，“小米”在品牌标志呈现方式上突破传统，找准品牌表达的独特性。简约、动感、冲击力等视觉效果，赋予“小米”质感、高级、活力、简约的品牌联想，也由此构建了“小米”可视化的品牌资产。

（2）延续品牌基因与传统，构建品牌与“米粉”的情感联结。此外，“小米橙”与“MI”字形的保留，极致简约感形象的延续，为品牌的转变提供了平稳过渡的基础。新品牌标志继承品牌基因与传统精神的态度，形成了品牌文化的直观感知，也有效延续了“小米”与“米粉”之间独特的情感联结。

作为品牌的连接触点，一系列与“小米”新品牌标志相匹配的环保袋等周边衍生品，则采用了如纸一般的杜邦 Tyvek 材质、100% 回收的轻薄防水设计，通过更低的消费门槛融入用户的日常生活，在拉近距离的同时，助力“小米”科技感形象更加实体化、可体验。

2. 深挖品牌精神文化价值，塑造品牌长期竞争力

值得一提的是，“小米”新品牌标志不只是简单的外在形态变化，更是一种品牌内在精神气质的升级。

设计大师原研哉认为：“科技越是进化，就越接近生命的形态。”除了重构“小米”品牌标志的外观造型、使之成为一个和谐的品牌符号，原研哉在操刀“小米”新品牌标志的背后，更蕴含着“Alive”生命感设计的理念，在设计中注入了科技与生命关系的新思考。

“人是活的，科技也是活的。”圆润的线条设计让“小米”新品牌标志充满活力，像是跳动的心脏，又像少女的面庞；品牌标志的浮游动态感，与潮涨潮落颇为相似。换言之，“小米”全新的品牌识别系统将不同生命体的萌生和退化囊括其中，并呈现出相互平衡的状态。而“超椭圆”的构思与品牌标识的动感组合，亦传达出宇宙万物的生命律动思考。

3. 精神价值扩充品牌张力，理念认同筑就文化壁垒

营销之父菲利普·科特勒认为，营销 5.0 的时代就是科技为人性服务。小米新品牌标志的正式启用，预示着“小米”和谐共生价值理念的树立，以及让科技成就生活意义的全新产品时代来临。

当前，中国市场正处于第三消费时代向第四消费时代过渡时刻，人们不再满足于自我利己消费，不再用品牌彰显自我，而是借助品牌文化寻找自我，思考生命价值。“小米”品牌标志理念换新的背后，与这一市场趋势的暗合，满足了新时代上移的马斯洛需求。

与此同时，品牌标志凝聚着品牌信息与精神文化，从短期来看，可凭借价值认同，建立与受众之间的友善关系，赢得好感与信赖；从长期来看，作为品牌信仰的载体，全新的品牌标志能与时俱进，为受众创造附加的心理价值，带来品牌溢价、巩固品牌的核心竞争力。可以说，“小米”新品牌标志的理念为大众带来了更多“人文科技”的启发与共鸣，不仅让用户在产品消费与精神消费之间获取双向满足，而且更便于在持久的用户追随和长期的理念信赖之中，形成品牌独特的忠诚度与壁垒。

4. 结语

(1) 名人效应助推传播声量，沟通互动撬动品牌认同。一千个人眼中有一千个哈姆雷特。站在营销层面去考量，品牌标志换新需以最小的风险指数，寻求大众审美的最大公约数。“小米”选择原研哉设计的品牌标志，其公认的审美造诣、成功的案例验证和名人背书，将品牌标志换新风险降至最低，并伴随名人效应带来的流量加持，可为品牌带来更大传播影响力。此外，雷军在发布会现场亲口承认：“我第一次看到它的时候，真有点不习惯，方方正正的‘小米’怎么就变圆了?”这一困惑成功引起大众共鸣，而雷军毫不掩饰的坦然语气，也四两拨千斤地将“‘小米’的品牌标志换新究竟是好是坏”交由大众去评论。这一直面大众的举动，不仅彰显了“小米”的品牌格局，也让新品牌标志引发全民关注，同步提升了品牌的价值感沟通。

(2) 技术创新扩大发展空间，认知升级强化品牌影响力。站在更高维度的品牌布局层来看，品牌形象与企业实力互为表里，更换品牌标志的同时，企业在具体战略调整和产品、服务的推出上，也需同步进行。“小米”在顶级体验和关键技术创新上屡获突破，进军高端产品、宣布造车、扩充智能生态等业务的新布局，也为品牌迎来了更大的发展空间。

新品牌标志的发布无疑是在给“米粉”提前打一剂强心针，一举打响品牌影响力的头阵，并且在用户认知升级、企业精神价值沉淀、品牌突围等多个方面，升级了品牌认知和影响力。这也代表着“小米”正在立足过去开启新一轮成长，未来也将为大众提供更加美好的畅想。

近年来，西方专家、学者和企业界都非常关注有关品牌资产的研究和实践。品牌资产（Brand Equity）这一概念于20世纪80年代由广告公司最早使用，1994年美国市场营销协会（AMA）将品牌资产列入其五大研究重点，以促进市场营销学界在该领域的研究。20世纪90年代以来，随着我国市场竞争的加剧和外国名牌产品的大量进入，品牌资产也引起了国内市场营销学界和企业的高度重视。

本章首先对品牌资产的定义、特征和作用进行概述；其次对品牌资产的构成进行分析，阐述品牌资产管理的若干问题、方法和策略；最后陈述品牌资产评估的方法、意义和一般程序。

第一节

品牌资产概述

随着全球一体化进程的快速推进，企业面临着如何建立和发展企业品牌资产问题。未来的市场营销是跨越国界的、无形的品牌资产竞争。拥有了品牌资产，就等于拥有了竞争的资本。随着市场竞争的日益加剧，越来越多的企业和组织开始认识到，最有价值的资产之一是与各种产品和服务相联系的品牌。在越来越复杂的商业环境中，虽然个人与企业面临的选择越来越多，但他们进行选择的时间似乎越来越少。强势品牌的价值不可估量，它可以简化顾客决策，减少风险，形成期望。因而，创建可以履行承诺的强势品牌，以及长期保持和强化品牌能力就成为企业必须面对的事情。企业的注意力已不仅仅停留在有形资产的竞争上，而是开始重视无形资产的建设。品牌作为企业一项重要的无形资产，已成为企业竞争中重要的制胜法宝。

一、品牌资产的定义

品牌资产的概念自20世纪80年代产生以来，就一直是学术界和业界关注的热点。随着世界经济环境的急剧变化、企业竞争手段的日益丰富和人们认识水平的不断深化，品牌资产的概念也在不断更新。

广告学界首先从品牌管理的角度提出了“品牌资产”的概念，由于当时西方国家企业兼并浪潮的涌起，为了不断探索如何利用各种因素来评价品牌资产，品牌资产引起了营销管理人员和学者们的广泛关注和兴趣，并引发了对有关品牌资产的定义、测度及运行机制大量的全面系统研究。美国市场营销研究院将品牌资产定义为品牌的顾客、渠道成员、母公司等对于品牌的联想和行为，这些联想和行为使产品可以获得比在没有品牌名称的条件下更多的销售额和利润，同时赋予品牌超过竞争者强大、持久和差别化的竞争优势。

品牌研究专家Farquhar（1989）将其定义为：与没有品牌的产品相比，品牌给产品带来的超越其使用价值的附加价值或附加利益；Aaker（1991）认为品牌资产是指：与品牌（名称和标志）相联系的，可为公司或顾客增加或削弱产品价值或服务价值的资产和负债，主要包括5个方面，即品牌忠诚度、品牌知名度、感知质量、品牌联想以及其他品牌专属资产（如专利、商标、渠道关系等）。Keller（1993）对品牌资产的定义是消费者由于品牌知识的不同对品牌的市场营销行为的不同反应，而品牌知识由品牌知名度和品牌形象组成。Simon 和 Sullivan（1993）将品牌资产定义为：相对于没有品牌名称的产品，拥有品牌名称的产品带来的现金流增量。Berry（2000）认为品牌资产是由品牌认知和品牌含义构成的，但是会受到外部品牌沟通的影响。

从国外学者对品牌资产的定义中，可以看出品牌资产有以下三个方面的内涵特质：品牌能对消费者产生记忆中的影响，即消费者对该品牌具有丰富的相关知识；消费偏好与品牌关系紧密，消费者存在较高的品牌忠诚度；消费者能够溢价购买自己偏爱的品牌，品牌能给企业带来增加值。

关于品牌资产定义的视角，绝大多数研究者从顾客角度来定义品牌资产。他们认为：如果品牌对于顾客而言没有价值，那么对于投资者、生产商和经销商而言也没有任何价值。但品牌资产同样具有多维属性，也可以从多角度来加以理解。

拓展案例

“品牌资产”的多角度定义

1. 基于企业视角的品牌资产定义

基于企业的品牌资产概念是从财务和营销两个角度提出的。从财务角度出发提出的品牌资产概念，是为了方便计算企业的无形资产，以便向企业投资者或股东提交财务报表，在企业并购、合资等商业活动中提供依据。从营销角度提出品牌资产概念，目的是帮助企业提高销售量和利润率。这种概念认为品牌资产是一系列关于品牌顾客、渠道成员和母公司的联想和行为，这可使有品牌的产品比没有品牌的产品获得更多、更高的利润，并带给品牌产品强大的、实质性的和差异化的竞争优势。基于企业的品牌资产概念是营销理论从产品导向发展到营销导向的必然产物。但该概念没有清楚地意识到消费者作为独立客观主体的存在，因此企业在建立品牌资产时，无法脱离从自身出发的路径依赖，而忽略消费者的主观感受，试图将自已的品牌形象强加给后者。另外，企业一味追求品牌延伸的行为常导致品牌资产价值稀释和品牌形象混乱。

2. 基于消费者视角的品牌资产定义

凯文·莱恩·凯勒指出，品牌资产是品牌知识（Consumer Brand Knowledge）的效应，这种效应发生在消费者对品牌营销活动的反应中。品牌资产是消费者对品牌溢价能力的主观判断，品牌资产的价值取决于消费者，并具有个体差异。企业应该重视建立顾客资产（Customer Equity），通过尽量充分的市场细分，贴切地满足目标市场群的需求，长时间留住顾客。企业的品牌建设应该密切围绕细分顾客群。基于消费者的品牌资产概念更重视消费者的反应，但也易陷入不可知论的误区。消费者的反应被当成是决定品牌资产的唯一因素，而消费者反应的个体差异性又决定了企业不可能建立有效的品牌资产。至此，营销理论和实践均陷入了进退两难的困境。造成这种困境的根本原因在于，基于消费者的品牌资产概念只强调了消费者在创造品牌资产过程中的作用，而忽略了企业这一重要行为主体。同时，在营销实践中，企业又不得不承担主动实施各种营销策略的角色，指导理论的矛盾使企业的实践难以成功。

3. 基于企业与消费者互动视角的品牌资产定义

从企业和消费者互动的角度创建品牌资产是市场发展的迫切需要，企业必须努力让消费者参与品牌资产的创造过程，吸引消费者的注意和情感的认同，才能在残酷的竞争中生存和发展。从企业和消费者互动的角度出发，可以将品牌资产定义为企业与消费者共同创造、最终在消费者头脑中形成的、对企业及其产品的整体理性认识和情感印象。

理性认识帮助消费者判断企业营销网络和产品质量的可靠性，情感印象促使消费者产生偏好。同时，理性认识和情感印象又能相互作用，对质量的判断增进了情感印象，强烈的情感倾向又使消费者偏向于有利于企业的理性判断。企业通过与消费者的互动建立品牌资产，企业引导消费者参与、激发消费者情感投入的能力越强，其品牌资产的价值就越大，品牌的溢价能力也就越强。

品牌资产是一种超越生产、商品及所有有形资产以外的无形资产，其好处是可以使预期未来的进账远超过推出具有竞争力的其他品牌所需的扩充成本，是一种超越生产、商品和所有有形资产的价值。基于综合分析国内外学者的研究，本书采用戴维·阿克对“品牌资产”的定义：与品牌（名称和标志）相联系的，可为公司或顾客增加或削弱产品价值或服务价值的资产和负债，主要包括 5 个方面，即品牌忠诚度、品牌知名度、感知质量、品牌联想以及其他品牌专属资产（如专利、商标、渠道关系等）。

二、品牌资产的特征

品牌资产作为企业一种重要的无形资产，越来越受到管理人员的重视，并把它反映在企业财务之中，以无形资产形式出现在企业的会计账目上。但品牌资产作为一种特殊的无形资产，又同其他的无形资产有着明显的区别。具体表现在以下方面：品牌资产是以品牌名字为核心的；品牌资产是无形的，会因市场而变化；品牌资产依附于消费者，会因消费者的品牌经验而变化；品牌资产有正资产，也有负资产；品牌资产会影响消费者的行为（包括购买行为）以及对营销活动的反应；品牌资产的维持或提升需要品牌宣传或营销活动的支持。

品牌资产是企业的一项重要资产，它超越了生产，商品、厂房、设备等有形资产的范畴，是一种特殊的无形资产。品牌资产具有以下特性。

（一）品牌资产的积累性

品牌资产的积累性体现在：品牌资产形成是一个过程，它的长期性反映了其形成过程中的积累性。品牌资产来源于企业与消费者的关系，是企业和产品在与营销者、消费者的无数次互动沟通中形成的。尽管品牌可以通过广告“轰炸”或媒体炒作而“一夜成名”，但品牌知名度只是品牌资产中若干要素的一部分，而非全部。要想建立雄厚的品牌资产，企业还需踏踏实实地“精耕细作”，把消费者与品牌的关系经营好。

（二）品牌资产的波动性

市场变化的增速，以及技术创新、理念创新等技术环境的改变，都会让品牌的价值产生波动。此时，如果品牌管理者不能做出正确的决策，那么品牌资产就会产生波动。从市场角度来讲，这种波动是由品牌之间的激烈竞争引起的，特别是在“互联网 +”时代，品牌资产的增值和贬值速度在加速。品牌可以在一夜之间成名，也可以在一夜之间消失。有些品牌不像同类其他品牌一样需要十几年的努力，而是快速崛起，但仍可能和同类其他品牌一样快速在市场上蒸发消失，品牌资产快速贬值。

（三）品牌资产的价值性和增值性

品牌资产是企业最重要的一项无形资产，它来源于品牌的客户资源、渠道资源、品牌延伸和差异性优势等方面的综合效应，可以支撑品牌在未来很长一段时间内持续获利。品牌资产的增值是一步一步积累的结果，随时掌握品牌的发展状况，定期追踪品牌的成长轨迹，及时修正品牌发展方向，调整管理策略，保证品牌的健康发展受到关爱、支持和推动，品牌资产就会增长。

（四）品牌资产的长期存在性和难以计量性

品牌资产的形成是一个长期积累的过程，且具有长期存在性。但由于企业外部环境的不确定性和环境的复杂性，加速着企业生命周期的迭代速率，所以很难确定它存在的年限。品牌作为一种无形资产，首先它的货币表现数值相对较高，但计量也很复杂，具有测量的不准确性和不确定性。其次，它的特殊构成决定了品牌资产难以准确计量。

三、品牌资产的作用

品牌资产的作用可从消费者或企业的不同角度来研究。著名品牌有助于消费者认可、加工整理、存贮该产品或服务的大量信息，有助于增强做出购买决策的信心和增加使用时的满意程度。同时，一个具有高层次品牌认识和积极品牌联想的著名品牌同样能为企业创造价值。

（一）提高消费者对品牌的忠诚度

一些强势品牌之所以能够领导市场，是因为消费者对于这些品牌是什么以及代表什么早有认识。消费者对品牌的忠诚度往往是通过重复购买的次数来衡量。消费者对于其忠诚的品牌可以不加考虑，习惯性地购买。这就增加了竞争者争夺消费者的难度和成本，稳定了企业的收入来源。

（二）可以使企业获得超额利润

具有高度稳定性的著名品牌能够获得溢价利润。美国 Intelliquest 市场研究公司调查了该国计算机品牌和价格的关系。调查问题是：知名品牌与一个仿制的不知名计算机品牌相比，你各愿意多付多少钱？结果表明，最知名的公司获得最高的溢价利润，一些没有知名品牌的企业甚至达不到行业的平均利润水平。

（三）降低在危机时的易损性

研究表明；如果消费者忠诚于某一品牌，他们将不大可能在提价时转向另一品牌，而很有可能在降价时增加购买的数量。所以，知名品牌能降低企业在危机中的易损性。

（四）增加商业合作机会

一个强势品牌经常可以得到批发商、零售商等中间商的支持。这些营销渠道成员既有助于品牌的成功，也可以从强势品牌中得到好处，从而使强势品牌更容易扩展市场、得到交易中的优惠。品牌拥有者可以得到更多的商业合作机会。

除此之外，著名品牌还能为企业带来其他利益并形成相对优势。例如：帮助公司吸引更好的雇员，使投资者产生更大的兴趣，获得股东更多的支持等。在资本日趋国际化、竞争越来越激烈的经营环境里，深刻认识品牌的价值和功能才能有效地经营和管理品牌资产。

第二节

品牌资产构成

品牌是一个以消费者为中心的概念，没有消费者，就没有品牌。品牌资产是由品牌形象所驱动，它形成的关键在于因消费者看待品牌的方式而产生出来的消费行为。而要使消费者对品牌所标示的商品或服务进行购买和消费，则需要投资于品牌形象，使消费者获得亲近感并进而认同、接受这一品牌。品牌资产是一种无形资产，它是品牌知名度、品质认知度、品牌联想度以及品牌忠诚度等各种要素的集合体。从财务管理的角度来说，品牌资产是将商品或服务冠上品牌后所产生的额外收益。这个额外收益来自两个方面：一是对拥有品牌公司感兴趣的投资者，他们的出价包含对于品牌的估值；二是购买某品牌产品的消费者，他们的出价包含此品牌高于市场一般价格的溢价部分。同样的产品因品牌的不同而带来额外的现金流入，这种额外的现金流入就是品牌资产。

1991 年，戴维·阿克在综合前人研究的基础上，认为品牌资产之所以有价值并能为企业创造巨大利润，是因为它在消费者心中产生了广泛而高度的知名度、良好且与预期一致的产品感知质量、强有力且正面的品牌联想（关联性）以及稳定的忠诚消费者（顾客）和其他专有资产（如专利、商标、渠道关系等）这五个核心特性，因而提出了品牌资产的五星概念模型（如图 8－3 所示）。

图 8－3　戴维·阿克的品牌资产五星概念模型

一、品牌知名度

品牌知名度是指某品牌被公众知晓、了解的程度，它表明品牌为多少或多大比例的消费者所知晓，反映的是顾客关系的广度。不同的品牌由于传播的强度不同，其在市场上的知名度自然也会不同。每个品牌在消费者头脑中呈现的强度是不一样的，因此戴维·阿克把品牌知名度由弱到强分为四个层次，即：无知名度、提示知名度、第一未提示知名度和第一提示知名度四个阶段。无知名度指消费者对品牌没有任何印象，即使告诉消费者品牌名称，消费者仍然不知道该品牌。提示知名度指消费者在经过提示或某种暗示后，可想起某一品牌，表示曾经听说过。第一未提示知名度是指消费者在不需要任何提示的情况下能够想起来的某种品牌，即能够正确区别先前所见或听到的品牌。第一提示知名度是指消费者在没有任何提示的情况下，所想到或说出的某类产品的第一个品牌。

一个新产品在上市之初，在消费者心目中往往无知名度；如果品牌开展一段时间的营销与传播活动，在部分消费者心中留下了模糊的印象，这部分消费者在旁人提示之下能够回忆起该品牌，此时，该品牌就进入了提示知名度阶段；第一未提示知名度指在无提示的情况下，消费者能主动回忆起该品牌；最后，当品牌成长为强势品牌，在市场上处于领头羊位置时，消费者对该品牌脱口而出或在购买时第一个提及该品牌，这时，该品牌就进入了第一提示知名度阶段。

总之，品牌知名度可以用品牌再识率和品牌回忆率来衡量。品牌再识率反映的是在消费者总体中知晓该品牌者的数量及其比例；品牌回忆率反映消费者总体中有多少消费者或多大比例的消费者在只提示产品大类的情况下就能够回忆起该品牌。显然，品牌回忆率比品牌再识率能够更深刻地揭示品牌知名度的高低。

二、品牌认知度

品牌认知度是指消费者在对某品牌产品的相关信息进行比较全面深入的分析之后，或者在实际的使用或消费之后，对产品或服务的适应性和其他功能特性适合其使用目的的主观理解或整体印象和判断，是消费者对产品客观品质（如：功能、外观、服务甚至价格等）的主观认识，它以客观品质为基础，但又不等同于产品的客观品质。

品质认知度的内涵包括：功能、特点、可信赖度、耐用度、服务度、效用评价、商品品质的外观。它是品牌差异定位、高价位和品牌延伸的基础。品牌认知度对品牌资产的价值和作用包括以下四点。

（一）促进消费者的购买决策，提供购买理由

品牌产品质量感知度高，会使消费者对它的质量产生信任，从而引发消费者的购买行动。一般情况下，消费者在选购耐用商品之前会花一定的时间主动通过各种媒体搜寻相关品牌产品的资讯，依靠自身对某品牌产品的认知来决定选择购买哪一个品牌的产品。比如，“小米”品牌在长期的营销和传播活动中，以卓越的品质使大多数消费者形成了共识，因此，当“小米”品牌扩展到电视机、笔记本电脑、智能家居等多种产品时，消费者即便从来没有使用过，但基于他们对“小米”品牌的认知，往往也会大胆购买“小米”品牌的相关产品。消费者在选择经验性商品时，不会花很多时间去了解这类商品的相关信息，更多地依赖其对这类品牌产品的认知度进行判断和决策。因此，提高品牌认知度有助于促进消费者做出购买决策。

（二）形成品牌差异化的定位，带来产品高额溢价

品牌产品使消费者产生高品质的心理感知后，企业给这种产品打上较高的价格标签，消费者也能接受，而且消费者认定“一分价钱一分货”，品牌产品质量好，当然价格应该比杂牌产品的价格高。企业由此可以获得更高的利润。努力在激烈的市场竞争中形成品牌差异化，是企业开展营销与传播活动的目的之一，提高消费者的品牌认知度有

助于企业形成品牌差异化的定位。

（三）建立高端品牌形象，提高品牌的延伸力

国内外许多强势品牌通过长期的、不间断的营销与传播活动，在消费者的心目中形成了高档、时尚、高品质、高性能的品牌形象。消费者对品牌的形象认知，事实上已经表明消费者为购买强势品牌的产品愿意付出更高的价格，这也是强势品牌能够卖到较高价位的原因。同时，具有高品质印象的品牌在品牌延伸上具有更强的能力，消费者很容易把“原来品牌产品是高质量”的印象转移到新产品上。

（四）得到经销商的欢迎

高品质的产品是促进顾客购买，提高销售业绩的保障，当然也是经销商的最爱。经销商在进货时更青睐名气大、质量好的品牌产品，并且会把它放到最显眼的货架上进行销售。

三、品牌联想度

品牌联想度是指透过品牌而产生的所有联想，是对产品特征、消费者利益、使用场合、产地、个性等的人格化描述，即消费者看到某一特定品牌时，从记忆中引出的对该品牌的一些想法，包括感觉、经验、评价、品牌定位等，这些想法往往能够组合出一些意义，形成品牌形象，进而影响消费者对该品牌产品的购买。

凯勒（Keller，1993）以不同的品牌联想来衡量品牌形象，将品牌联想的内涵分为三种类型：品牌属性联想、品牌利益联想、品牌态度联想。品牌属性联想是指消费者对品牌所产生的联想指向产品或服务的描述性特征，又分为与产品有关以及与产品无关两类。品牌利益联想是指消费者对某品牌产生的联想指向该品牌产品能够为消费者提供哪些利益，也就是消费者认为此产品或服务对他们有什么用。品牌态度联想是最高层次也是最抽象的品牌联想，它是指消费者对品牌的总体评价，是构成消费者行为的基础。

四、品牌忠诚度

品牌是企业组织以其具有优异品质的商品或服务为载体，以商品的功能属性或精神属性为诉求内容，通过各种营销和传播活动与目标消费者建立彼此认同的，并为双方带来利益的关系总和。强势品牌与消费者之间所形成的良好关系之所以能够成为其强大的品牌资产，就是因为在这个关系的构建当中，企业或品牌拥有更多对品牌忠诚的消费者。在品牌资产的各构成要素中，品牌忠诚度是品牌资产最具价值的要素。

品牌忠诚度是指消费者在购买决策中，多次表现出来的对某个品牌有偏向性的（而非随意的）行为反应，也是消费者对某种品牌的心理决策和评估过程。而且这种行为反应并不因消费情境和营销传播的影响而产生品牌转换行为。消费者对某品牌保持忠诚行为固然与该品牌具有相当出众的功能性品质有关，但更重要的则是消费者与品牌之间的情感因素。品牌忠诚度由五级构成；非品牌忠诚者、习惯购买者、满意购买者、情感购买者和承诺购买者。

五、其他专有品牌资产

作为品牌资产价值的重要组成部分，附着在品牌之上的其他资产是指那些与品牌密切相关的、对品牌的增值能力有重大影响的、不易归类的特殊资产，如产品的专利、专有技术、商标等。这些资产如果很容易转移到其他产品或品牌上去，则它们对增加品牌资产所做的贡献就很小，反之，则成为品牌资产的有机构成。其中，专利竞争是国际间企业竞争的战略制高点，它既是企业的进攻手段，也能从长远的利益出发，阻止竞争对手的攻击。

拓展案例

中国南粤古驿道定向大赛品牌知名度建设

南粤古驿道是中国古代陆上和海上丝绸之路最早的对接通道，其地位举足轻重。南粤古驿道与定向运动赛事有效融合，作为一个经典的古文化与赛事有效融合案例，开拓了广东省乃至全国古文化传播、创新、弘扬的新思路，拓展了定向赛事推广、普及与宣传的新路径。2016—2020 年，南粤古驿道定向大赛已举办 36 场，其在形成品牌赛事的基础上实施赛事品牌建设，不仅能够有效推动定向运动项目的推广、促进定向运动赛事的发展、落实“健康中国”国家战略，而且还能推动南粤古驿道文化创新转化与发展，更好地落实党的十九大提出的“乡村振兴”战略。中国南粤古驿道定向大赛品牌知名度建设的内涵、原则和策略如下。

1. 南粤古驿道定向大赛品牌知名度的内涵

品牌知名度是赛事举办在项目整体发展中影响力的表现以及社会民众对赛事的认可与记忆程度，是赛事内容与品牌建设的联系。依据赛事品牌知名度水平，可以划归为三种知名度层次。

(1) 品牌识别。对于这一层次的赛事品牌，人们对于赛事的认识更多地处于“熟悉”的水平，说明赛事在与同类项目较量中，被广泛所熟知，具有行业领导者的潜质，也为人们关注同质类项目赛事产生决策导向。就品牌识别的角度而言，提升赛事在社会与大众中的受欢迎程度，需要从提升赛事产品的市场曝光度入手，以提升社会或大众对赛事“熟悉”的感觉。

(2) 品牌回想。相较于品牌识别，它属于品牌知名度水平的更高层次。当赛事品牌知名度处于该层次水平时，特征之一为社会大众可以在不提供回想提示或帮助的情况下回想起赛事内容、特点或其他个性化表征。根据已有的研究，处于品牌回想层次的赛事品牌与品牌定位之间存在着较强的关联。同时，品牌回想相较于品牌识别具备更强的左右人们决策的能力，那么对于一项赛事而言，也就意味着更多的关注回报。

(3) 第一提及知名度。这是品牌知名度的最高层次，表明赛事品牌相较于其他同质类赛事品牌在人们心目中的地位处于全面领先的水平。因此，第一提及知名度是赛事品牌知名度建设的最高层次目标与理想状态，具备该层次知名度水平，也将在竞争中表现出绝对优势，在项目整体发展中建立标杆形象。

同时，就事物动态发展的角度以及受众对品牌记忆程度是品牌知名度的本质而言，赛事品牌知名度的提升也应该是一个动态化的过程，并贯穿赛事建设始终。

2. 提升南粤古驿道定向大赛品牌知名度的原则

(1) 简洁性原则。从赛事品牌知名度建设内涵可以得知，赛事品牌知名度是具有层次之分的，提升赛事知名度更是一个动态化的过程，要遵循循序渐进的事物动态发展规律。因此，对于南粤古驿道定向大赛品牌知名度建设而言，要遵循的第一个原则就是简洁性原则，明确南粤古驿道定向大赛是一项集竞技、娱乐与益智等于一体的新型运动项目，是一项以南粤古驿道地域文化为背景而开展的大型体育赛事。

（2）直接性原则。赛事的内容，除了赛事举办过程中的直接展现，还应包含有关于赛事的一切创意设计。这些关于赛事的创意设计作为赛事价值观、赛事发展定位、赛事文化内涵以及赛事个性特点的重要表现，一方面与参与赛事的运动员、裁判员、教练员以及观众的赛事体验紧密相关，另一方面是赛事面向全国、面向国际建立赛事形象与形成影响力的重要介质。因此，赛事定位、赛事打造、赛事推广与赛事传播等环节的文化创意都应该围绕赛事产品直接展开，突出赛事产品在创意设计中的主角地位，避免片面追求复杂与繁琐的创意形式，以在社会和大众间建立更直接、更深刻的赛事识别形式与内容。

（3）出奇性原则。以赛事内容为主角的创意设计，同样需要出奇性的赛事过程设计、赛事推广策略与赛事传播内容，这是促进人对赛事形成记忆点的重要形式。就定向运动项目而言，比赛的基本规则、形式与内容已较为稳定，而定向运动与南粤古驿道的结合将为该项赛事提供充分的创新空间，应该在比赛过程设计、比赛规则或比赛内容上充分融入南粤古驿道文化元素或内容，使赛事表现出耳目一新与不拘一格，打造赛事记忆点，提高赛事关注度。

3. 提升南粤古驿道定向大赛品牌知名度的策略

（1）厘清赛事发展思路，明确赛事品牌定位。品牌定位是品牌建设的重要手段和核心策略，对于南粤古驿道定向大赛而言，品牌定位是在准确判断品牌建设社会环境的前提下，对赛事发展使命、价值主张的确立，对赛事传播体系、表现要素以及文化内涵的设计，以专业化、全面化以及特色化的赛事形象在目标顾客心目中占据的独特价值地位。南粤古驿道定向大赛赛事品牌的定位要建立在对社会大众日益增长的美好生活需要的考量、对同质类赛事个性化与差异化的考量和对社会时代性特点的考量之上。因此，应明确南粤古驿道定向大赛的根本需求定位为满足广大人民群众的体育参与需求，通过赛事的建设，满足运动员的竞技需求，满足群众健身需求与精神需求。同时，满足古驿道文化遗产"活化"的需要，将定向大赛打造为驿道文化的"信使"，在现代文明活动与古驿道文化之间建立联系，在古今对话中实现文化交流、品味古驿道文化漫漫发展的历程，让陈列在广阔大地上的遗产都"活"起来，让古老的村庄焕发生命力和灵气。

（2）模块化赛事品牌建设。品牌打造的过程是赛事全面发展的过程，在统筹赛事建设发展的同时，要通过模块化管理实现高效与全面的赛事品牌管理。对于南粤古驿道定向大赛而言，品牌打造可以划分为以下环节：赛事品牌发展战略的规划与实施、赛事品牌发展检视与诊断、赛事品牌发展的升级与延伸。通过赛事品牌建设的模块划分，实现对其建设的全方位发展，避免赛事品牌建设过程中短板的出现，影响赛事整体发展水平。

（3）多元化赛事推广与传播方式。赛事品牌知名度以赛事优质的服务内容和良好的品牌形象立身，而品牌形象的打造也离不开系统和精细的品牌推广与传播。在实施品牌推广与传播之前，最重要的是要明白赛事发展的受众身份，在确定了目标受众之后，要进一步了解受众群体的诉求，并选择恰当的推广内容与传播方式。定向运动在我国作为一项新型运动项目，同时南粤古驿道定向大赛作为一项新兴赛事，需要广泛吸收社会支持以推动赛事发展。因此，南粤古驿道定向大赛应选择多元化的赛事传播策略。可以充分利用名人效应，可以在比赛举办的过程中邀请一些体育明星或名人参与，采用线上线下相结合的传播方式，将他们庞大的粉丝量与社会知名度延伸至赛事品牌推广上。虽然，传统媒体依然拥有一定量的社会关注度，但如今，自媒体已经成为社会舆情不可或缺的参与部分，其传播能力相对于传统媒介具有速度快、散布广的特点。因此，应充分利用各大网络直播平台，传播赛事内容，树立赛事品牌形象，扩大赛事受众。

第三节

品牌资产管理

品牌资产管理是品牌资产星角模型构架的协调与综合运用，以形成营销管理的巨大生命力与影响力，推动企业不断发展壮大。包括准确定义、规范管理，并采用完善周详、切实可靠的方法尽可能对品牌进行衡量评估，不遗余力地开发品牌，以最大限度地挖掘价值和利润。

一、品牌资产管理的一般方法

从品牌资产的定义可以看出，要想让品牌成为资产的一部分，就必须对品牌实施资产化管理，通过不断地对其进行投入来维护和巩固其价值。品牌资产管理可从构成品牌资产的几个要素入手，采用建立品牌知名度、维持品牌忠诚度、建立品质认知度和建立品牌联想等方法。

建立品牌知名度的方法包括创建独特且易于记忆的品牌、不断展示品牌标识、运用公关和品牌延伸的手段。维持品牌忠诚度的方法包括给顾客一个不转换品牌的理由、努力接近消费者，了解市场需求和提高消费者的转移成本等。建立品质认知度的方法包括注重对品质的承诺、创造对品质追求的文化、增加对培育消费者信心的投入和注重创新。品牌联想是指消费者想到某一个品牌的时候所能联想到的内容，这个内容将影响其购买意图。

品牌资产是一种结果，要管理结果不仅需要方法，还需要找出导致结果的原因，利用市场行为解决存在问题，以达到管理品牌资产的目的。

拓展案例

品牌资产的若干问题

（1）品牌资产的基本要素。品牌资产的基本要素应该是什么？什么样的品牌联想会对品牌定位带来影响？知名度有多重要？能否制造障碍，增加竞争对手争夺忠诚顾客的难度？

(2) 创建品牌资产。品牌资产是如何创建的？主要决定因素是什么？名称、推广渠道、广告、代言人和包装在某一特定环境中的作用是什么？它们又是如何相互影响的？实际上，在创建品牌资产或改变品牌资产时，企业对这些问题都需要考虑。

(3) 管理品牌资产。品牌资产应该如何随时间管理？哪些行为会对品牌资产的基本维度——特别是品牌联想和感知忠诚度产生实质性影响？在取消支持性活动（如广告宣传）后，品牌资产的“衰变速度”是多少？一般而言，在削减广告宣传支出后，产品销量并不会有明显下降。但如果长期削减广告支出，是否会损害品牌资产？促销活动或其他营销活动对品牌资产的影响能否确定？

(4) 预测资产弱化。怎样才能预测品牌资产的弱化及其他将来可能产生的问题？与维护品牌资产的低成本相比，纠正问题的成本可能会非常高昂。像汽车之类的耐用品，更新换代的时间往往需要5年之久，在品牌受损表现出来的前2年如果能够检测到品牌变弱的迹象，还可以及时弥补。不过，由于品牌弱化的速度非常缓慢，常常难以形成解决问题的紧迫感。

(5) 扩展决定一个品牌。应该扩展到哪些产品中？在不影响品牌资产的前提下，品牌的扩展范围有多广？这里我们需要特别关注一下品牌的纵向扩展：品牌能否向上扩展到高档产品？如能，会不会对品牌名称造成连带影响？例如，嘉霞酒庄（E & J Gallo Winery）的纯种葡萄酒系列是否会对嘉霞牌基础型葡萄酒系列产生影响？把品牌向下扩展到低档产品又会出现什么情况？如何预测其对品牌资产的损害程度？品牌扩展后消费者新建立的联想是有益的还是有害的？

(6) 创建新名称。如果投资新的品牌名称（品牌扩展的另一种方法），就会在新名称的基础上建立新的品牌联想，从而为新的增长趋势创造条件。那么如何在不同的名称之间进行取舍？在什么情况下使用这种名称，在什么情况下使用其他名称？一个企业可以支持多少个品牌名称？

(7) 品牌与子品牌。在品牌名称家族中对不同层次的品牌名称应当如何管理？例如，百得公司应当如何为“Black & Decker”“Space Saver”（表示一个产品子类）或“Black & Decker Dustbuster”这些名称分配广告？必须认真地考虑各品牌与子品牌的纵向关系。

(8) 品牌资产的衡量。如何衡量品牌资产及其基本维度是最根本的问题。假如品牌资产在特定环境中可以拆解成准确的概念进行衡量和监测，那么其他问题就会迎刃而解。当然，拆解品牌资产、衡量品牌资产有很多种方法，我们只需确定并选择最合适的即可。

(9) 评估品牌资产及其基本维度的价值。另外一个亟待解决的重要问题是如何评估品牌的价值。更重要的是对品牌资产的基本维度（如知名度感知质量）进行价值评估。投资品牌资产建设，关键是要证明品牌建设活动可以进行价值评估。尽管这一领域已经有了一些进步，但营销领域的专业人士仍然面临着巨大的挑战。

二、提升品牌资产价值的策略

品牌资产价值在我国经济结构改革和科技创新中发挥着重要作用，服务品牌建设已成为相关部门新的指引路线。在经济发展和互联网科技的不断作用下，品牌资产价值不仅是消费者对企业经营成果的良好反馈，也能在资本市场中为企业扩大资本资产规模提供良好的保证。那么，如何提升品牌的资产价值呢？具体来说，可从以下几个方面入手。

（一）做好品牌规划，提高品牌资产的差异化价值

品牌资产的价值体现在差异化的竞争优势上，如：产品的质量、性能、规格、包装、设计、样式等带来的工作性能、耐用性、可靠性、便捷性等的差别；服务的快速响应、服务技术的准确性、服务的全面性、服务人员的亲和力带来的品牌附加价值等。因此，做好品牌规划，强化差异化竞争优势，有利于提升品牌资产价值。

（二）通过理性品牌延伸扩张，提升品牌资产外延

利用品牌（尤其是名牌）资产实施兼并与合作是资本运营的一个重要方式，也是企业实现规模经济、实现低成本扩张、提高企业资源配置效率、提升品牌资产价值的有效手段。无形资产的重复利用是不产生新成本的，只要有科学的态度和商业智慧来规划品牌延伸战略，就能通过理性的品牌延伸与扩张，充分利用品牌资源这一无形资产，实现企业的跨越式发展。

公司并购情形下的品牌扩张是一项风险相当大的业务。在确定公司并购时，对品牌应考虑以下因素：利用品牌进行合作经营时，双方应优势互补；合作应有利于延伸品牌系列。

（三）通过品牌叙事、消费者参与提升品牌资产价值

史慧慧（2020）认为，提升品牌竞争力要寻找和挖掘品牌对于消费者的功能性价值及情感价值，并且注重消费者的参与，实现企业品牌价值的共创。纵观国际国内市场，那些具有良好声誉、在行业市场拥有良好表现的品牌，都是品牌要素齐全，并给人留下美好印象和回味。品牌叙事以存在主义的纽带形式把消费者和品牌联系起来，是品牌力量的基础和源泉。品牌叙事对于深化消费者对品牌的理解与认知起着至关重要的作用。其可以完美地体现品牌的核心价值理念、增进与消费者的情感交流与心灵共鸣，巧妙地传递品牌信息。

第四节

品牌资产评估

品牌资产评估是指企业或评估机构采用专业的测量工具对品牌资产现状进行描述。目前对品牌资产的评估主要从两个角度进行：一是从消费者和市场的角度评估品牌忠诚度、品牌知名度、品牌的延伸能力等；二是从财务会计的角度对品牌资产作出货币价值评估。无论哪个角度，都用定量的指标来反映定性的内容，因此品牌资产评估是一项难度很大的工作。在企业品牌管理的实践中，一般企业都无法独立完成对品牌资产的评估，需要依靠社会专业评估机构的力量来进行。

一、品牌资产价值评估的一般程序

品牌资产是重要的无形资产，完整的品牌资产评估可以填补短期财务评估和长期策略分析间的落差。对品牌资产进行价值评估是一项非常有意义的工作，但同时也是一项复杂而繁琐的工作。依据品牌资产价值评估的基本特点，品牌资产价值评估的一般程序包括以下几个步骤：

建立一支结合营销和财务资深经理人及分析师的团队。总指挥可交给较中立的第三方担任，或委请公司以外的专业人士负责。

重新检视财务与营销部门评估品牌资产的方法，最好是找出过去的相关文献，同时参考国际上的评估标准。

必须采取以财务和消费者调查为导向的评估方法，取得共识后，才能使评估工作顺利进行并达成目标。

进行财务面评估及必要的市场研究调查，两者所得出来的必须是合理的、相容性的结果。

确认评估品牌的可行方法，并找出每个方法的不同之处，以计算出最合理、最没有争议的品牌资产价值。

根据评估后的资产价值来设定品牌营销目标，使营销策略成为可以测算出来的策略。

拓展案例

品牌资产评估的方法

品牌评估方法大致经历了三个阶段：完全基于财务会计要素阶段，引进市场要素阶段和关注消费者与品牌的关系及消费者在评估过程中重要作用的阶段。以品牌评估方法“走过”的三个阶段为基准，品牌评估方法大致分为三类：客户导向品牌评估法、财务导向品牌评估法和客户与财务导向相结合的评估法。

1. 客户导向评估法

客户导向品牌评估法评估品牌资产与消费者的关系程度，关注品牌资产运行机制和真正驱动因素。主要包括：品牌资产五星概念模型及其评价法、品牌资产金字塔模型与合成模型、扬·罗必凯公司模型与品牌资产引擎模型、品牌资产趋势法与奥美集团的组合模型。

2. 财务导向品牌评估法

从侧重于财务要素的角度来看，品牌属于无形资产。财务导向品牌评估方法主要分为两类：传统财务评估方法，及财务要素与市场要素结合的评估方法。传统财务评估方法包括市价法、收益法、重置成本法、历史成本法等。市价法即通过市场调查、分析比较对象的成交价格和交易条件来估算品牌价值的方法；收益法是通过估算未来预期收益并折现求和来确定品牌价值的方法；重置成本法依据品牌现实重新开发成本减去各项损耗和贬值来计算品牌价值；历史成本法则依据品牌资产购置或开发的全部原始价值来估价。财务要素与市场要素结合的评估方法是调整了传统财务方法，加入了市场业绩要素，主要包括 Interbrand 法、Financial World 法和北京名牌资产评估有限公司的评估方法。

3. 客户与财务导向相合的评估法

该方法主要是从消费者与财务方法相结合的角度，对品牌价值进行评估，代表性方法有溢价法、品牌价格抵补模型、联合分析法和忠诚因子法。溢价法认为，品牌价值大小可以通过消费者愿意为其选择的品牌支付多少货币加以衡量。品牌价格抵补模型是采用实验模拟，向消费者提供多种品牌和价格的组合，再根据消费者选择，利用统计软件计算品牌资产价值。联合分析法是一种以调查为基础的多变量方法，它可以利用专业统计软件来确定顾客在不同品牌属性间的权衡因素，以及顾客对某种属性重要程度的看法，从而确定品牌资产价值。忠诚因子法由范秀成教授提出，该方法从顾客角度来进行品牌价值的测评，突出强调顾客对品牌价值的贡献，抓住品牌价值形成的要点和关键。

二、品牌资产评估的意义

品牌资产是个战略性问题，它是企业保持竞争优势和长期利润的基础，必须由企业的高级管理层亲自决策。

品牌资产价值评估有利于企业采取积极措施不断提升自身品牌的价值，并合理、有效地保护品牌这一重要的无形资产。因此，如何科学评估品牌资产的价值是企业和品牌专家普遍关注的问题，其意义具体表现在以下几个方面。

（一）有助于了解品牌在消费者中的地位，为管理者提供管理经营依据

由品牌价值链得知，消费者对于品牌的看法和态度是品牌资产的根本来源。只有了解品牌在顾客心目中处于什么样的位置，企业才能找出品牌目前存在的问题，从而改进营销活动和管理行为。且品牌资产评估有利于提高管理决策效率。对公司品牌的资产价值作出评估后，可为管理者提供管理经营依据，从而作出明智决策，合理分配资源，减少投资浪费。

（二）有助于评估品牌的延伸能力，助力品牌兼并、收购和合资的需要

企业在发展的过程中，为了充分利用品牌资源，必然要延伸产品。延伸的产品能否成功，在很大程度上取决于母品牌是否具有强大的品牌资产，品牌资产评估也是品牌兼并、收购和合资的需要。随着经济全球化的发展和市场的需求，品牌资产评估有利于企业品牌延伸的发展，品牌资产评估可为企业合资与品牌繁衍奠定稳定的基础。且企业之间的兼并收购在当今市场经济环境下非常普遍，品牌作为企业一项非常重要的无形资产，必须纳入企业资产的计值中。通过对品牌资产进行评估，可以完善企业资产在资产负债表上面的记录，使企业资产得到完全的反映。

（三）有助于对品牌建设的成效进行考察，获得企业利益相关方的支持

品牌资产价值反映了企业的财务收益。这个财务收益反映的是品牌未来几年的现金流量折现，体现了品牌对企业收益的贡献。企业要想吸引这些利益相关方进行合作，就需要展示自己的实力。通过品牌资产评估将品牌价值数字化，可以有效增强股东的投资信心，吸引更多优秀人才加盟，吸引更多的顾客购买，吸引更好的中间商合作，以及得到更多的融资渠道。

（四）品牌资产评估能提高企业声誉，是企业信誉的保障

对于经过评估的品牌，消费者可以通过各种渠道来了解企业的品牌价值，企业也可以以此来推动和扩大品牌的市场影响。品牌评估的结果来自品牌的现实市场竞争力，同时又借助其市场影响力进一步提升品牌声誉，增强企业在未来的市场竞争力。品牌就是品质保证，品牌资产评估就是企业信誉的一个衡量标准。

（五）品牌资产评估能够降低交易成本，提高交易效率，规范交易行为

在信息社会和高科技时代，同类商品间差异性减少，同质性增加，不同商品的功能和质量乃至外形上的差异度越来越小，这时品牌的价值就凸现出来了。对于大多数理性的消费者来说，他们一般会选择自己熟知的品牌进行消费。据了解，有96%的消费者在购物中的选择行为是由从众心理决定的。消费者的从众心理决定了他们希望延续别人对某一品牌的美好印象，并会将错选商品引起的一系列后果，如浪费时间精力、不良的情绪反应计为成本。广为人知的名牌给了消费者一个明确的购买信号，也就是说，品牌让消费者节约了大量的交易成本，因而会提高交易的效率。

（六）品牌资产评估能够适当调节交易过程中信息的不对等性

对消费者来说，品牌资产评估能够适当调节交易过程中信息的不对等性。在市场上，面对各种各样的商品，消费者对于商品的设计过程、生产过程及商品的核心技术一无所知。即使商家以产品说明书的方式或广告方式透露一些技术与成本信息，消费者也未必有能力识别。因此，趋利避害的消费者为了自我保护，更愿意选择知名品牌，以降低风险。消费者同时相信，更多人所信赖的品牌其技术一定是过硬的，其成品也会是货真价实的。而品牌资产评估结果就是消费者评判品牌的依据。

（七）品牌资产评估可以激励企业员工和投资者，增强品牌凝聚力

品牌经过评估，从一方面来看，不但可以向外界宣传企业的品牌价值，同时也可以向企业内部员工传达企业品牌的发展情况，明确企业长期的目标与方向，使员工在实际工作中，可以向着企业的发展目标做出自己的贡献，从而增强员工的凝聚力。稳健积极的团队更有利于企业的长远发展。从另一方面来看，通过企业的评估，可以让投资者对企业的价值有明确的认识，提高投资、融资的交易效率，降低交易成本。

本章回顾

第一节对品牌资产进行详细的概述。(1) 品牌资产的定义；(2) 品牌资产的特征：积累性、波动性、价值性和增值性、长期存在性和难以计量性；(3) 品牌的作用：提高消费者对品牌的忠诚度、使企业获得超额利润、降低在危机时的易损性和增加商业合作机会。

第二节介绍了品牌资产的构成。重点介绍了戴维·阿克的品牌资产五星概念模型，即：品牌知名度、品牌认知度、品牌联想度、品牌忠诚度和其他专有品牌资产。

第三节讲了品牌资产管理。(1) 品牌资产管理的一般方法；(2) 品牌资产价值的提升策略，包括：提高品牌资产的差异化价值，通过理性品牌延伸扩张提升品牌资产外延，通过品牌叙事等提升品牌资产价值。

第四节讲了品牌资产评估。(1) 品牌资产评估的一般程序；(2) 品牌资产评估的意义。

课后思考题

1. 简述品牌资产的定义、特征及作用。
2. 试述戴维·阿克的品牌资产模型结构及内涵。
3. 试述品牌资产管理的一般方法及提升策略。
4. 试述品牌资产评估的程序和意义。
5. 你认为品牌资产和企业的固定资产有什么区别？
6. 如果你是品牌经营者，你认为应该如何积累品牌资产？

课后案例

“三只松鼠”品牌资产管理探析

作为国内零食领域知名度较高的品牌企业，“三只松鼠”品牌资产的形成，离不开对品牌的多年打造。“三只松鼠”负责人表示，目前的核心战略是“以IP（知识产权）化促进品牌多元发展”，实现IP价值最大化，最终推动食品产业发展。在品牌塑造过程中，其做法可圈可点。

优化客户服务。“三只松鼠”的客户服务值得一提。与其他线上企业称消费者“亲”不同，“三只松鼠”的客服化身为松鼠，称消费者为“主人”，客服不仅仅为顾客提供产品问答服务，也可以聊故事、聊心事、提供日常生活提醒等。通过与顾客之间的独特沟通和互动，触动顾客的内在情感与情绪，加深顾客的心理认同感，形成良好的品牌形象。这种客服体系也由此开创了中国电商客服的场景化服务模式，基于此，其团队更是曾经创造了5个客服单日完成千单业务的神话。

多元载体传播。“三只松鼠”在品牌传播上多元载体并行。目前“三只松鼠”已经形成了“动画、视频、音频、条漫、图文、影视剧植入”等多元化的载体形式，这些多元化载体很大程度上会形成联动效应，增强“三只松鼠”的品牌传播效果。此外，相较于过去亲戚朋友之间的口碑传播，传播平台也发生了巨大变化，当前消费者可以通过评价、微博、微信等平台与亲朋好友分享，多元化载体在当前发达的多种传播平台聚合下，无形中强化了顾客对“三只松鼠”品牌的联想度，从而形成了良性的循环传播效果，由此建立起强势网络品牌资产。

多种渠道共存。当前电商高速发展，互联网经济蓬勃向前，抓住线上发展机遇已是众多企业的重中之重。而崛起于互联网平台的线上企业“三只松鼠”，其发展模式却并不仅仅局限于网络平台，近年来逐渐布局线下小店，其线上线下高度融合的发展模式也可圈可点。例如此前曾推出的活动“森林大门急着打开”，通过有趣的线下活动来推出不同系列的产品，大大提高了品牌知名度。

体验营销为主。电商企业竞争日趋激烈，体验营销为垂直电商企业提供了全新的营销视角和操作模式，“三只松鼠”以体验为基础，开发新产品、新活动，始终在寻找顾客购买和食用等体验环节中可以改进之处，契合消费者心理，成功地运用体验营销，在感官、情感、行动、关联等方面给顾客带来全新的购物体验，成功开创了垂直类电商运作的新模式。如顾客每次购买产品收到的包裹都会不一样，包装袋里会有剥壳器、纸巾、夹子等小工具，让顾客享用产品时更便利，并产生美好的印象。这种体验能极大地提高消费者的品牌忠诚度。

塑造品牌趣味。"三只松鼠"旨在将自身塑造为"吃＋玩"一体化的综合服务名牌企业。首先，其品牌标志采用了漫画式的卡通形象，与品牌定位吻合，塑造了活泼可爱的品牌形象，容易让消费者对品牌产生美好的联想和印象。其次，"三只松鼠"以"萌"形象为品牌定位，通过整合一系列营销活动，向消费者传递一种休闲、卖萌和大自然的总体特征，让消费者觉得好吃、好玩、有趣味，进而让"三只松鼠"成为消费者生活中的一部分。

当然，"三只松鼠"品牌的迅速崛起，除了因企业自身对品牌的积极塑造以外，还离不开时代的机遇。"三只松鼠"品牌的成功，为品牌资产管理提供了一个范本。

案例思考题

结合戴维·阿克的品牌资产五星概念模型，思考"三只松鼠"是如何实现品牌资产的持续增长的？

第九章

品牌传播

【学习目标】

1. 理解品牌传播的内涵和特点；
2. 掌握品牌传播的过程与模式；
3. 了解品牌传播的方式；
4. 了解品牌的整合营销传播。

【导入案例】

“花西子”的品牌传播

成立4年销售额近30亿元，屡屡出圈甚至登上央视新闻，国风彩妆新品牌——“花西子”，年限比不了“百雀羚”，知名度干不过“完美日记”，却在三年内跻身国货顶流，背后必有其品牌传播密码。“花西子”的崛起离不开创始人花满天对品牌传播的通透认知。2018—2019年，正是直播带货风口崛起，也是李佳琦的高速成长期，在这时与李佳琦深度合作，打开了“花西子”的品牌知名度，直接给“花西子”带来了40%的销售额。此外，“花西子”还抢占了国风赛道，将东方美学贯穿整个品牌传播路线，因此登上央视新闻，搭上了非遗传承的顺风车。更创新的是，它还特设体验官传播模式，一支眉笔上市三年迭代七次。产品禁得起推敲，跨界传播更是有门道，跟名酒绑定、与时尚联姻、和网游配合、更与人气歌手周深合作发行单曲，攻占年轻人市场。微博、小红书、抖音、哔哩哔哩等年轻人聚集的平台，更是它的内容传播主阵地，精准市场预判，国风赛道定位，花式跨界传播，多平台品牌曝光，这就是花西子的品牌传播密码。

第一节

品牌传播概述

品牌传播是理论研究和营销实践工作中非常关注的概念。在学术研究中，品牌传播以符号学、传播学、营销学为基础，融合了广告、公关和市场营销等多个专业的强大势能，对品牌管理理论的研究极为重要。在品牌管理实践中，品牌传播也具有举足轻重的地位，品牌传播与品牌形象、品牌资产等同等重要。因此，加强对品牌传播理论和实践的关注，具有非常重要的理论和现实意义。

一、品牌传播的内涵

有关品牌传播的内涵，目前具有代表性的观点分为品牌资产导向论和品牌形象导向论两派。品牌资产导向论强调品牌传播的目标是提升品牌资产，认为品牌传播是指品牌所有者通过各种传播手段持续地与目标受众交流，最优化地增加品牌资产的过程。这一类观点还强调品牌传播首先应是一种操作性的实务，突出品牌传播的主要手段和品牌传播的目的是提高品牌在受众心目中的认知度、美誉度和和谐度，实质上就是品牌资产的核心构成要素。

品牌传播是指企业以品牌核心价值为原则，在品牌识别的整体框架下，通过广告传播、公共关系、营销推广等手段将企业设计的品牌形象传递给目标消费者，以期望获得消费者的认知和认同，并在其心目中确定一个企业刻意营造的形象的过程。在品牌形象论的定义中，塑造品牌形象成为品牌传播的最终落脚点。

无论是品牌资产导向论还是品牌形象导向论，都强调品牌传播是品牌所有者通过各种传播手段持续地与目标受众交流，最优化地增加品牌资产和提升品牌形象的过程。因此，结合品牌资产导向论和品牌形象导向论综合理解品牌传播的概念。

首先，品牌传播的主体是品牌所有者。品牌的所有者是一个广泛的概念，不仅仅包括品牌企业。在现实中，品牌的指代不单单限于商业品牌，还包括城市品牌、区域品牌、院校品牌、团体品牌、个人品牌等社会品牌。因此，商业品牌仅仅是狭义的品牌指代，广泛的品牌是指所有的组织品牌。

其次，品牌传播实际上是通过各种传播手段进行信息控制与利用的过程。在品牌传播过程中，如何利用好可控制的各种传播资源，是品牌传播制胜的关键，如何对传播资源进行有效地创造性整合与利用，是减少品牌传播过程中损耗率的重要方法。传播手段包括视觉识别系统（VI）、广告、公关、人际传播、社会化媒体及其他各种媒介资源。

再次，品牌传播的对象是目标受众。品牌传播的对象不仅仅限定于消费者，还包括潜在的或永远不会成为品牌消费者的广大受众。这些受众虽然没有直接购买商品，但会支持直接消费者的行为，也是品牌发展的动力。比如：喜欢奔驰车的人当中，可能有一部分人永远都不会购买，但这并不妨碍他们对奔驰车的爱慕和赞美，这些爱慕和赞美也会提升奔驰的社会声誉，增加该品牌的价值，并将影响更多人对奔驰车的认识。

最后，品牌传播的最终目标是增加品牌资产或建立品牌形象。品牌资产构建的最终目标还是要落实到品牌形象及经济利益上。因此，品牌传播的目标必须始终围绕品牌资产和品牌形象两个中心而进行。

二、品牌传播的特点

品牌传播是确立品牌意义、目的和形象的信息传递过程，同样包括了信息传播的所有参与因素（内容、传者、渠道、受者）和类似流程。不过品牌传播与一般的新闻传播、广告传播相比，仍具有其自身独特的传播特点。

（一）传播元素的复杂性

品牌由有形部分和无形部分构成。有形部分主要包括品名、标志、标准色、标志音、代言人、标志物、标志包装、产品、员工等，无形部分主要是指品牌所表达或隐含的“潜藏在产品品质背后的、以商誉为中心的、独一无二的企业文化、价值观、历史等”。这两部分事实上也构成了品牌传播的核心内容。品牌的有形部分和无形部分在组合形成品牌含义、参与品牌传播的过程中，会体现出无限的组合可能和延展性，由此也就决定了品牌传播信息的复杂性。

（二）传播手段的多样性

传播手段的多样性主要体现为：并非只有广告和公关才是品牌传播的手段，事实上能够用来协助品牌传播的手段非常丰富。按照整合营销传播的理论，营销即传播，所有来自品牌的信息都会被受众看成品牌刻意传播的结果。换言之，在品牌传播中，一个企业或一个品牌的一言一行、一举一动都能够向受众传达信息。任何一个“品牌接触点”都是一个品牌传播渠道，都可能意味着一种新的品牌传播途径和手段。

（三）传播媒介的整合性

所有能用来承载和传递品牌信息的介质都可以被视为品牌传播媒介。新媒介的诞生与传统媒介的新生，正在共同打造一个传播媒介多元化的新格局。品牌传播媒介的整合要求与传播媒介的多元化密切相关。在“大传播”观念中，所有能够释放品牌信息的品牌接触点都可能成为一个载体，比如促销员、产品包装、购物袋等。在网络中，接触点更是具有无限的拓展空间和可能。由互联网所带来的新媒体的丰富性，至今尚未被人们完全认识。如此，品牌传播在新旧媒介的选择中，就有了多元性的前提。品牌传播首先要整合与顾客及相关利益者的一切接触点的传播平台。

（四）传播对象的受众性

首先，从正常传播流程看，品牌的信息接受者不都是目标消费者，而是所有品牌信息接触者。品牌传播的受众指任何可能使用或感受品牌的特定群体或消费者。这里的使用或感受可能是接触品牌的标识和各类广告、或是完整的品牌消费等。

其次，从品牌传播的影响意图看，品牌传播的对象应是“受众”而不仅仅是“消费者”。虽然在一定程度上，消费者与受众是一致的，但不同的强调点却体现了不同的实践观念：将品牌传播的对象表述为消费者，强调的是消费者对产品的消费，体现的是在营销上获利的功利观念；而将品牌传播的对象表述为受众，强调的是受众对品牌的认可与接受，体现的是传播上的信息分享与平等沟通观念。

最后，从品牌传播对象的定位看，应以利益相关者来锁定和划分具体受众。品牌传播对象具有显著的多元性，既包括目标消费者，也包括大量的利益相关者。这些利益相关者通常也会成为品牌传播的目标受众。

（五）传播过程的系统性

系统性是品牌最为基本的属性。不承认品牌的系统属性，将无法科学理解品牌现象中的多元化特征，更无法正确全面地建构起品牌的理论体系。对品牌的感受、认知、体验是一个全方位的把握过程，并贯穿于品牌运动的各个环节中。消费者品牌印象的建立是一个不断累积、交叉递进、循环往复、互动制约的过程。

拓展案例

口碑传播——“特斯拉”的品牌形象塑造

打造一个好的品牌，让客户一看到自家的商标就油然而生喜悦之心和敬仰之意，是许多企业梦寐以求的事。为此很多企业不惜耗费重金，做好了持续努力几十年甚至几百年的准备，最终还不一定成功。“特斯拉”树立一个品牌不仅时间短，而且见效快。它走了一条跟传统企业不一样的“野路子”。

“特斯拉”，2003 年注册成立，2008 年交付第一辆汽车。与汽车行业为数甚众的百年老店相比，它的历史很短。但是，就在短短 13 年里，“特斯拉”从一个名不见经传的小字辈，一跃成为一个拥有巨大品牌号召力的明星。“特斯拉”通过互联网开创性地实现了零成本传播。它一不做广告，二不请影视明星代言，三不请公关公司，通过官方网站、官方微博、官方微信，打造了一个立体传播网络。对很多传统企业而言，这些官方信息发布通道虽然有，但长时间不更新，似有如无；“特斯拉”却在极其认真地运营自己的官网和官微，派专业团队负责维护，随时更新，并与客户保持互动。“特斯拉”的高管无一例外地开通了 Facebook 和 Instagram 账号，分享自己的工作、生活，拉近与客户的距离，并同步发布“特斯拉”公司的重要公开信息。一旦出现关注度较高的客户留言，“特斯拉”的高层人物就会在最短的时间内，亲自出面回应。

“特斯拉”通过对信息的精准过滤，使其品牌调性始终如一。它看似无为而治，实则步步精心。“特斯拉”为自己选择的品牌关键词是“科技、创新、环保、酷、超越……”；它在社交媒体上发布的信息，必须严格符合这一调性。2015 年初，一家中国高科技企业给每位员工发了一辆“特斯拉”汽车作为年终奖，被“特斯拉”转发；互联网精英购买“特斯拉”，转发；好莱坞影星、NBA 球星等成功人士购买“特斯拉”，当然也要转发……“特斯拉”通过对信息的精准过滤，使其品牌调性始终如一。

“特斯拉”品牌传播的成功，还在于它给客户带来的情感价值满足。“特斯拉”汽车能够像其他汽车一样，满足人们的交通代步需求，这是使用价值；但它还有其他汽车所不具备的价值，那就是开“特斯拉”的人，会被打上“成功、科技、环保、酷……”等此类的标签，这就是情感价值。越是消费能力强的高端人士，越注重情感价值。伴随着互联网成长起来的年轻一代，是个性高度彰显的一代，他们普遍比前辈们更注重情感价值。在这样的时代背景下，仅凭“物美价廉”来打天下，已经远远不够了。

第二节

品牌传播的过程与模式

一、品牌传播的过程

品牌沟通与传播是营销传播的重要组成部分。而在品牌传播过程中把握每一步骤是做好品牌传播的关键。菲利普·科特勒认为，开发有效的品牌传播应该包括 7 个步骤（见图 9－1），每一个传播步骤都体现出不同的内涵。

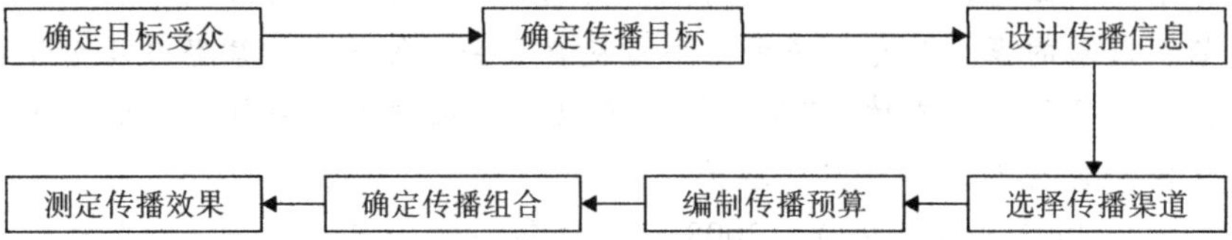

图 9－1　品牌传播步骤图

（一）确定目标受众

必须一开始就在心目中有明确的目标受众，这样才能保证企业的传播做到有的放矢。目标受众可能包括企业品牌的潜在购买者、目前使用者、购买决策者或影响决策者，目标受众也可能是个人、小组、特殊公众或一般公众。针对不同的目标受众，品牌传播者要使用不同的传播策略和接触方式。如针对个体受众，传播者需要了解个体的生活背景、个人的价值观等。这时要根据他们的需要来选择传播方式，比如针对老年人的保健品就大多采用广播、电视等传统方式进行传播。

（二）确定品牌传播的目标

品牌传播的目标是营销人员希望品牌传播所达到的反应。营销人员可能要寻求目标受众的认知、情感和行为反应，通过向消费者灌输品牌信息来改变消费者的态度，或者影响消费者行为。品牌传播的目标一般可以设立为在任何一个品牌传播层次增强目标受众对品牌的知晓、认识、喜爱、偏好、信任，但是，传播的最终目标仍然是要增加消费者对品牌的认知度、美誉度和激起他们的购买欲望并促成消费者的最终购买。例如茅台酒虽然始终是处于供不应求的状态，但仍坚持每年在新闻联播前插播报时广告，就是为了其实现“国酒”的传播目标。

（三）设计传播信息

在理想状态下，信息应能引起注意，提起兴趣，唤起欲望，导致行动。因此，制定传播信息需要解决四个问题，即说什么（信息内容），如何合乎逻辑地叙述（信息结构），以什么符号进行叙述（信息形式）和谁来说（信息源）。信息内容可分为三类：理性诉求受众自身利益的要求，它们能显示产品产生的一定利益；情感诉求试图激发某种否定或肯定的感情以促使消费者购买，可分为正面和负面的情感诉求；道义诉求用来指导受众有意识地分辨什么是正确的和什么是适宜的，常用来规劝人们支持社会事业或参与公益活动。

信息结构设计主要解决三个问题，即信息点安排的顺序、怎样引导目标受众作出结论和信息内容的两面性。信息形式主要通过文字的、视觉的、听觉的形式来表达，但信息设计的形式必须有吸引力。

信息源的可信度是信息有效传播极为重要的因素。被公认的信息源可信度由三个因素构成，即专长、可靠性和令人喜爱性。专长是信息传播者所具有的、支持他们论点的专业知识；可靠性是涉及的信息源被看到具有何种程度的客观性和诚实性；喜爱性描述了信息源对观众的吸引力，现在很多广告都会采用当红明星进行代言也是这个道理。例如：被李佳琦推荐过的口红会有很多女生去购买，因为李佳琦曾有过美妆柜台工作经验，擅长挑选口红，同时他推荐口红时会试色，也会给出相对客观的评价，并且其直播风格也很受女生喜欢。由于他自身的专长、可靠性和令人喜爱性，作为口红销售的信息源是具有一定可信度的。

（四）选择传播渠道

从传播方式的角度看，信息传播渠道可以分为人员传播渠道和非人员传播渠道。

1. 人员传播渠道

人员传播渠道包括两个或更多的人相互之间进行的信息传播。他们可能面对面，如工作人员面对听众；也可能是通过电话、电子邮件等进行信息传播。人员传播渠道通过个人宣传和反馈来取得成效，可分为提倡者渠道、专家渠道和社会传播渠道三种类型。提倡者渠道是由公司的销售人员在目标市场上与购买者接触而产生的。专家渠道则是由具有专门知识的独立个人对目标购买者的交谈所构成，比较常见的是药品广告中的医生。社会渠道则由邻居、朋友、家庭成员与目标购买者的交谈所构成，并且在社会渠道中，“意见领袖”具有非常大的影响力。微博上的“大V”、小红书上的知名博主等就属于这个范畴。

2. 非人员传播渠道

非人员传播是不直接面对某一个人的传播方式，包括媒体传播、销售促进、事件和体验以及公共宣传四种形式。媒体传播由印刷媒体、广播媒体、网络媒体、电子媒体和展示媒体组成，是非人员传播的主要形式。销售促进则包括了针对消费者的促销活动（例如打折、优惠券等）、贸易促销（如对经销商的相关补贴）和针对销售人员的促销活动等。事件和体验包括运动、艺术、娱乐，以及与消费者互动的故事性活动，有人将现在称为“体验经济时代”，表明让消费者参与体验的营销行为正逐渐成为发展趋势。公共关系渠道则包括公司内部的员工传播和外部消费者、其他公司、政府和媒体之间的传播。

（五）编制传播预算

编制传播预算对于品牌的传播组合选择以及营销策略布局具有十分重要的意义。最常见的预算编制方法有四种，即量入为出法、销售百分比法、竞争对等法和目标任务法。这些方法是不同时期的主流策略。

1. 量入为出法

这种方法是基于对公司未来收入的预测而决定传播预算，也考虑了公司所能承担的费用能力，但在变化万千的市场中，公司的收入往往是难以准确预测的。因而，这种预算安排方法完全忽视了营销传播对销售量的即时影响，往往导致年度预算的不确定，给制订长期市场计划带来困难。而且，不能够根据市场情况做出相应的反应策略。

2. 销售百分比法

许多公司以一个特定的销售量（现行的或预测的）或销售价格来安排营销传播费用。常见的有，汽车制造公司以计划的汽车价格为基础，按固定的百分比决定预算；饮料生产企业往往也会计算在每瓶饮料的售价中以多大的比例作为营销传播的费用。这种方法一方面考虑了企业的费用承受能力和竞争对手的选择，同时也鼓励管理层以营销传播成本、销售价格和单位利润作为营销战略的先决条件进行思考；另一方面，这种方法根据可用的资金而不是市场机会来安排预算，显得不够灵活。

3. 竞争对等法

用竞争对等法来确定预算水平是以行业内主要竞争对手的传播费用为基础来进行的，采用这种方法的企业都认为销售成果取决于竞争的实力。但是，用这种方法必须对行业及竞争对手有充分的了解，而这种资料往往是难于获取的，在通常情况下，得到的资料都只是反映往年的市场及竞争水平状态。而且，公司的声誉、资源、机会和目标有很大差别，他们的预算很难作为参考。

4. 目标任务法

目标任务法是目前应用最广泛，也是最容易执行的一种预算编制方法。这种方法要求营销人员通过明确自己特定的目标、确定达到这一目标必须完成的任务以及估算完成这些任务所需要的营销费用，来决定品牌传播预算。它可以有效地分配达成目标的任务，但是要求企业管理层认真研究关于花费、显露水平、试用率和常规方法之间关系的假设，而且，这种方法要求数据充分，管理工作量相当大。

（六）确定传播组合

在完成品牌传播预算的编制后，就可以根据预算多少来决定传播组合。品牌传播的组合决策主要是指在广告、销售促进、直接营销、公共关系和人员推销传播等各种传播方式之间选择。即使是在同一行业中的公司，它们对于传播组合的选择都有所不同。如在化妆品行业，雅芳公司把它的促销资金集中用于人员推销传播，而露华浓公司则着重于广告。公司总是探索以一种传播工具来取代另一种传播工具的方法，以获得更高效率的品牌传播，许多公司已经用广告、直邮和电话营销来取代某些现场销售活动。互联网的广泛发展也为多样化的传播组合提供了有力支持。

（七）测定传播效果

在品牌传播开展后，营销传播者需要对传播的影响进行衡量，可以询问目标受众能否识别或记住该信息，看到它几次，记住哪几点，对该信息的感觉如何等。企业还应该收集受众反应的行为数据，诸如多少人购买这一产品，多少人喜爱它并与别人谈论过它。测定传播效果，就是要看传播效果是否达到了预定的品牌传播目标。

测定传播效果可以为下一次传播活动的开展提供反馈信息。对品牌传播效果的测量可以从两个方面进行，一方面是直接比较传播活动开展前和传播后的销售效果，这种方法是销售导向，并不能真正反映出品牌传播的效果，但是这是一种简单的方式，事实上更多的营销传播者把这种方法视为衡量传播效果的唯一方法。然而，对于一个品牌的长期建设而言，更应该关心的是消费者对这个品牌的态度是怎样的，这即是测量的另一种方法——态度测量。要询问消费者是否知道某品牌，能否记住一次传播后接收到的信息，经过一次传播活动后消费者对品牌的态度是否有改变，以及有怎样的改变，有多大幅度的改变等，这些都是衡量传播效果要做的工作。

二、品牌信息传播模式

从传播学的角度出发，品牌信息的传播沟通，其实质是品牌机构运用多种传播方式、通过一定的媒介或者直接向品牌利益相关者，传播有关品牌的信息。在传播过程中，难免受噪声的干扰，则品牌机构通过对品牌资产的评估来反馈传播的效果模式，如图 9－2 所示。

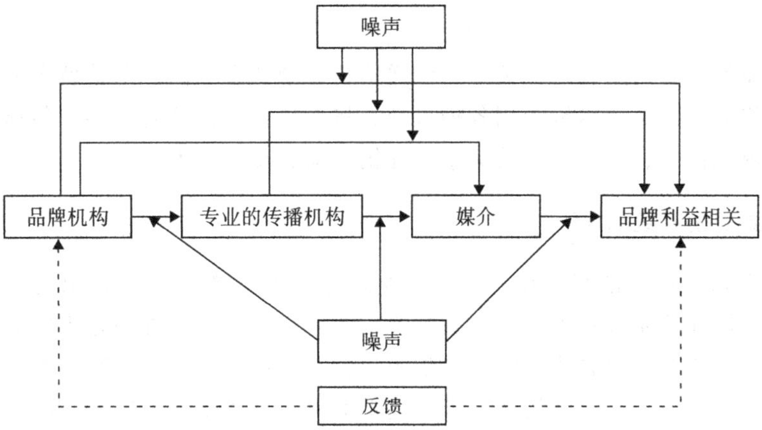

图 9－2　品牌信息传播模式图

由图 9－2 可以看出，品牌信息传播是一个复杂的传播系统，品牌机构、专业的传播机构、媒介、品牌利益相关者、噪声和反馈是构成要素。品牌机构是指品牌的拥有者，是传播者。专业的传播机构是指广告公司、公关公司、品牌顾问公司等服务于品牌机构的营销传播机构，也是传播者，他们按照品牌机构的要求负责信息的编码。媒介是指报纸、广播、电视、杂志、因特网等大众传播媒介及广告路牌、POP、外包装、招贴等一般信息载体，是信息传播的渠道。品牌利益相关者是指除品牌所有者之外的品牌利益人，包括员工、消费者、零售商、供应商、竞争者、公众和其他利益相关者，是受传者。在此系统中，除了指信息传播本身的扭曲、衰减外，噪声主要是指来自品牌竞争者的信息干扰。反馈主要是指对品牌资产的评估，品牌信息传播效果的好坏直接反映为品牌资产的增减。

信息从“品牌机构”发出到“品牌利益相关者”接收，有四条途径，按照是否流经媒介，可分为人员传播与非人员传播。人员传播的途径是“一对一”的方式，优点是传播的控制度好，信息损耗少，能够迅速得到大量直接、全面的反馈信息；缺点是传播的速度慢，范围窄。非人员传播是“一对多”的方式，优点是传播速度快、范围广、形式多样；缺点是可控性差，信息损耗大，反馈速度慢。

显然，人员传播与非人员传播各有利弊，品牌机构往往综合运用人员与非人员传播的方式来进行品牌的传播推广，总体说来，有以下5种主要的传播工具：（1）广告，即以付款方式进行的创意、商品和服务的非人员展示和促销活动；（2）销售促进，即各种鼓励购买或销售商品和劳务的短期刺激；（3）公共关系与宣传，即设计各种计划以促进和保护公司形象或它的个别产品；（4）人员推销，即与一个或多个可能的购买者面对面接触以进行介绍、回答问题和取得订单；（5）直接营销，即使用邮寄、电话、传真、电子信箱和其他以非人员接触工具沟通或征求特定顾客和潜在客户的回复。

第三节

品牌传播的方式

品牌传播就是要将品牌的相关信息传递给目标消费者。品牌与消费者的接触点有很多，在品牌传播中，应该尽量利用各种机会，将信息送达消费者。品牌传播主要有以下几种方式：视觉识别、广告、公共关系、促销活动、人际传播。

一、视觉识别系统（VI）

VI是指品牌或企业的视觉识别。一个企业导入VI，首先要设计出统一的品牌视觉识别要素，如标准的品牌标志、标准颜色等。然后，将这些标准视觉识别要素广泛运用于企业的各种载体上，如名片、门匾、信封、信笺、办公用品、服装、馈赠礼品、礼品袋、出版物、交通工具、建筑物等。借助这些物品使品牌识别的符号得到广泛的传播，让目标消费者在各种可能的场合都有机会接触到同样的品牌标识，从而对品牌标识留下深刻的印象，达到提高品牌知名度的目的。

迄今为止，许多企业将很多钱花在各种广告媒体上，但是自身的媒体却得不到充分的运用。借助VI进行传播，实际上是充分利用企业自身的载体资源，将品牌的核心识别要素加以传播。当然在VI系统的各种要素设计中，可能包含品牌的概念，例如IT产业的颜色要素普遍采用蓝色，因为蓝色意味着高科技。因此VI系统的导入，也有助于品牌核心概念的传播。

VI的导入有助于提高品牌知名度，让消费者在品牌选择、购买中更容易识别品牌，但是，VI对品牌传播目标的贡献有多大，评估起来比较困难。

二、广告

广告是由广告主发起的通过付费对理念、商品或者服务进行各种形式的非针对个人的陈述或推销。广告是自品牌诞生后就使用的传统主流传播推广工具，尤其是大众传播媒介广告在品牌资产建设中起着重要的作用。大众传播媒体广告可以准确无误地刊登或安排播放时间，因此能够较容易地计算出它的出现率，并可全面控制品牌特征信息内容。大众媒体的特点又决定了它是每千人成本最低的传播推广工具之一，运用它来做程序性的、规律性的、经常性的信息传播相对较经济。

广告具有以下特性：（1）公开展示。广告是一种高度公开的信息传播方式。它的公开性赋予产品一种合法性，同时也使人联想标准化的提供。因为许多人接受相同的信息，所以购买者知道他们购买这一产品的动机是众所周知的。（2）普及性。广告是一种普及性的媒体，它允许销售者多次重复这一信息。它也允许购买者接受和比较各种竞争者的信息。销售者可以大规模做广告，以肯定的语气介绍销售者的经营规模、名望和成功。（3）夸张的表现力。广告可巧妙地应用印刷艺术、声音、颜色和形象给公司及其产品提供一个戏剧化的展示机会。有时，这一工具在表现上是很成功的，但也可能冲淡和转移受众对信息的注意。（4）非人格化。广告不会像公司的销售代表那样有强制性，受众不会因此感到有义务去注意或作出反应，广告对受众只能进行独白而不是对话。

广告是品牌传播的主要手段，在现代社会，尽管广告预算占整个营销传播经费的份额比例有所下降，但是几乎没有一个品牌的成长可以离开广告。广告的主要作用是实现以下品牌传播目标：（1）建立知名度。那些不知道这家公司或产品的潜在顾客可能会拒绝与销售代表见面。进一步而言，销售代表也不得不花费大量时间来描述公司及其产品。（2）促进理解。如果某一产品具有新的特点，对此进行解释的工作就能由广告有效地担当。（3）有效提醒。如果潜在顾客已了解这个产品，但还未准备去购买，广告能不断地提醒他们，它比销售访问要经济得多。（4）进行提示。广告中的回邮赠券是销售代表进行提示的有效途径。（5）合法性。销售代表采用在有影响的杂志上登载公司广告的办法可以证明公司和产品的合法性。（6）再保证。广告能提醒顾客如何使用产品，对他们的购买再度给以保证。

拓展案例

“潮流＋传统”——五芳斋广告

对于很多新生代的消费者来说，传统节日和美食的魅力正在逐渐降低。毕竟，传统的过节方式很难给大众留下良好的视觉记忆和味觉记忆，没有改进过的传统食物也在物质丰富的年代少了一点吸引力。洞察到这一点的“五芳斋”，开始积极重塑传统节日的魅力，试图用更年轻化的方式让消费者产生对传统节日和饮食的好感。

“五芳斋”以年轻化的姿态走入大众的视野，是从2018年重阳节的广告开始的。他们用20世纪80年代的复古画风，配上网络化又朴素的沙雕文案重新剪辑了一支广告，再加上短片中蛤蟆镜、爆炸头、花衬衫等经典元素，短片很快就在网上走红。之后，他们将2019年春节广告的场景定格在了民国时代，用鲁迅、阮玲玉多位名人的依次出场串起了一个专属于民国的新年景象。在年轻人心中留下了“复古”“会玩儿”这些标签以后，“五芳斋”开始持续输出对“潮流＋传统”的理解，2019年那支名为《招待所》的短片，也用黑科技、外星人、磁悬浮这种潮度极高的话题吸引年轻人的眼球，为品牌赚足流量与好感。2020年端午的星战风大片《朋友们蘸起来》也成了圈内热议的对象，端午节也因为“五芳斋”的加码变成了更有趣的传统节日。2020年的新年广告以拍摄一部微电影的拍摄方式，配上可爱的童音和优秀的文案使得整个广告十分可爱。2021年又出了拟人版的“五芳斋”汤圆——武汉话版以及五芳青团。所有的广告都冠上了“五芳影业”，十分贴近年轻一代。

三、销售促进

销售促进是指以各种鼓励购买或销售商品和劳务的短期刺激。常见的销售促进手段有竞赛、游戏、赠品、展览会、打折、捆绑销售等活动，而促销活动的目的因产品类别不同而异。对于日常用品来说，促销的目的是促成消费者试用产品，并寄希望于消费者在试用了产品之后对品牌有好的印象，进而经常购买使用该品牌；对于耐用品来说，促销的目的则是扩大品牌的销售量，提高品牌的市场占有率。

销售促进的形式很多，各不相同，但相比其他传播工具而言，销售促进这种品牌传播方式具有以下 3 个明显特征：(1) 传播信息。它们能引起注意并经常提供信息，把顾客引向产品。(2) 刺激。它们采取某些让步、诱导或赠送的办法给顾客以某些好处。(3) 邀请。它能有效地邀请顾客来参与目前的交易。

促销既可以针对中间商，也可以针对最终用户。与广告一样，促销有多种形式。广告向消费者提供了购买的理由，促销则提供了购买的动机。所以，促销的目的在于：(1) 改变中间商的行为，使它们积极地支持本品牌。(2) 改变消费者的行为，使他们尝试购买本品牌，买更多本品牌的产品，或者更早、更频繁地购买本品牌的产品。在具体操作时，对消费者的促销和对中间商的促销是不同的。对消费者的促销，意在改变消费者购买产品的品牌选择、数量及时间等。虽然消费者促销有多种形式，但不外乎两大类：消费者特许促销（如样品、演示、教育材料）和非消费者特许促销（如折价、兑奖、回赠）。而对中间商的促销要么意在保证一个新品牌的货架空间和分销，要么希望在货架和店堂内突出产品。在商店里，货架和走道的位置是十分重要的，因为它关系到品牌能否吸引消费者；某品牌产品放置在与眼睛齐高的地方的销售量比放在货架底部翻一番。

四、公共关系

公共关系是指用来保护或促进公司形象及其个别产品的做法。它巧妙地利用各种方式、方法，如新闻发布会、软文、庆典活动、实地参观等让消费者感受到来自品牌的相关信息是真实可靠的，让消费者感受到品牌对他们的确是友好的，从而消除消费者对品牌的怀疑，建立消费者对品牌的信任。当品牌发生危机事件时，当品牌遭遇竞争对手的激烈市场争夺时，当消费者对品牌的态度可能发生变化时，当消费者的品牌忠诚可能发生改变时，公共关系是维护品牌的有效方法。

与其他传播工具相比，公关关系有以下 3 个明显特征：(1) 高度可信性。新闻故事和特写对读者来说要比广告更可靠、更可信。(2) 消除防卫。很多潜在顾客能接受宣传，但回避推销人员和广告。作为新闻的方式将信息传递给购买者要比销售导向的信息传播更好。(3) 引人注目。公共宣传和广告一样，也具有使公司或产品惹人注目的潜能。

营销人员倾向于少用产品公共关系，或把它用作事后的思考。然而现在企业日益认识到，公共关系不但在应对销售危机和品牌危机时能显示其价值，而且在日常营销活动中日益发挥着巨大的作用。一个深思熟虑的公共关系活动同其他促销组合因素协调起来能取得更大的效果。

拓展案例

自黑求饶——“钉钉”的危机公关

在新冠肺炎疫情暴发期间，阿里巴巴集团旗下的“钉钉”因拥有上课各类功能被教育部指定为小学生网络学习平台。“钉钉APP”的下载量实现了诞生以来最高的增长，甚至超过了微信。然而“钉钉”却被广大中小学生认定为占用他们寒假的“罪魁祸首”。当得知APP的评分低于一星就会被下架时，小学生们跳出为软件狂打一星，“钉钉”评分从4.9一路跌到了1.6分，“钉钉”遭遇危机，然而惨遭滑铁卢的“钉钉”在这次事件中上演了一场完美的创意传播。

第一步，“钉钉”借助青年亚文化在微博发布“放过它这个五岁的孩子”的表情包，借助表情包“卖惨”，降低姿态，迎合用户诉求。第二步“钉钉”自行转发哔哩哔哩UP主发布的一则恶搞“钉钉”的视频——“你钉起来真好听”，以增加了热度。之后，“钉钉”抓住时机在哔哩哔哩发布了“钉钉本钉，在线求饶”的求饶视频，在其中加入了“钉钉”自身的品牌形象。第三步借此机会入驻哔哩哔哩，与用户建立深度联系。由于这魔幻主义的掉分和自嘲自黑式的公关，“钉钉”在微博、微信等网络社交平台上的话题也一下飙升到了历史同期的最高点。

“钉钉”的公关是成功的，不仅维护了自身品牌形象，还不断提高软化用户好感度。“钉钉”将危机转化为良机，将“钉钉”的话题度提高，将“钉钉”打在人们的心中。

五、人际传播

在一些百年品牌的成长过程中，人际传播是其成功的重要原因。因为在这些品牌成长的相当长一段时间内，媒体不像现在这么发达。消费者获得关于品牌的信息，有相当一部分是靠人与人之间的口口相传。在媒体高度发达的今天，情况已经大不一样，单纯依靠人际传播来造就一个品牌显然已经过时了。一是人际传播提高品牌的知名度速度太慢。仅靠人际传播的品牌无法与其他使用大众传播的竞争者抗衡。二是产品更新太快，如果不及时快速地将产品信息传播推广出去，很快就过时了。三是产品容易复制，质量差异缩小。产品差异大时，买后感觉很重要，人际传播有利于将消费者明显的买后感觉传播出去。产品质量差异小时，消费者使用哪个品牌感觉都不会有太大差别，人际传播的意义也就不显得那么重要。

尽管如此，人际传播在局部范围内仍然很重要。特别是网络媒体高度发达的今天，人际传播有了新的形式，消费者可以透过“论坛”“博客”等网络传播形式将自己对一个品牌的满意或不满意的意见传播给他人。因此，如何消除品牌不利消息的人际传播，引导对品牌的有利传播，是品牌传播者需要加以关注的。

对于服务品牌来说，人际传播尤为重要。原因之一是服务品牌区域性很明显，人际传播的作用变大，一个负面信息可能很快就会在多数顾客中流传；原因之二是影响顾客对服务满意程度的因素很多，任何一个方面没有做好，都可能使得顾客不满，成为负面消息被传播出去。

六、社会化媒体传播

（一）社会化媒体概述

在网络信息化逐渐成为人们生活主体的今天，社会化媒体在经济生活中的重要性不言而喻，已成为企业进行品牌传播过程中不可忽略的重要载体，甚至某种程度上，社会化媒体传播的成功运用，关系到企业品牌传播的成败。近年来，以 Facebook、YouTube、Twitter、Instagram、新浪微博、腾讯微信、抖音、小红书等为代表的社会化媒体已经在各行各业掀起了新媒体的浪潮，引领着营销新时代的发展，并派生出与社会化媒体的发展相契合的众多营销传播新途径，带来了营销领域的巨大变革。

1. 社会化媒体的内涵

社会化媒体（Social Media）的概念最早由美国学者安东尼·梅菲尔德（Antony Mayfield）在其介绍社会化媒体的著作《什么是社会化媒体》（What is Social Media, 2008）中提出的，他认为社会化媒体是一种为用户提供更广阔和深层交流对话以及内容参与的线上媒体渠道。彭兰在其《社会化媒体》（2015）一书中，将社会化媒体定义为：互联网上基于用户社会关系的内容生产与交换平台。并且提出了符合社会化媒体界定的两个主要特征：一是内容生产与社交的结合；二是社会化媒体上的主角是用户，而不是网站运营商。

社会化媒体常见的主要形式包括6种，分别是博客、维基、播客、论坛、社交网站和内容社区。在国内，有新浪微博、微信、知乎、小红书等；在国外，有 Facebook、YouTube、Twitter 等，这些都是社交网络的典型代表。对于社会化媒体而言，其核心要素是“分享”。所有的社交媒体的使用者在各自活跃的博客、论坛、社交网站等网络领域，发布各类信息，按照自己的喜好任意访问其他用户的信息，通过评论、私聊等方式与之进行沟通互动，与自己的好友圈分享自己认为有趣或者有价值的信息。这种无孔不入的传播方式的出现，给企业的品牌推广带来了巨大的商机和挑战，提供了一个与消费者进行全方位接触的开放式的全新平台。社会化媒体传播彻底改变了以往的传播方式，从原来的单对多传播模式转变为现在的多对多传播模式。活跃于各类社交媒体的消费者，也从单纯的传播内容接受者变为兼具传播内容的发布者和接受者的角色。这都使得信息传播方式产生了根本性的变革。

2. 社会化媒体的特点

（1）公开性。绝大多数的社会化媒体可以让用户免费注册参与，并且鼓励人们对信息进行分享和评论，对于信息的内容除了必须符合法律规范，基本没有什么限制，并且对所有的社会化媒体使用者而言是公开的。

（2）互动性。区别于传统媒体的单向对受众采取的“广播”式传播模式，社会化媒体采用了双向沟通的模式，在传播过程中注重和消费者的互动和反馈，这些互动和反馈同时存在于媒体和用户之间以及用户和用户之间。这种双向对话的特征，正是社会化媒体强烈的互动性。

（3）连通性。社会化媒体的连通性是指通过网络链接，可以把各种媒体融合到一起，基本实现无障碍信息沟通。目前，大多数的社会化媒体都具有非常强大的连通性，并且各种社会化媒体都注重在应用连通性方面的建设，以方便用户及时分享和接受各类信息，加强信息流通的速度，减少沟通障碍。

（4）社区化。形成一个无形的社区。在这样的社区内，用户基本上具有共同感兴趣的话题，并且会分割成各种小团体，进行更加细致的交流。这种社区化使得社会化媒体的传播内容具有独特的个性特质，对于准确捕捉消费者的需求提出更高的要求。

（二）社会化媒体传播要素

在社会化媒体成为当下流行生活方式的背景下，企业如何利用社会化媒体的运作达到传播目的，在某种程度上已经成为产品或服务营销成败的关键。社会化媒体的传播过程注重无障碍的沟通和互动，网络内容的发布主体在绝大多数时候是用户自身，而非网站的工作人员。企业则希望其产品或服务的使用者能自发地通过众多社会化媒体进行推荐，这种推荐所产生的效果往往比传统的单向式传播效果要好得多。受众本身更愿意接受来自同样作为消费者的群体的推荐，对于他们而言，其具有的可信度比企业广告或者推销人员的推荐更高些。而在了解社会化媒体传播的过程中，明确其所包含的要素是充分理解其传播模式的基本要求。下文将介绍社会化媒体传播的四大要素。

1. 社会化媒体传播的主体

在社会化媒体传播过程中，各种不同的角色之间存在着不同程度的互动关系，其行为主要包括商业组织（比如企业等）、意见领袖和消费者（包括潜在消费者）。

商业组织是社会化媒体传播活动的实施者，包括广告公司、咨询公司、社会化媒体等。这些主体之间有着明确的分工，并且相互配合，进行一系列的传播活动，包括识别目标群体、品牌定位、制定营销战略、选择传播媒介、测量传播效果等。

意见领袖则兼具传播者和受传者两种角色。社会化媒体中的意见领袖一般都已经建立了自己的影响圈，在圈内不断传递自身的思想，是信息的传播者。另外，意见领袖也活跃在社会化媒体当中，接受大量其他发布者分享的信息，并且其接受的信息量往往大于普通的网民。从这点看，意见领袖又是社会化媒体的受传者。

消费者在沟通过程中主要充当信息的接受者，是社会化媒体传播的主要对象。在传统的传播模式中，产品和服务的信息通过一定的渠道单方面传递给消费者，消费者只能被动地接收。但在社会化媒体传播过程中，企业和消费者之间是互动的沟通行为，消费者在接受各类信息的同时，还可以和企业或者其他商业组织进行各种形式的在线沟通，具有一定的主动性。

2. 社会化媒体传播的客体

社会化媒体传播的信息内容，就是其客体，主要表现为产品或服务的口碑信息，即在社会化媒体介质中，消费者进行交流时就某种产品或者某项服务所提供的各类信息。这类信息的形式包括文字、图片、音频、视频等数字化文件，可以被其他用户搜索、浏览、分享、下载。值得研究的是，网络世界中的海量信息具有增长速度快、质量良莠不齐、信息虚实相间的特征。在这样一个开放而没有过滤的信息交换平台中，如何辨别信息的有效性，以及不良信息带来的负面效果，就成为重要的问题，值得深入探讨。产品和服务的肯定性的正面真实的信息，有利于建立消费者的信任度，会使该虚拟社区可信度提升，进而加大其对消费者购买决策的影响程度。比如，淘宝的买家评价，京东、当当、苏宁等的商品评论，时光网、豆瓣网的评分体系等，都对消费者选择相应的产品或服务产生相当大的影响。而产品和服务的负面或者虚假信息，则会严重影响该虚拟社区的可信度，很大程度上会导致消费者对该产品和服务产生不良印象，大大降低购买欲望，并且一旦这种负面印象形成，是比较难以消除的，企业要花相当大的代价才可能扭转和修正。所以，在社会化媒介传播的过程中，对所传递的信息进行有效把握相当重要。

3. 社会化媒体传播的渠道

社会化媒体传播的渠道对于传播的效果有重要影响。社会化媒体的传播渠道具有多样化的特征，采用不同的传播渠道，可以产生不同的传播效果。传播渠道大体可以划分为个体传播渠道和群体传播渠道两大类。

个体传播主要是个体与个体之间的信息交换，其传播渠道主要有评论、私信、在线语音聊天等。通过个体传播渠道，特定的信息只能传播给有限的指定个体。在很多个体传播的渠道中，发布消息的个体都可以选择该消息可见的个体范围，由此可见这种传播渠道具有很强的针对性。群体传播是个体在一个特定的人群中，与该人群中多个不指定的个体进行信息交换的过程。社会化媒体情境下的群体传播渠道主要分为公共主页和小组两种。公共主页主要是利用日志、相册、音乐、视频等工具展示信息，并且和关注该公共主页的个体进行互动和交流，典型的公共主页有新浪博客、新浪微博、人人网、QQ 空间等。小组是针对某一个共同的兴趣或者话题，与特定的人群进行交流的虚拟社区，比如 QQ 群、微信群聊等。群体传播具有相对集中的主题，为产品和服务信息的有效传播提供了良好的载体。

4. 社会化媒体传播的反馈机制

活跃于社会化媒体中的消费者可以针对特定的产品和服务的信息作出实时反馈，这种互动机制使得企业和消费者实现了无障碍的传播，这种反馈一般表现为口碑信息的形式。与传统的媒体传播方式相比较，社会化媒体传播具有同步性、可监控性、影响广泛性的特点。

首先，社会化媒体传播活动的反馈是即时的，具有同步效果，其反馈速度大大快于传统媒介的传播速度，企业和消费者通过社会化媒体可以进行实时的互动。其次，对于消费者的反馈信息，企业可以进行实时的监控和分析，以便在第一时间了解消费者对于产品和服务的体验或看法，从而进行不断的修正，以期在最大程度与消费者的需求相契合。最后，社会化媒体传播的影响范围非常广泛，消费者在反馈过程中，将对产品或者服务的看法或者消费体验，在社会化媒体上通过文字、图片、音频、视频等方式进行发布。这种传播活动是一个不断循环的过程，对于企业和众多潜在消费者将产生巨大影响。

（三）品牌社会化媒体传播策略

在网络时代，企业要树立自身的品牌，离不开社会化媒体。现在的社会化媒体用户的比例不断攀升，对于他们而言，社会化媒体已经成为日常生活必不可少的获取各类资讯的重要途径。企业如何利用社会化媒体传播机制，对其产品或者服务进行有效的宣传和推广，契合自身的品牌理念和品牌形象，在消费者心目中树立良好的口碑和形象，达到提升消费者购买欲望和企业获利能力的目的，成了当下企业发展的重要问题。现在，已经有很多企业都通过微博、博客、播客、Twitter、Facebook 等典型的社会化媒体应用来进行品牌内容的传播，并有相当部分已经取得了阶段性的成功。但是，由于社会化媒体发展速度十分迅猛，不断出现各类新应用，所以企业品牌要取得长远的发展，必须不断关注社会化媒体新情况，采取恰当的传播策略。品牌社会化媒体传播策略可以从以下内容进行分析。

1. 时刻关注社会化媒体及其应用和传播方式的变化和发展

在网络充斥生活方方面面的今天，快速变化是个永恒的关键词。随着时代的发展，越来越多的新的社会化媒体的应用正在不断涌现，冲击着消费者的眼球，不断改变消费者原有的习惯。比如，微信在开发出来后，就抢占了许多其他社会化媒体应用的用户资源。这类例子比比皆是。所以，企业必须时刻关注社会化媒体及其应用和传播方式的变化，及其发展趋势，以及时调整企业的社会化媒体传播方式，不断及时获得来自消费者的反馈信息，并及时向消费者传播品牌内容，这样，企业才有可能长期保持良好的发展态势。

2. 建设开放的品牌与消费者共享平台

知识共享、信息共享已经成为网络经济时代的一个重要特征。目前，知识共享协议已经就自由分享和版权法的内在矛盾建立了一套相对合理的机制，使得人们合法高效地重复使原创内容成为可能。而当原创作者把内容开放给网络世界时，其内容的价值和影响力也呈几何级数的增长。这样的传播机制，在品牌传播过程中同样适用。品牌的开放可以使得认可品牌价值的消费者，以合理的许可方式聚集到一起，对于该品牌的传播自行组织各种形式的活动，比如讨论活动、社群活动以及其他有效的传播活动。这种方式一旦被消费者采用并执行，其传播效果比传统传播方式的放大效应要大得多。建设品牌和消费者共享的开放互动平台，可以使社会化媒体的力量得到充分的发挥，取得意想不到的品牌社会化传播效果。

3. 提高从事品牌社会化传播从业人员的专业性

社会化媒体传播基于完善的数据调查和分析，与网络息息相关，因此对从业人员的要求比传统营销传播高。在涉及具体的社会化媒体传播策略的设定时，专门从事社会化媒体营销的机构由于具有专业背景和实践经验，无疑具有较大的优势，能够较大程度地帮助有需求的企业实现目标。据调查，从事市场营销工作的专业人士，对于专业从事社会化媒体营销的机构和人员有较大的认可度，认为他们是企业进行品牌社会化媒体传播成败的关键群体。可见，提高从事品牌社会化传播从业人员的专业性，是获得良好传播效果、实现特定的营销目标的重要基础。

4. 把企业的社会责任放在首要位置

网络时代的信息传播速度是惊人的，各类社会化媒体对于信息的敏感程度也是极高的，所以，企业的任何举动，都会通过这些渠道一览无余地呈现在受众面前。现在，越来越多的人开始关注企业的社会责任，企业的形象与企业社会责任的履行状况是具有密切关联的。如果企业很好地履行了社会责任，并且让消费者能感觉到企业对于社会责任的高度重视，那么对于该企业品牌的传播会有放大效应，起到意想不到的良好的宣传效果。倘若企业的行为使得社会化传播体系中的消费者觉得它没有社会责任感，无视公众的利益或者没有公德心，那么不论企业的产品做得多么完美，广告做得多么漂亮，都没办法得到消费者的认同。因此，在社会化媒体传播占主导地位的今天，企业应该把社会责任放到首要的位置上，从最高层的战略规划中体现企业的社会责任，并贯穿于经营活动的始终，才可能取得成功。

5. 整合资源，关注消费者体验，契合品牌内容进行传播

品牌社会化传播的过程具有较高的隐蔽性，在传播过程中主要是通过将品牌的符号、理念等信息有策略地融入传播内容中，使消费者在接触到这些内容产品的同时，接受并认可品牌信息。所以，如何设计品牌内容传播过程的植入方式，使品牌和传播的内容有机结合，是取得良好传播效果的重要环节。在这个过程中，要不断整合各种资源，深度介入内容产业链中，采用多种营销手段相结合的方法，形成全方位的传播态势，扩大品牌社会化传播的影响力。如何促使消费者在整个传播过程有良好的体验，也不容忽视。在进行品牌社会化传播时，既要确保品牌信息在内容产品中有着良好的自然体现，又要让消费者有足够的感知和美好的体验，二者缺一不可。

6. 充分重视和运用意见领袖的影响力

社会化媒体时代，在各类话题中孕育着相当数量的意见领袖，他们对于其他网络居民具有相当的影响力。企业要善于通过博客、微博、论坛等社会化媒体介质，发掘各类意见领袖，对其进行重点宣传，取得他们的认可，达到事半功倍的效应。当然，企业也可以培养自己品牌的意见领袖。在社会化媒体传播过程中，利用意见领袖进行品牌传播，首先要确认与品牌相契合的意见领袖，这类意见领袖可以是某个领域的专业权威人士，也可以是对于某个领域具有自己深刻见解的普通网民；其次是要确定通过意见领袖实现品牌传播的具体方案，通过改进或者改变营销的策略，透过意见领袖的影响力来实现有效的人际传播。

拓展案例

“三顿半”咖啡的社会化媒体传播

2018 年 9 月，天猫上突然出现了一个逆潮流的品牌“三顿半”，自我定位为“精品速溶咖啡”，短短几个月的时间里被众多关键意见领袖不断推荐。社交声量最终也转化成了销量，在天猫 2018 年“双 12”的活动中，“三顿半”创造了销量仅次于“雀巢”的成绩，一鸣惊人。在意向客户挖掘方面，国内类似小红书、微博和其他社交媒体上与咖啡相关的帖子是“三顿半”的“伯乐发掘地”。确定客户群体后，“三顿半”主动联系潜在的客户，并将产品寄给他们试用。“三顿半”将这些关键意见领袖称为“领航员”，并倾听“领航员”们提出的意见以用于后续产品优化（如果有几十个“领航员”都提出了相似建议，“三顿半”就会在对应方向做出精准优化）。同时，这种和不同类型用户大量、持续的沟通，也帮“三顿半”找到了第一批的种子用户。这些关键意见领袖看到“三顿半”真的听取了自己的意见，真的认真在做一个品牌，而不是做捞快钱的网红产品，于是纷纷从种子用户变成了“三顿半”铁粉，不断在社交媒体上分享“三顿半”的产品和动态。这些人极大地增强了“三顿半”的品牌势能，这就是“三顿半”在淘宝和天猫一炮而红的原因。

第四节

整合营销传播模式

一、整合营销传播的内涵

品牌信息的传播推广是一个较复杂的系统工程，品牌机构往往经过多个信息传播渠道、采用多种传播工具、针对不同的品牌利益相关者发送信息。这给品牌信息传播的效果提出了一定的挑战，如果传播的信息不一致，非但不能积累品牌资产，反而会削减品牌资产。加上竞争品牌信息传播干扰所造成的噪声，品牌机构必须要提高“声音”，这导致传播推广的成本直线上升。此时，整合营销传播成为品牌传播推广的必然选择。

美国广告协会将整合营销传播（Integrated - Marketing Communication，IMC）定义为：一种市场营销传播计划观念，即在计划中对不同的沟通形式，如一般性广告、直接反应广告、销售促进、公共关系等的战略地位作出估计，并通过对分散的信息加以整合，将以上形式结合起来，从而达到明确的、一致的以及最大程度的沟通。所谓整合营销传播，有两层含义。首先是不同沟通手段所传递的信息是一致的，共享品牌最核心的含义，清晰地将品牌定位传递给品牌利益相关者；其次是不同的沟通手段要能相互补充，优势彼此衬托、劣势互相弥补。

二、整合营销传播的要点

（一）品牌推广的重心是营造品牌关系

品牌整合推广，是为适应新的商业大环境而产生的，它是经营品牌关系的一种交互作用过程，通过带领人们与企业共同学习来保持品牌沟通策略上的一致性，加强公司与消费者、其他关系利益人之间的积极对话，以积累品牌资产。大部分的公司都过于看重内部成本的缩减和运营效率的加强，却忘记了不管是他们的一举一动，还是无所行动，对消费者、员工、关系利益人、媒体及潜在消费者而言，都具有某种程度的意义。认清这些推广沟通方面的重要性，同时努力去经营它们，这便是品牌整合推广的精髓。所以，品牌推广的重心，应是营造基于消费者的品牌关系，不只是扩大知名度，更在于增加消费者对品牌的认知度、品牌美誉度、品牌忠诚度和品牌联想。

（二）品牌推广要“以客为尊”

在卖方市场为主导的环境下，社会经济是一种短缺经济或者管制经济，但是在买方市场下，则是丰裕经济。在买方市场条件下，消费者的行为决定一切，因而，品牌推广的间接目的，就是培植与消费者或潜在消费者的良好关系。

中国的品牌经理或营销主管，常常把注意力集中在他们的营销传播工具上，忽略了起决定作用的推广或销售的对象。而跨国公司的成功，最重要的少数几个原因之一就是特别关注消费者或潜在消费者。必须明白：第一，消费者以他们的主观观念或主观情感来做决定，而非事实或品牌组织看问题的方式和方法；第二，消费者的购买决定和品牌选择，很少是出自一个人的意见；第三，消费者是以情感纽带接受亲近的人的参考意见，是以脑和心来做决定的；第四，消费者的欲望、需求和顾虑，不是长期固定不变的，而是经常变化的。营销理论界把品牌关系解释为重复销售，是以交易为出发点的想法。当紧密的关系建立起来之后，公司所得到的利益绝不止于重复销售。也就是说，如果一个既定的品牌受到消费者青睐的时间越持久，此品牌从市场上获得的收益也越大，这是因为消费者对品牌的支持越长，也就越舍得掏腰包。

（三）品牌推广的目的是积累品牌资产

汤姆·邓肯提出了一个品牌资产的表达式：推广→品牌关系→品牌支持度＝品牌资产。从这个表达式可以知道，推广是品牌关系的驾驭者。关系利益人自动整合出的系列品牌特征信息代表了他们与品牌之间的关系，因而决定了他们支持品牌的程度。邓肯总结说："将关系利益人对品牌的支持度累积起来，就构成了品牌资产。"我们利用各种媒介，采用各种方式，都是为了积累品牌资产，即使是反复强调和追求的品牌知名度、消费者满意度、顾客忠诚度等，也只是间接目的，最终目的还是品牌资产的增值。

（四）企业内部整合——建立跨职能的品牌管理机构

大卫·A·艾克曾说过，"光是拥有一个跨职能的结构，并不能保证公司一定可以整合，但是，如果没有一个跨职能的结构，则一定没有办法整合。"我们经营品牌、推广品牌与建立品牌关系的过程，不单单是品牌管理部门的事，也不单单是营销部门的事，同时也是生产、行政、财务、人事等部门的责任，因而需要建立跨职能的管理机构。

（五）品牌整合推广要求全员参与

关注品牌推广是品牌管理者的责任，但同时也是其他每一个关系利益人的责任。一个品牌绝不仅仅意味着广告和营销，它还意味着当任何人看到品牌图标或听到品牌名字的时候所能想到的任何事物。毋庸置疑，推广品牌是品牌经理领导下的品牌队伍的责任，但是，如果公司上下的每个员工都关注品牌推广和品牌塑造，那么，财务人员会考虑合作对象名声对后续盈利的影响，公司的律师开始制定一些特殊的条款以测定公司与消费者沟通中所存在障碍的合理性；公司的广告推广人员会有勇气拒绝业外人士干扰制作广告的过程；信息技术人员会考虑确保向消费者提供提高公司信誉的技术沟通方式；销售人员会遵守严格的管理制度，因为他们知道他们的言行就是一种品牌推广方式。

（六）品牌特征信息的一致性

所谓一致性，是指综合协调所有的品牌形象、品牌定位和口碑的信息。信息一致可以使一个平淡无奇的创意变得强而有力。我们知道，品牌资产是一项多元功能下的产物，它是所有与品牌有关的推广信息的结晶。要进行品牌推广，以建立品牌关系，就要先了解品牌推广和传播时企业的每一句话和所做的每一件事。对于所有接触点所传达出的品牌信息都要加以监控，检测它们是否与企业的整体品牌战略相一致。保持产品和服务的一致性，一直是一项基本的营销法则，尤其是近年来的全面质量管理更强化了这项目标。如果品牌推广所传播的品牌特征信息不一致，品牌就没有一致性可言了。品牌推广的信息与品牌组织的所作所为越不一致，品牌的核心价值就越不明确、越散漫、越模糊。就消费者观点而言，策略一致性代表品牌"不会做出令人惊愕的事情"，同时容易辨识。建立一致的品牌推广信息是整合推广的环节之一，在这个执行的阶段里，一致的要求会随着消费者群体和关系利益人团体而有所变化。品牌组织与关系利益人所进行的沟通越多，一致性的标准越个性化。中国的公司在品牌信息上普遍存在着无法执行一致的问题，原因在于它们在基础层面上没有达成共识。“除非能确保策略上的一致性，否则，即使在执行上保持了一致性，也作用不大。”汤姆·邓肯认为必须从六个方面保持一致性：企业核心价值观与企业任务、以客为尊的营销哲学、品牌识别标志的一致性、产品与服务信息的一致性、品牌定位的一致性和执行上的一致性。

（七）接触点管理

品牌接触点是指是顾客有机会面对一个品牌信息的情境。因此品牌传播主体、传播时间、内容和场景、媒介渠道、传播对象等均是影响品牌接触管理的因素。从接触管理的要求标准来说“品牌推广的关键是你能够在正确的地方、合适的时间传播适当的品牌信息”，也即是说，品牌推广必须清楚在什么时间、哪个或哪些接触点、以何种方式与消费者或潜在消费者进行接触。接触管理要求通过深度访谈理出足以推动消费者购买本品牌产品的接触清单，必须清楚大部分消费者或潜在消费者所知晓的接触点，也必须明确不同的消费群体所确认的重要接触点。这就进一步要求用心来倾听来自消费者或潜在消费者的心声，充分利用自发的接触点以建立积极而有意义的互动关系。随着信息网络和大数据的发展以及传播媒介的泛化，顾客有更多接触到品牌信息的机会。例如依托算法和大数据而出现在用户微信朋友圈的广告，出现在用户淘宝推荐首页的商品信息以拓宽品牌与用户的接触点。

（八）建立数据库

IBM 商业咨询部主管罗勃特·豪（Robert Howe）曾说过：权力一词，过去是指对信息的控制；而现在，能够提供绝佳信息管理管道的人，才是握有权力的人。品牌推广活动，比如品牌的市场调查、品牌定位、各种品牌策略分析、品牌战略的制定执行以及监控等，都以数据库为基础。从某种意义上说，数据库质量的优劣和对数据库运用的优劣决定着品牌推广的成功与否。跨国公司都特别重视数据库的建设与科学管理，它们很清楚，科学地运用高质量的数据库可以帮助品牌找出消费者或潜在消费者；可以帮助品牌追踪包括交易在内的所有互动行为；可以帮助品牌发展出有意义的个性化对话以加强品牌关系；可以帮助品牌预测市场趋势以拿出预防措施；可以让品牌的推广策略更具隐蔽性。

三、整合营销传播方案制订

菲利普·科特勒认为，成功的整合营销传播必须经历八大步骤：

（一）确定目标传播受众

营销信息的传播者必须一开始就要在心中有明确的目标受众。这些受众可能是公司产品的潜在购买者、目前使用者、决策者或影响者。受众可能是个人、小组、特殊公众或一般公众。目标受众将会极大地影响信息传播者的下列决策：准备说什么，打算如何说，什么时候说，在什么地方说和由谁来说。

（二）确定传播目标

当确认了目标受众及其特点后，营销信息传播者必须确定寻求什么样的反应购买行为是消费者进行决策的长期过程的最终结果，营销信息传播者需要知道，如何把目标受众即潜在消费者从他们目前所处的位置推向准备购买阶段。

（三）设计信息

在明确期望受众反应以后，信息传播者就该制定一个有效的信息。在最理想状态下，信息应能引起注意、提起兴趣、唤起欲望、导致行动。

（四）选择传播渠道

信息传播者必须选择有效的信息传播渠道来传递信息。在不同的阶段、不同的情况下采用不同的信息传播渠道或者渠道组合。

（五）编制总促销预算

公司面临的最困难的营销决策之一是在促销方面应投入多少费用，促销预算与销售额之间保持怎样的比例才能达到利润最优。这中间涉及短期利益与长期利益的权衡取舍。

（六）决定促销组合

每种促销工具都有各自的特性和成本。营销人员在选择它们时一定要了解这些特性，并且根据行业特色、预算经费以及传播目标来进行组合。经营消费品的公司一般都把大部分资金用于广告，随之是销售促进、人员推销和公共关系。经营工业品的公司把大部分资金用于人员推销，随之是销售促进、广告和公共关系。一般来说，人员推销着重用于昂贵的、有风险的商品以及少数大买主市场（此处指工业市场）。

（七）衡量促销结果

在促销计划得到贯彻执行后，信息传播者必须衡量它对目标受众的影响。可采用定量的方法，例如统计销售额，这是衡量受众行为最直观的方式；也可采用定性的方法，如用访谈法，询问目标受众，了解他们是否识别和记住这一信息，他们看到该信息几次，记住了哪几点，他们对信息的感觉如何以及他们对产品和公司过去和现在的态度。

（八）管理和协调整合营销传播过程

品牌机构根据所制定的品牌战略与地位以及动态更新的品牌资产图与品牌资产报告，对整合营销传播的每一个环节、每一种传播方式都跟进，以确保品牌利益相关者得到一致、完整的品牌信息。为了确保品牌信息的一致性，很多品牌机构往往采取给新品牌建立品牌使用手册的方式来确保各类传播渠道能正确地阐释品牌的核心价值与定位。

本章回顾

第一节是对于品牌传播的概述。包括品牌传播的内涵，分为品牌资产导向论和品牌形象导向论两类代表性观点；品牌传播的特点，即：（1）传播元素的复杂性；（2）传播手段的多样性；（3）传播媒介的整合性；（4）传播对象的受众性；（5）传播过程的系统性。

第二节介绍了品牌传播的过程与模式。有效的品牌传播应包括（1）确定目标受众；（2）确定品牌传播的目标；（3）设计传播信息；（4）选择传播渠道；（5）编制传播预算；（6）确定传播组合；（7）测定传播效果这 7 个步骤。品牌传播的模式，实质是品牌机构运用多种传播方式、通过一定的媒介或者直接向品牌利益相关者传播有关品牌的信息。在传播过程中，传播会受噪声的干扰，品牌机构通过对品牌资产的评估来反馈传播效果的信息系统。

第三节具体介绍了品牌传播的几种方式：(1) 视觉识别系统（VI）；(2) 广告；(3) 销售促进；(4) 公共关系；(5) 人际传播；(6) 社会化媒体传播。对于社会化媒体传播，需要了解其内涵和特点、传播要素以及品牌的社会化媒体传播策略。

第四节是对于整合营销传播模式的介绍。分为整合营销传播的内涵、整合营销传播要点以及整合营销传播方案的制定。菲利普·科特勒认为，成功的整合营销传播必须经历八大步骤：(1) 确定目标传播受众；(2) 确定传播目标；(3) 设计信息；(4) 选择传播渠道；(5) 编制总促销预算；(6) 决定促销组合；(7) 衡量促销结果；(8) 管理和协调整合营销传播过程。

课后思考题

1. 简述品牌传播的内涵。
2. 品牌传播与一般的信息传播相比，有什么不同？
3. 简述品牌传播过程的步骤。
4. 画出品牌传播的模式图。
5. 品牌传播有哪些方式？
6. 结合实际例子谈一谈社会化媒体对于品牌传播的作用。
7. 什么是整合营销传播，与传统营销策略相比，整合营销传播的优势在哪里？
8. 列举一个你所了解的运用整合营销传播策略的品牌，并简介其整合营销模式的具体应用。

课后案例

“钟薛高”——网红雪糕爆红后的传播逻辑

“钟薛高”，被称为中式雪糕中的“爱马仕”。像大部分新崛起的国货品牌一样，“钟薛高”的崛起也始于“双十一”。2019 年全渠道销售商品交易总额过亿元。年轻的“钟薛高”成为线上领先的雪糕品牌，让雪糕开启了“新消费时代”，展现了中国品牌在中高端雪糕市场的定价空间和品牌调性，并凭借线上组合装、线下单片装的销售模式，挖掘家庭式仓储消费这一细分市场，在短时间内成为行业标杆。其成功的背后绝非偶然，而是其对于品牌的步步经营。

1. 定位国潮，传播品牌文化

2018 年被称为国潮元年，像中国“李宁”“飞跃”“回力”“大白兔”“百雀羚”……这些中国老品牌受到了年轻一代的欢迎，又一次焕发了生机。“钟薛高”正是乘着这股国潮大势，用独特的“中式雪糕”概念定义了自己，刚好符合年轻一代的消费需求和文化自信。

首先，在产品名称上，“钟、薛、高”三字出自常见的中国姓氏，读起来是“中国雪糕”的谐音，品牌标志所用的字体也是传统书法。其次，顶部“回”字形结构，及极具东方建筑审美的瓦片状雪糕造型，在展现独具魅力的“中国风雪糕”之余，也形成了品牌特有的辨识度。同时，独特的瓦片设计，形成了品牌的营销壁垒，有效避免了同行的跟风模仿，凸显出产品的“高价值”，让新国潮、新国货的品牌形象深入人心，同时树立了品牌的差异化价值。而中式雪糕的概念，也迅速占领用户心智，成为了品牌的无形资产。在产品系列开发上，“手煮茉莉”“清煮箬叶”等，在原料和概念上，也都具有浓重的中国风色彩。2020 年 1 月，“钟薛高”还将国家首批非物质文化遗产——朱仙镇木版年画搬上了冰淇淋杯，奉上了不羁一格冰淇淋新年限定款，将国潮玩出了新高度，收获了大批年轻粉丝的好感。

2. 瞄准销售渠道，提升品牌势能

从 2017 年“天猫”推出“小黑盒”新品专属通道起，“天猫”就致力成为新品牌的发声地。事实上数据也表明了这一切——截至 2018 年，全球知名品牌超过 60% 新品选择“天猫”首发。如今，天猫已当之无愧成为全球品牌新品首发第一阵地。“钟薛高”诞生在天猫，一开始就借力了平台势能，提升自己的品牌势能。

2018 年 5 月 3 日，“钟薛高”天猫旗舰店正式上线，当月推出了自己的首款产品。半年后，“钟薛高”在“双十一”期间异军突起，一举斩获当年天猫冰品类目销售第一。同时，一款名为“厄瓜多尔粉钻”的雪糕横空出世。这款雪糕的粉色巧克力由来自厄瓜多尔的天然粉色可可制成，极为稀缺。它以 66 元一片的天价在“双 11”零点准时限量发售，15 个小时里，2 万片“厄瓜多尔粉钻”一售而空。这一战，“钟薛高”品牌成功出圈，奠定了其“雪糕界爱马仕”的地位。成功的爆款和卓越的业绩赢得了用户的追随，获得了行业知名度，又向天猫平台展示了实力，赢得了更多资源。

3. 拥抱社交媒体，实现裂变传播

“钟薛高”的爆火基因，离不开小红书关键意见领袖的背书，他们真实的体验，形成了 1 万多篇对“钟薛高”的推广和测评，帮助品牌吸引用户的注意，实现有效触达并促成了转化，快速形成了从品牌推广到购买的闭环。

小红书上庞大的年轻用户，拥有极强的制造流行和热点的能力，可以让新品牌在短时间内获得大范围的关注，同时还能及时反馈产品存在的问题与不足。这让很多新兴品牌都把小红书作为了重要的内容营销阵地，“钟薛高”也不例外。2018 年 5 月 20 日，“钟薛高”首批产品上市，差不多同一时间，钟薛高就投入了在小红书的推广，找到了大量的小红书意见领袖，让他们去体验产品，在平台上发布自己的感受。短短两三个月，“钟薛高”在小红书上累计有 4000 篇笔记，是当时平台上食品类笔记数最多的一个品牌。小红书、微博、抖音、各社交媒体上的迅速扩散让品牌找到了第一批种子用户，并完成了前期大量的用户教育工作。在小红书首个线下体验店开业时，“钟薛高”也是首批入驻的雪糕品牌。

4. 跨界联名，实现品牌借势

在钟薛高看来，跨界联名并不只是在包装上打上品牌合作双方的标志，它有更高的要求，它在产品、话题和内容上找突破；别人做“1 + 1”的跨界，“钟薛高”就做“1 + 6”的跨界，做出一个跨界矩阵。

2019 年“双 11”之前，“钟薛高”一口气找了 6 个比它实力更强、影响力更大、更经典的品牌。在合作前期，“钟薛高”和各品牌谈得很清楚，不是为了跨界去跨界，也不是为了凑一个产品，而是要认认真真地去推，对大家都是一次品牌提升。为此，团队在联名产品上花了三四个月的功夫，投入了很高的研发成本，以保证联名的“货真价实”，比如跟泸州老窖联名的“断片”雪糕，那里有真的白酒；和“三只松鼠”联名的“大鱿鱼”，也真的有鱿鱼；和“小仙炖”联名的“燕窝流心”，也真的有燕窝。2019年，“双11”联名，7个品牌纷纷投入了各自的明星、代言人、关键意见领袖以及各自的传播预算，共同推广。“双11”当天，这种复合能量产生了共振，在网络上形成了巨大的外围声势，仅仅一个小时，两万片联名雪糕全部售罄。

5. 布局线下店，拓展营销场景

线上线下一体化是品牌的必经之路，是建立品牌势能的关键，也是区别竞争对手的重要标志。

2019年，“钟薛高”的一大动作就是开线下店，从线上渠道拓展到线下场景。虽然“钟薛高”线上占领了优势，但线下消费才是雪糕主赛道线下场景离用户更近，能很好地补充用户需求。2019年6月，“钟薛高”在上海人民广场推出“生如夏花”快闪店进行试水，获得了大量关注。短短2个月后，“钟薛高”就迎来了在上海首个体验式大店的开业。如今，“钟薛高”已经在上海、成都、杭州、深圳等城市开出了十多家门店。这些店铺的选址，多在中高端商场、热门商圈和城市地标，这既符合“钟薛高”的品牌定位，店址又处于巨大的流量中心，能起到广告效应。

更重要的是，“钟薛高”打破了国产雪糕“只有冰柜，没有门店”的历史。过去只有“哈根达斯”“DQ”等洋品牌才有自己的专卖店，国产雪糕都是在商家的冰柜里。“钟薛高”的中式雪糕的体验店装修精美，消费者可以一边拍照打卡，一边慢慢品尝。甚至，“钟薛高”门店没有任何一家是一样的，千店千面，更让消费者感受到它的与众不同，创造了独特的品牌认知。

今天，“钟薛高”已经开始全面布局线下，除了旗舰店，还开始覆盖精品超市、便利店、快闪店、摊位店、外卖等渠道。2021年还将布局智能冰柜、自动售货机，与线上渠道形成互补和合力。

不过，年轻的“钟薛高”想要持续走红，需要在迎合用户喜好以维系品牌与用户之间的关系与持续创新间进行把控，将这一切变成品牌持续走红的砝码，走出具有“钟薛高”特色的营销之路。

案例思考题

1. “钟薛高”采用了哪些品牌传播的方式？
2. 你认为网红品牌能持续保持品牌活力吗？

第十章

品牌创新

【学习目标】

1. 理解品牌创新的含义、特征和意义；
2. 掌握品牌创新的动因；
3. 了解品牌创新的风险和控制；
4. 理解品牌创新管理的一个概念、二项原则、三条主线、四类控制手段、五种监控方法和六大管理知识；
5. 能够运用品牌创新理论分析品牌经营实践中的一些重要现象。

【导入案例】

从华为看企业品牌创新：如何引领企业实现再突破

创新是品牌的源泉，决定了一个企业能在市场激烈竞争中走多远。品牌价值是公司占据市场赢得财富的关键。一个有价值的品牌不仅能刺激消费者需求，同时也让品牌具备极强的定价能力。

2018年度全球品牌价值排行榜正好出炉，其所进行的品牌价值评估主要通过品牌为所属企业带来的财富价值等维度来进行。入选条件十分苛刻。上榜的品牌公司全都是全球开展业务的跨国性公司。中国企业上榜很少，只有华为、联想两家企业。

华为一直奋战海外市场，有目共睹，目前有超60%的盈利来自海外。《壹观察》分析认为，产品不断迭代升级、长期的产品和研发投入、坚定的国际化目标，以及面向消费者的品牌投入，是决定华为品牌转型与成为全球品牌的重要原因。

1. 坚定不移的产品升级

正当中兴、联想、酷派等企业纷纷进行价格战，以争抢运营商市场打得头破血流之际，华为宣布向高端和公开市场进行转型。

随后华为不断推出P系列、D系列、Mate系列等高端机型，并最终在2014年通过Mate7引爆高端市场获得了满堂彩。

2. 长期的产品和研发投入

华为每年至少投入销售收入的10%用于研发，是中国企业中在移动专利技术和专利储备最丰富的企业。华为手机业务仅一年投入研发就超过12亿美元（超过70亿元人民币）。

同时，华为消费者业务在全球整合了16个研发中心，其中包括美国研究所的射频、芯片研究中心，以及欧洲研究所的5G研究。在5G技术领域，华为一直采用开放创新的方式推进研发。华为在2009年启动了5G早期研究，一种新技术的发展，一般分为研究、标准、产品开发和部署4个关键阶段。

2019年之前，5G属于产品开发阶段。“2G时代华为是照着国外产品做，3G时代我们跟着国际标准做，4G时代我们参与了标准的制订，5G时代华为有了充足的积累，可以在标准制订之前就进行早期投入，推动全球发展统一的5G标准。”华为童文博士说。

在关键的核心处理器方面，华为是目前唯一实现自主移动处理器的国产手机品牌，在产品研发推出节奏、核心供应链供货、硬件与软件协同方面确立了至关重要的优势。

3. 面向消费者购买正确的品牌投入

相比于产品和渠道，品牌是产品的软实力，从来就不是一蹴而就的事情，而且一开始就必须精准。一旦用户形成下意识之后，好的品牌可以提高产品溢价能力，反之则只能靠价格战争夺份额。

相对于竞争对手重金投入明星代言或电视综艺节目，或者依靠互联网和社交平台通过大打“口水战”搏眼球，华为则采取了针对不同市场进行精准营销的策略。比如在中国市场，华为在不同传播渠道和媒体进行了分类布局，在机场等高价值用户聚集地与互联网社交平台重点投入。

由此可见，通过以上诸多努力和布局，华为整体综合能力迅速提高，拉升了华为品牌在全球大众消费市场的影响力。

品牌就是价值，品牌就是定价权，品牌认可的范围越广，获利就越多。随着国内企业加大市场布局，以及品牌升级转型，华为终端业务过去经历的教训和经验，都值得研究和借鉴。

在现代科学技术的引领和推动下，人类社会正经历着从工业社会向知识社会的快速演进，由于品牌对经济建设贡献的高增长性及其对国家形象的高认同性，品牌创新自然而然成为推动整个国家、地区经济增长和企业自身高端发展的主要手段，品牌创新所能达到的水平和能力在相当程度上影响企业的整体实力和未来的竞争力，且越来越能够成为企业资源结构优化的核心内在动因，它既是企业生存和发展的源动力，也是企业最终能否提高经济效益、实现集约经营的必由之路。在现代社会，科技日新月异，市场需求变化无常，竞争日趋激烈，政府方针政策不断调整。无论是一般品牌还是知名品牌，如果不能适应变化的环境，就会被市场淘汰，这是商界的生存法则。品牌要不断得到发展壮大，最有效的手段就是创新。竞争中的赢家必定是那些最先认识到新思想并付诸实践的品牌所有者。实践证明，任何一个世界知名品牌都是长期积淀和艰苦创新的结果。

对于一个国家而言，大中型企业的发展状况及其核心竞争力对于国家整体经济发展和综合国力的提升具有决定性的作用，这些国家重点扶持和依赖的优秀企业不仅是一个国家经济发展的中流砥柱，也是推动国家自主创新和技术进步的中坚力量。因此，通过了解和分析品牌创新的重要性以及主要内容、方法，把握企业自主创新能力的状况，对于提高我国企业对品牌创新的重视，进一步探讨其发展路径具有重要的指导意义。

第一节

品牌创新概述

一、品牌创新的含义

由于行业、职业的不同，人们对创新的理解也各不相同，不过有一点应该是相同的，那就是：创新必须使原来事物在原有基础上出现新的亮点，这种亮点表现为每个对应点出现的各种内容与形式的改变。

“创新”是美籍奥地利经济学家约瑟夫·埃尔斯·熊彼特（JosephAlois Schumpeter）在他于1912年所著的代表著作《经济发展理论》中首次提出。在这本书中，熊彼特认为所谓创新就是“建立一种新的生产函数”，即“把一种从来没有过的关于生产要素和生产条件的新组合引入生产体系”。他把创新概括为五种类型：生产新的产品；引入新的生产方法和新的工艺过程；开辟新的市场；开拓并利用新的原材料或半制成品的供给来源；采用新的组织方式。在此之后的20世纪30—40年代，他相继在其《经济周期》和《资本主义、社会主义和民主》这两本著作中进一步完善了这一理论，最终形成了以创新理论为基础的独特的理论体系。

目前国外对于品牌创新的研究主要从品牌技术创新和品牌制度创新两个方面继承和发展了熊彼特的“创新理论”，很多学者将品牌创新的视角定位在品牌创新对于经济增长作用的研究，对品牌创新的类型、决定因素等方面提出了十分有价值的观点和论述。而我国关于创新理论和企业品牌创新的研究起步较迟。自20世纪70年代末，我国一些经济学家对这一领域有所涉足。在40多年的研究中，初步形成了我国的创新理论体系，对于实际的创新工程起到了积极的指导作用，直接推动了国家创新工程的实施。

拓展案例

“品牌创新”的多角度定义

从宏观角度来看，品牌创新是指通过基础研究、应用研究和开发研究，以产品创新为龙头，积极开发和应用新思维、新技术、新信息、新渠道和新方法，为品牌发展提供新的品牌经营体系。从广义的角度划分，品牌创新主要包括以下几个方面的研究：品牌文化研究、创新方法研究、经营管理研究、市场营销研究、产品开发研究、生产工艺研究等。

从微观的角度来看，品牌创新是指根据企业和品牌发展的需要，以创新思维和技术实现为手段，整合综合资源，开辟最新市场，挖掘品牌应有的独特的价值。根据企业的具体定位、状况以及需求，结合市场的变化和趋势，以满足顾客需求为目标，实行对企业的品牌识别要素重新整合。品牌识别要素主要包括品牌的名称、品牌标志（标识）、基础产品品类、生产技术、企业服务理念、企业宣传策略、终端陈列展示等。品牌的每一个识别要素都可以作为品牌创新的抓手，实施品牌的创新。

从狭义的角度划分，品牌创新主要包括以下几个方面的创新：品牌理念的创新、品牌形象的创新、品牌诉求的创新、品牌架构的创新和品牌产品的创新。

国内外学者对品牌创新的定义有很多种，分别从不同的角度对品牌创新进行定义。本书引用朱力（2015）对品牌创新的定义，即：品牌创新是指企业以市场为导向，以培育和发展竞争力强的知名自主品牌为目标，根据国家发展战略、市场竞争压力和自身持续发展的需要，在维护品牌特性的基础上创造新的品牌、创造品牌新的应用，以实现品牌价值增值的管理过程。主要包括：品牌观念创新，品牌表征（即名称、术语、标记、符号、设计、包装或其组合）创新，品牌基础（产品、服务、技术）创新，品牌价值（即企业的经济价值、战略价值、管理价值和顾客的功能价值、情感价值）创新，品牌传播创新和品牌管理创新等。

二、品牌创新的特征

创新是企业发展的不竭动力，也是企业增强核心竞争力的关键。品牌的创新是企业永恒的话题，从产品创新、技术创新到品牌创新，品牌在不断创新中焕发着生机和活力。

品牌创新要以市场为导向，扎根市场，才能实现创新目标和创新意义。品牌创新是一个系统工程，需要以企业为核心的各方面的密切配合，追求 1 + 1 > 2 的整体效应，达到科技创新与经济效益的融合。品牌创新持续行为保持的开放性特征，要求要适当地与外部环境中的其他主体合作，引进、借鉴外部品牌的技术、管理、制度等方面的经验为我所用，推动实现品牌创新的多元性，即品牌创新主体的多元性、品牌创新对象的多元性和品牌创新效应的多元性。当然，品牌创新也是一项具有风险的活动，因为企业的资金投入大，人力投入多，品牌创新后市场接受程度又具有高度不确定性。

三、品牌创新的意义

品牌创新越来越被政府和企业重视，是具有理论意义和实践意义的。就我国目前面临的国际、国内环境而言，品牌创新具有重大的现实意义。下面从国家经济的需要、企业生存的规律和消费需求等几个层面，阐述品牌创新在各层面中的意义。

（一）品牌创新成为国家竞争的主旋律

综合国力竞争的焦点是科技，科技的本质在于创新。现代化强国，首先要求是经济强国。确立企业创新的主体地位，着力提高企业的自主创新能力，使企业真正成为技术创新的主体，是建设创新型国家的根本所在和关键。只有不断增强自主创新能力，才能改变关键技术“卡脖子”的局面。

品牌是国际竞争的锐利武器之一，强势品牌对国家而言，具有较高的经济价值、文化价值和政治价值。品牌创新是我国由“制造大国”向“智造大国”和“创造大国”转变的必由之路。我国虽然是世界第二大经济体，但多数企业缺少自主核心技术和自主品牌。打造中国品牌，给提升国家竞争力赋与新动力，才能保证可持续发展。

（二）品牌创新是企业谋求长期生存的必由途径

对现代企业而言，创新越来越成为企业发展的核心原动力，并逐步成为企业竞争力的不竭源泉。美国哈佛商学院教授迈克尔·波特（Michael Porter）创立的价值链分析方法中认为：企业核心竞争力和持久竞争优势由企业在价值链上的战略环节决定。企业价值链各环节的价值可以形象地描述为一条“微笑曲线”（如图 10－1 所示）。

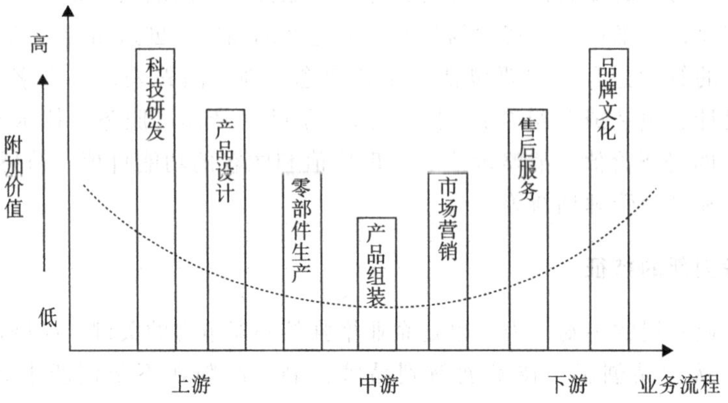

图 10－1 企业价值链——微笑曲线

品牌创新对一个企业来说，是生产力、营销、管理、文化等综合发展水平的重要标志，品牌创新既是企业的无形资产，能够为企业创造巨额利润，又是一个企业的有形生命和命脉。古今中外著名企业都有一条共同的经验：经历技术引进、模仿跟随、自主创新等阶段，不断积累创新能力，最终以自主创新为主推动企业持续发展，占据国内国际市场领先地位。品牌创新是企业成为技术领先者和市场领袖的必由之路。

（三）品牌创新是满足消费需求、提升人民生活质量的保证

消费需求的多样性、多层次性和消费需求的高质量、强体验特点，亟需品牌创新的跟进和满足。中国消费者的收入水平不断提高，文化教育素养不断提升，消费需求层次

不断从低级向高级发展，不断从功能消费向情感消费、体验消费发展，只有中国企业的民族品牌创新，才能及时跟上消费需求变化的步伐，并引导消费需求向科学、合理的方向发展。

消费者需求的多变性决定了企业必须在现有品牌下不断开发新产品、新服务、新体验提供给顾客，或创建新品牌满足顾客新需求。开展品牌创新活动能优化产业的产品结构，利用品牌效应广拓融资渠道，获得自身发展壮大所需的巨额资本，壮大品牌声誉，实现品牌资产扩张，实现品牌经济创新与品牌文化创新的统一。

第二节

品牌创新的动因

经济全球化、市场化、信息化的发展，政府方针政策的变化，消费需求的复杂化、多变性，使品牌的市场寿命周期越来越短，品牌忠诚度越来越低。企业本身也会在战略重点或经营方向上采取各种行动或做出各种改变，对品牌推向市场的方式进行或大或小的调整。品牌要顺应这些变化每天进步，才能富有活力。墨守成规、停滞不前的品牌会失去生命力。动因，可以理解为行动上发生变化的根本原因。任何事物发生变化都需要一个十分充足的理由，作为品牌创新这一企业理性行为，必须外在推力和内在需要两者相结合，即为品牌创新的动因。综合来看，品牌创新的动因主要有以下几个方面。

一、品牌的老化

法国卡普菲勒教授认为，品牌老化有两层涵义：（1）品牌缓慢地、逐渐地退化。指的是由于内部或外部的原因，品牌在市场竞争中出现知名度和美誉度下降、销量萎缩、市场占有率降低等品牌衰落现象。品牌老化并不是品牌突然死亡，而是随着时间的推移逐渐表现出下滑的态势。（2）品牌消费者形象老化。由于品牌缺乏新意，导致新的消费者没有参与到该品牌的购买当中，品牌吸引的仍然是原来那批忠实的顾客。随着忠诚顾客年龄的增长，品牌的消费者形象也逐渐老化，于是品牌从一个充满生机的品牌变成了一个老态龙钟的品牌。

品牌因为逐渐老化最后退出市场的例子不胜枚举，中国最有价值品牌排行榜上曾经的七连冠品牌（1995—2001 年）红塔山从 2002 年开始，品牌价值逐年缩水，到 2015 年在“中国 500 最具价值品牌”排行榜中已完全消失，由此可以判断该品牌已经完全老化。再如“王麻子”剪刀创始于清代顺治年间（1651 年），已经有 300 多年的历史，然而北京王麻子剪刀厂捧着这块金字招牌却连年亏损，勉强撑到 2003 年 1 月终于向法院申请破产。过去曾经耳熟能详的品牌至今大多已经难觅踪影，外国企业的品牌同样如此，曾经的复印机之王施乐、法国护肤品绿丹兰等现在也都消失在公众视野中了。

二、市场竞争的压力

市场的竞争归根结底是品牌的竞争。根据迈克尔·波特分析行业竞争的“五力模型”，企业面临的竞争力量表现为：进入威胁、替代威胁、买方议价能力、供方议价能力和现有竞争对手的竞争。“物竞天择，适者生存”既是自然规律，也是社会规律。竞争的焦点是争夺顾客，划分市场势力范围，各方都力图瓜分到尽可能大的市场。竞争的结果必然是优胜劣汰。任何企业，无论规模多大、技术基础多好、现有品牌的知名度多高、竞争优势多明显，都不能保证其现有竞争地位的稳定，都有被其他企业超越的可能性。

市场竞争是一种胁迫力，迫使竞争各方研发和采用先进的科技成果，创建和创新自主品牌，以谋求生存空间或扩大竞争优势。而市场竞争强度和公平性不同，将会导致企业品牌创新动力的大小不同。为了保证竞争压力有效逼迫企业的品牌创新行为，必须强调竞争的适度性与规范性。竞争强度过弱或过烈，要么不足以激发创新行为，要么会削弱企业创新实力而使企业无力创新。不正当、不公平、不规范的竞争，会引导企业通过争取特权而不是艰苦的创新活动取得市场垄断地位和竞争优势，从而难以对品牌创新活动形成信心、勇气和热情。

三、科技变革的推力

科学技术是生产力，是生产方式中最活跃、最革命的因素。科学技术总是在不断地运动和发展，不断应用于生产，成为推动生产基础变革的强大动力。科技之所以能够成为推动品牌创新的动力，是由科技的特性决定的。当科技成果积累到一定程度，会出现主动创造需求的情形，从而推动创新主体利用技术成果完成创新活动。科技系统具有自我淘汰、更替的特质，到一定程度新科技会取代旧科技。科技进步推动创新的途径主要有：新科技思路诱导、技术轨道、技术预期和输入推动。科技推动力的作用效果好坏很大程度上取决于创新主体对技术的选择。因为技术应用是有风险的，技术只有与市场匹配，才会获利丰厚，否则，则会使创新活动失败。

四、市场需求的拉力

市场是生产者和消费者之间交换关系的总和，是品牌创新得以最终实现的场所。市场需求则是品牌创新活动的导向器，是品牌创新活动的起点和归宿。需求可以拉动品牌创新的根本原因在于品牌化的产品满足了人们的需求，是满足人们需求的基本手段。这里的需求是广义的需求，既包括居民和集团的消费需求，也包括生产需求；既包括现实需求，也包括潜在需求。新旧需求的更替及需求规模的增加都可能拉动并维持品牌创新，创新满足需求的同时诱发新的需求，从而拉动新一轮创新，循环往复，使得需求拉动成为品牌创新的持续动力。

五、企业利益的原动力

企业家和企业员工对企业利润持续增长、企业持续发展及自身物质利益、精神利益的追求是品牌创新的原动力。利益是人类社会活动的归结点。不同社会形态主要表现为利益分配机制的不同，追求利益是社会发展的原动力，也是创新的原动力。实践证明，西方国家知名品牌之所以能够不断获得创新的动能，根本原因就是善于操纵物质利益杠杆，驱动企业相关利益者投入到创建品牌的活动之中，从而形成品牌创新的强大力量。

要保持这种动力的持久性和强大，必须把企业利润增长、企业持续发展与企业家和员工的切身利益紧密联系起来，形成品牌创新的企业家和员工的利益驱动。

第三节

品牌创新的风险及控制

尽管“创新”受到人们热情追捧，但在现实经济生活中，创新却是一把隐含风险的双刃剑。品牌创新的风险属于投机风险，创新主体希望通过成功的品牌创新获取期望的利益。与此同时，品牌创新风险还是一种动态风险，即由品牌创新系统的外部因素或内部因素的变动，如经济、社会、技术、政策、市场等因素的变动，研究开发、市场调研、市场营销等方面的管理不到位，均可能导致风险的发生。因此，研究品牌创新风险，树立风险意识，完善风险管理，对于品牌创新活动具有必要而积极的意义。品牌创新风险在某种程度上是可以防范和控制的，通过对品牌创新这一有目的、有组织的技术经济活动的管理，能防范和控制风险损失的发生和蔓延。

一、品牌创新的风险

在具有探索性的创新过程中，必然会受到许多可变因素以及事先难以估测的不确定性因素的作用和影响。

（一）品牌创新风险的来源

品牌创新风险因素会影响品牌创新结果，使其具有不确定性，而了解品牌创新风险来源，是为了可以从源头掌控和规避这种不确定性。一般来说，品牌创新风险的源头来自品牌内部和品牌外部两个方面。

1. 品牌内部风险来源

品牌创新风险的内部来源是指来自企业内部的不确定因素。如：品牌定位失准、企业文化缺失、产品研发失败、技术结构失衡、生产工艺落后、运作管理失当、营销策略失利、资金供应断裂、核心人才流失、物流系统失灵等。只要以客观角度进行分析，细心观测每一个品牌创新的运作环节，检验其执行现状与创新目标之间的差距，就可发现隐藏其中的风险因素。

2. 品牌外部风险来源

品牌创新风险的外部来源是指来自企业外部的不确定因素。导致品牌创新风险增加的外部因素归纳起来包括：融资体系不健全、行业现状不景气、相关政策限制、对外贸易壁垒、消费市场不规范、同行业恶性竞争以及知识产权保护等，它们可导致市场秩序的混乱。因此，随着市场竞争日趋激烈，企业在进行品牌创新之前，必须通过市场调查研究对其外部环境及其可能存在的风险做出充分而理性的分析，对创新设想进行评估，切实按照目标顾客的需求和企业发展战略的要求开发新产品，制定和实施有效的市场营销策略，始终致力于完善品牌创新管理和风险管理，防范和控制创新风险，使技术创新活动实现其目标。

（二）品牌创新风险的表现

由于行业跨度巨大、品牌体系复杂，品牌创新可能遭遇的风险众多，以下从市场、团队、资金和管理四个角度分析品牌创新风险的主要表现。

1. 市场表现

品牌创新的风险首先是由市场的不确定性带来的风险，市场风险也是经济体系中最常见的风险之一。从宏观上来看，市场风险包括经济周期风险、国家政策风险、银行利率风险、国际汇率风险、上市公司经营风险、社会购买力风险、流动性风险等不确定因素，它们的存在不可避免地会对品牌创新的运作产生不同程度的影响。宏观市场风险是通过一系列市场参数的波动性反映的，这些市场参数包括利率、股票指数、汇率等。从微观上来看，市场风险主要来自金融货币市场、行业发展趋向、同行业竞争对手以及消费倾向转移，它们通常通过一系列不稳定数据反映出来，这些数据包括销售报表、顾客流量、市场排名等。

2. 团队表现

随着社会分工越来越细化，个人单打独斗的时代已经结束，团队合作提到了管理的前台。为了实现品牌创新这一战略目标，企业必须要有优秀的创新团队作为支撑，因为创新人才是品牌创新的核心要素之一，即那些从事原创性研究、并能让研究成果为人类服务的人才资源。品牌创新风险在创新团队的运作和管理方面体现为：团队成员理念分散、管理者培植亲信提防异己和品牌创新团队因没有良性竞争机制而拒绝竞争等。

3. 资金表现

品牌创新风险的资金表现主要是指由于资金不能适时供应，或资金供给断裂而导致整个创新计划流产的可能性。品牌创新资金风险包括建设资金、流动资金以及营销资金的不确定性，这一风险主要取决于企业的资金筹集能力和资金控制能力。

4. 管理表现

管理风险是指企业在创新过程中因管理不善而导致创新失败所带来的风险。企业管理的风险一旦发生。不管如何积极应对，最低限度的负面影响是增加企业成本，重则引发品牌创新项目的全盘崩溃。为了降低管理上的风险，品牌创新过程必须引进风险管理手段，即如何在一个肯定有风险的环境里把风险减至最低的管理过程，其中包括了对风险的量度、评估和应变策略。因此，通过风险管理识别风险、规避风险、控制风险和化解风险，是现代企业管理体系中不可或缺的重要组成部分。

（三）品牌创新风险的防范方法

风险防范是应对和规避风险的方法，指通过计划的变更来消除风险或风险发生的条件。风险防范并不意味着完全能消除风险，所要防范的是风险可能造成的损失。保护创新计划的目标最大限度地免受风险的负面影响。一般来说，防范风险有两个原则。一是要事先认识风险的来源、种类和程度，按照一定的排序，降低风险发生的机率；二是要根据事态的进展情况，加强监控力度，实时调整创新计划，降低风险危害的程度。在此基础上，从分析创新项目、规范合同程序、重视市场导向、抓好可行项目四个方面，防范可能遇到的风险。

1. 分析创新项目风险

在项目提出之前，对于风险防范所作的工作大多局限于风险分析法，这些方法对风险的分析有一定意义。所有分析法都集中体现了风险管理的思想，即识别资产的风险并将风险降低到可接受的水平，以此证明管理者所采用的安全控制措施是恰当的。风险分析的途径包括核对基于经验和记录的判断、流程图、集体讨论、系统分析、情况分析和系统工程方法。所使用的方法将取决于所分析项目的性质和风险的类型。品牌创新项目的风险分析方法常分为定性分析法、半定量分析法和定量分析法三种，其中，定量风险分析法是在定性风险分析法的基础上实现的，半定量分析法则是上述两者的组合。风险分析的操作范围可以是整个组织，也可以是组织中的某一部门，或者独立的信息系统、特定系统组件和服务。在实际进行创新项目风险分析时，较多采用基线分析法、详细分析法和组合分析法。

2. 规范合同程序

在系统或项目通过了安全性分析的基础上，组织与组织或组织与个人之间可以签订相关的合同。在法律法规不够健全的情况下，随着企业的发展和品牌创新项目的增多，经济纠纷开始多了起来，由于合同的不规范而造成的品牌创新计划的风险也与日俱增，这将恶化经济环境，打击企业信心，严重损害品牌创新计划的顺利开展。在工作中企业要建立正确的合同意识、执行规范的合同程序，主动严格规范合同及其一系列后续事务，就能从相当程度上改善这一现象，借助法律的力量，为品牌创新活动保驾护航。

3. 重视市场导向

绝大多数品牌创新行为的实质是企业以创新为手段，谋取品牌名义下更多利益的市场经济行为之一。在市场经济环境下发生的经营行为必然会受到市场需求的驱动，没有市场需求就没有品牌创新。既然品牌创新行为是市场经济的产物，就必须重视市场导向作用，建立市场导向意识、利用市场导向工具。

4. 抓住可行项目

保证品牌创新活动正常开展的体系由项目体系、支持体系、工作体系三大部分组成。其中，项目是实现品牌创新计划的主要抓手，支持体系和工作体系是保证项目顺利进行的基础。一个完整的品牌创新计划往往由一组具体的项目。尽管这些项目都是从品牌创新需要的角度提出的，但是每个项目实施的基础条件和配套条件并不完全一致，有时存在很大差异，项目之间还有承上启下的逻辑关系。因此，选择什么样的项目、在什么时候、用多少资源、以什么方法着手一个具体项目，与品牌创新计划的效率和效益有很大关系，也能一定程度地化解风险的压力。

拓展案例

抗击新品牌起飞之后的三大风险

2020 年 12 月 16—17 日，2020 创业邦 100 未来商业峰会暨 2020 创业邦年会在北京举行，特劳特中国公司管理合伙人李湘群作了主题为《企业“起飞”之后……》的精彩演讲。以下为演讲摘录。

对于“喜茶”“完美日记”“元气森林”等新锐消费品牌快速崛起，李湘群认为：其起飞的原因可以归结于创新产品、聚焦渠道和率先收割流量红利，但也面临止步于产品创新陷入“风尚化”、依赖流量红利困于流量平台和巨头跟进收割沦为创新先烈的三重风险。新品牌如何抗击并化解风险，摆脱昙花一现的命运？李湘群给出了三点建议。他认为，企业想要基业长青，“始于创新，成于定位”。

1. 新消费品牌起飞的原因

从特劳特的视角来看，我们总结新消费品牌的起飞有三个原因。

第一，创新产品，开辟新赛道。无论是大赛道还是细分品类，这些新消费品牌都有产品的创新。创新是起飞的必要条件，没有创新，企业是没有办法起飞的。一些已经很拥挤的赛道依旧可以做出创新，比如“书亦烧仙草”，开创出以烧仙草为主的奶茶产品，“小蓝象”开创出排汗睡衣。

第二，聚焦渠道，抢占第一。这些新消费品牌都做了一件很正确的事情，就是聚焦某一个渠道。这个渠道有可能是天猫、京东，也有可能是小红书，甚至有些企业会聚焦在B站。他们的目的就是“我要在这里抢占第一”，一旦在某个渠道抢占了第一，那么影响力就比别人要大得多。

第三，强化数字化营销，率先收割流量红利。对于初创企业来说，数字营销非常重要。那些起飞早的企业，已经很好地收割了流量红利，占据很大的优势。

2. 品牌起飞后的三重风险

一个新品牌起飞之后，会引来很多竞争者。企业起飞之后，会发现原来的经验不一定能继续有效。在发展过程中，经常会面临以下三重风险。

第一，止步于产品创新，陷入风尚化。我们看到很多品牌在红极一时之后便迅速衰落，这就是所谓的“风尚化”。流行趋势一波又一波过去，很多人会觉得这就是规律。但是作为企业家，有责任让基业长青，要去抵抗这样的规律，就像飞机飞行过程中始终要去抵抗地心引力。

第二，依赖流量红利，困于流量平台。很多企业家都有流量焦虑，花很大资源和精力做数字化营销，这当然没有错。但如果仅仅依靠流量红利，最终会受困于流量平台，变成流量平台的打工人。今天的流量平台和传统时代的大卖场渠道非常相似——流量费用越来越高，平台还要求入驻商家不断打折，钱都被平台赚走了。

第三，巨头跟进收割，沦为创新先烈。品牌起飞之前无人关注，起飞之后最大的威胁就是被巨头收割。创新让巨头一复制，企业的优势就没了，创新者就会变成先烈。

3. 抗击风险的三点建议

基于特劳特长期研究企业战略的收获，我给大家三点建议来抵御上述三重风险，确保起飞后能够持续飞行。

第一，将创新优势转化为战略优势。没有创新，企业不可能起飞，但是仅仅有创新，或者所有的动作依赖于创新也是不行的。一方面，创新非常难，不会一直都有，如果一直期待大创新出现，企业就会非常困难，有时候根本就等不到。另一方面更重要的原因是，创新有很多方向，有些创新是好的，有些创新是具有破坏性的。我们一定要把创新的优势转化为战略优势。这里首先要解决的问题是起飞之后要飞向何处，然后企业围绕这个方向进行创新。

第二，从流量式增长到定位式增长。流量式增长非常诱人，特别是在创业初期，这是企业起步的基础，一定要用好它。但是当企业起飞之后，就不能再一直依赖于流量式增长，而需要围绕定位去实现符合战略方向的增长。流量带来的增长有三种，一种是肌肉式增长，符合企业发展方向；一种是肥肉式增长，只是虚胖而已；还有一种是肿瘤式增长——增长之后反而对企业有害。因此，在这个过程中，一定要辨别是何种增长，不要一有增长就开心，只有围绕定位方向形成的增长才是有效的。

第三，追击放大成功，保持飞行动力。企业在“飞行”的时候，最重要的一点是平稳，保持速度。很多企业取得第一步成功后，往往会松懈下来，把资源投入到其他地方，发现更热的风口就去投资。这样会面临更大的挑战。第一个挑战是原有的经验不足以支持新增长；第二个挑战是竞争会大大加剧。这个时候，一定要研究已有的成功，乘胜追击放大它，才能保持飞行的动力。

二、品牌创新的控制

由于外部环境的不确定性、企业内部条件的不完美性、人们理性的有限性，品牌创新可能会给企业带来各种各样的风险，因而需要对品牌创新进行适度的控制。品牌创新的控制，是指对品牌创新主体及其活动进行导向与制约的过程，主要包括：品牌创新的控制目标、控制主体、控制客体、控制方式和手段。

（一）品牌创新的控制目标

品牌创新的控制目标是多层次的。借鉴创新理论研究的成果及对品牌创新实践的考察，对品牌创新进行控制的具体目标主要是防范规避创新风险、降低创新协调成本和实现高效的价值创造。防范规避创新风险是指防范、规避由于顾客需求变化及企业之间品牌竞争活动导致的市场价格波动引起的市场风险、由于企业制度环境变化带来的制度风险和技术进步导致的技术风险。降低创新协调成本主要指降低品牌创新多元主体在协同创新过程中因文化、制度、战略、流程等方面的差异而引起的协调成本。实现高效的价值创造指对品牌创新进行控制的最终目标是实现品牌价值创造和增值。防范、规避风险，降低成本，都服从、服务于品牌价值创造和价值增值。

（二）品牌创新的控制主体和客体

品牌自主创新的控制主体是对特定创新主体及其活动实施导向与制约的行为主体。一般可以分为外控主体和内控主体。外控主体主要是政府、行业协会、市场；内控主体是以企业领导人为核心的全体员工。

品牌创新的控制客体是品牌创新主体及其活动，具体包括：（1）品牌创新投资主体、品牌创新决策主体、品牌创新执行主体和品牌创新操作主体；（2）品牌创新战略制定活动、战略推动活动、创新常规运营活动、创新风险防范活动和品牌创新成果。

（三）品牌创新的控制方式

品牌创新的控制方式有很多分类标准，按不同标准划分有不同的控制方式。常见的有以下四种分类：按品牌创新的控制重心分类，可以分为战略控制和财务控制；按品牌创新的控制有无明文规定分类，可以分为正式控制和非正式控制；按品牌创新的控制特征和要求分类，可以分为科层控制（bureaucratic control）、市场控制（market control）和小团体控制（clan control）；按品牌创新的控制是否依赖外部力量分类，可以分为外在的措施控制和内在的价值控制。

（四）品牌创新的控制手段

品牌创新的控制手段很多，以企业为边界进行归类，可以分为外部控制手段和内部控制手段两类。外部控制手段主要有：法规政策，市场竞争，社会舆论、道德、评价和中介组织的介入。内部控制手段主要有：信念控制系统、边界控制系统、诊断控制系统和交互式控制系统。

第四节

品牌创新管理

时代的发展赋予创新这个概念更加广泛的意义。无论是正在快速成长或发展成熟的公司，还是濒临倒闭、面临危机的企业，都看清楚了一条商业铁律——面临瞬息万变的市场环境，惟有创新才能使品牌获得成功。进入21世纪后，创新理论的发展向更高的层次迈进，许多学者从不同角度来研究创新理论，人人创新、时时创新、事事创新、全流程创新以及全球化创新的全面创新思想，成为创新理论发展的新方向。品牌创新的管理则是保证品牌创新目标实现的必要途径，企业要了解、掌握和重视品牌创新的管理，首先要明确的主旨是如何领导团队管理创新工作，其中包括创新负责制的实施、如何激励创新人员以及如何将创新相关的业绩指标应用到领导层和创新人员等重要的管理问题。本节引用《品牌创新论》（刘晓刚，2010）对品牌创新管理的论述，从品牌创新管理的基本概念开始，在管理原则、管理主线、控制手段、监控方法、管理知识等几个方面，理出一条完整的品牌创新管理途径。

拓展案例

“品牌创新管理”

1. 品牌创新管理的一个基本概念

品牌创新管理是指制定、组织、检查、协调、改进与规范品牌创新活动所动用的各要素之间的关系，以达到预定创新目标的过程，主要包括品牌创新的管理技术、管理资源和管理制度三大要素。

2. 品牌创新管理的二项管理原则

品牌创新的内容是方方面面的，形式是多种多样的，管理的内容与形式也随之而变。在具体的创新管理实践中，应该遵循两项非常关键的管理原则，即效率与效益双惠的原则和奖励与惩罚并轨的原则。

3. 品牌创新管理的三条管理主线

管理主线是指在管理工作中占主导地位或统领事物发展的主要脉络。一个全面而完整的品牌创新计划涉及品牌运作的每个细节，是一项系统性很强的工作，特别是在执行过程中遇到一些复杂问题时，管理工作似乎千头万绪，无从抓起，牵一发而动全身。品牌创新的管理也不例外，其管理工作必须抓住它的3条主线，包括流程管理、目标管理和关系管理。

4. 品牌创新管理的四类控制手段

品牌创新项目往往是具有规模庞大、结构复杂、目标多样、功能综合、内外要素众多等特征的系统工程，且往往呈现出多变量、多输入、多输出等特征的复杂开放系统特性。在组织实施重大品牌创新项目的系统工程时，项目负责人要善于运用目标管理、合同管理、过程管理、跟踪管理、动态管理、滚动管理以及全面质量管理等管理思想，发挥项目系统控制手段的最佳整合功能，优质高效地实现创新项目的预期目标。这些管理思想的实现要借助于品牌创新项目基本控制手段、品牌创新项目变更控制手段、品牌创新项目权限控制手段和品牌创新项目系统控制手段。

5. 品牌创新管理的五种监控方法

随着社会经济环境的变化，品牌创新项目的类型不断增加，创新思维的不断拓展，对此类项目的管理始终处于一个不断变化的成长状态。对这一管理过程实行有效，科学的监控势在必行。品牌创新管理的监控目标是了解品牌目前的健康状况、合理定位问题、调整系统运行，从保证创新项目能够长期稳定、高效地运行并减少“尝试性”解决问题的方法给系统带来的意想不到的损失，减少由于系统故障或性能降低给客户带来的经济、时间和声誉上的损失。目前国际上较为流行和普遍的监控方法主要有5种，分别是企业资源计划（ERP）、制造资源计划（MRPⅡ）、准时生产模式（JIT）、单件生产模式（OKP）和优化生产技术（OPT）。这些监控方法主要针对生产管理而提出，其中的某些原理或方法可以借鉴用作监控品牌创新管理。

6. 品牌创新管理的六大管理知识

管理是一个系统工程，其触角涉及到每个岗位、每件事、每个动作，在现代市场经济和现代企业管理的环境中，缺少管理意识的管理者只能胜任低能力的操作工作。企业的高层领导者需要具备洞察、判断和决策的能力，需要较高的综合素质和现代意识管理，这才是企业生存和发展的基本条件和企业管理的根本所在。任何一个品牌的创新都离不开创新的管理知识，从管理品牌创新活动的角度，品牌创新管理的知识包括现代意识、智能资本、模化组织、生态营销、技术开发、人才激励六大管理知识。

本章回顾

第一节对品牌创新进行详细的概述。(1) 品牌创新的定义；(2) 品牌创新的特征：市场性、开放性、多元性和风险性；(3) 品牌创新的意义：品牌创新成为国家竞争的主旋律、是企业谋求长期生存的必由途径、是满足消费需求、提升人民生活质量的保证。

第二节介绍了品牌创新的动因。主要包括品牌的老化、市场竞争的压力、科技变革的推力、市场需求的拉力和企业利益的原动力5个方面。

第三节讲了品牌创新的风险和控制。(1) 品牌创新的风险：风险的来源、风险的表现、风险的防范方法；(2) 品牌创新的控制：控制的目标、控制的主体和客体、控制方式、控制手段。

第四节讲了品牌创新管理。品牌创新的管理是保证品牌创新目标实现的必要途径，在进行品牌创新管理中需要注意一个概念、二项原则、三条主线、四类控制手段、五种监控方法和六大管理知识。

课后思考题

1. 简述品牌创新的含义、特征和意义。
2. 联系实际谈谈品牌创新的动因。
3. 品牌创新为什么需要控制？怎样对品牌创新进行控制？
4. 论述品牌管理的一个概念、二项原则、三条主线、四类控制手段、五种监控方法和六大管理知识。
5. 结合实际，分析“外国品牌中国造”现象。

课后案例

“大厨”的品牌创新成功秘笈

疫情下的“宅经济”，赋予了厨房更多的功能和含义，而这方小小的空间也从最初的“满足温饱”朝着“满足多元化生活需求”的方向过渡。面对这样的趋势，厨电行业出现了大量的创新品牌，除了那些从0到1的“厨电新势力”以外，“老板”“海尔”“美的”这些资深品牌也开始积极迭代，试图用更新潮、更时尚的产品去满足新时代的需求。

老板电器旗下的高端台式厨电品牌——“大厨”，从出道开始即是爆款：它在上线12天即获得2020年“天猫双12厨房电器类目”TOP1；在2021年也拿下了“天猫3.8节厨房电器类目”TOP1以及55大促电烤箱类目TOP1，不久前的中国家电及消费电子博览会（AWE）上，“大厨”更是以黑马之姿引发了业内的广泛关注。如此亮眼的营销成绩让人忍不住好奇：这个2020年才刚刚成立的品牌，是怎样在短短时间内成长到如此地步。在仔细梳理了这个品牌创新的路径之后，笔者发现了不少适用于其他品类的策略与思路。

1. 选择潜力赛道：“悦己”消费者的高端化需求

都说“选择大于努力”，其实这话放在品牌对赛道的选择上也同样适用。不得不说，“大厨”对市场的洞察非常精准，它所选择的高端烹饪电器市场，是一个市场广、增速快，并且缺少头部品牌的潜力赛道。

从用户层面来说，“悦己消费”的崛起已经让厨房成为越来越多城市家庭的美好归宿，它可以让人从快节奏的工作和生活里慢下来、悠闲且从容地与自己相处。相比买房、买车那些频次不高的消费行为来说，购买一些精致的厨电、食材，再做上一顿仪式感极强的正餐，能给人带来更高的满足感。不仅如此，新冠肺炎疫情的出现也让更多用户回归家庭生活，健康烹饪已经成了全民性的需求。除了常规的爆炒以外，不少用户也在追求更多样、更便捷的烹饪手法，比方说在新冠肺炎疫情期间流行起来的“蒸烤炸”，就让各式各样的小家电在新冠肺炎疫情期间呈现出爆发式的增长。从这点来看，一台多功能的烹饪厨电对于当下的消费者来说是很有吸引力的。

从市场层面来说，现在烹饪电器的品牌很多，像是以豆浆机闻名的“九阳”、主打家电产品的“美的”以及推出了无数网红单品的“摩飞”等。但从他们的发展路径来看，绝大多数品牌都选择了依托品牌进行品类拓展，虽说一直在推陈出新，但是在厨电领域始终不够专业、不聚焦。我们很难在市面上找到一个兼具多功能和专业性的顶层品牌，这也是“大厨”的机会点。

从品牌自身的层面来说，老板电器早就布局了蒸烤一体机这个类目，他们有足够的技术和专业性。有数据显示，“老板”的嵌入式蒸烤一体机在8000元以上的高端市场中排名第一。只是，“老板”也发现了一部分消费者因为空间或者装修等原因，没有办法选择嵌入式的产品。这时，品质相同但可移动的台式厨电品牌就是最好的Plan B，它让消费者不用退而求其次做其他的选择。同时，老板电器的嵌入式产品和“大厨”品牌也会因为这种协同、互补的关系，共同把这个赛道做大。

通过上面的分析，发现“大厨”在选择赛道时的成功策略是结合大环境的变化以及自身的优势去挖掘有潜力的领域，再在这个赛道上寻找尚未被满足的细分需求。

2. 洞察厨房痛点：创造差异化的解决方式

找准想要布局的领域以及目标受众之后，就要用一个具体的产品来切入市场。而这个环节需要思考两个重要的问题：一是洞察并梳理用户当下的痛点，二是创造自己的差异化特点，在解决痛点的时候达成爽点。这也正是“大厨”最聪明的地方，它的客户群定得非常准：新生代消费者，追求精神上的需求，喜欢高颜值、智能化又时尚的产品，这些特征都直指那些“25—35岁的高端精致女性”，我们不妨从她们的角度来看看烹饪电器使用中的具体痛点。

（1）厨房不仅仅是烹饪场所，更是社交空间。对于她们来说，厨房的功能并不仅仅是烹饪，它在实际使用中还加入了分享、社交、展示自我等多个方面的诉求。比方：她们可以在这方天地与朋友切磋厨艺，也能完成亲子间的烘焙游戏，在社交平台上分享素材等，与其说这是一张床，不如说是一个展示态度和生活方式的重要窗口。一旦考虑到它的社交属性，对于颜值和外观的要求就变得更高了。一方面，这些“出镜”的产品需要满足当下的主流审美，需要和厨房的装修相得益彰；另一方面，它需要帮消费者去完成自己对生活态度的表达，是呈现个人态度的一个载体。因此，“大厨”在研究了新时代风格偏好后，选择了热烈的树莓红、清新的柠檬青与自然的海盐蓝三种颜色，不仅迎合了年轻消费者的审美偏好，也让厨房布局以及发布到社交网站上的构图变得更加鲜活。

（2）厨房的空间有限，装不下对美食的展望。许多传统厨具被智能一体的创新厨电所取代。比如：做三明治有三明治机、做炸物有空气炸锅、做蛋糕有烤箱、做面点有厨师机等。这些产品的初衷确实是给人带来更多的方便，但是狭小的厨房空间装不下人们对美食的所有展望，这些利用率不高的产品大都只能收纳在不方便拿取的位置，冲动购买后才发现并不适用。考虑到这一点的“大厨”推出了多功能蒸烤炸一体机DB600，产品不但兼顾了国人最常用的烹饪方法“蒸”，也在“烤”“炸”这些高频功能以外增加了解冻、发酵、保温、杀菌、清洁、除垢、干燥7大辅助功能，一机多用。

（3）多功能产品不够专业，很难代替单一产品。虽然也有品牌洞察到了消费者对多功能产品的诉求，但是在打造产品的时候只考虑怎么实现“多”，在每个具体的“功能”上却不够专业。这样的多功能产品只能满足短期的需求，从长远的角度来看还是不太实用：一旦消费者拥有了更高的烹饪水平、解锁了更多的专业菜谱，还是不得不去购买更专业、更靠谱的单一功能产品，还是一种浪费。而“大厨”给出的解决方案，就是让每一种功能都变得更“硬核”——不管是预热快、蒸气大、穿透力强的“澎湃大蒸汽”，能够均衡上色的360°涡流旋风精烤，还是±1的精准控温，这些技术让这款多功能的产品完全能替代单一功能的产品，是名副其实的“百宝箱”。

3. 建立品牌共识：让大厨成为真正的“大厨”

人类社会的本质是共识，如果所有人都觉得钻石值钱，那么它就很值钱。其实这点和创新品牌一样，除了外观、实用性以外，如果能让消费者认可产品的价值，产品才拥有真正的价值。“大厨”在成为真正“大厨”的这条路上，主要做了以下两件事情。

（1）用细节强化感官刺激，触达用户的正向联想。视觉上的刺激很重要，它决定了大众对消费者的第一印象。因此，品牌选择了“大厨”这个自带传播力的名字，让消费者看到这个名字的时候一下子就能想到一个有着多年专业经验的厨师形象。除了名字以外，“大厨”对于产品配色的选择也十分巧妙。单表面上看，产品配色的选择是迎合当下消费者的审美诉求，是相当时尚清新的色调，但是深挖就会发现，这些色彩的灵感都来源于天然食材，这种将食材和烹饪工具合而为一的做法，让品牌建立了不少好感。

（2）用品质收获用户信任，在行业中树立标杆地位。除了建立正向联想的名字以及符合当下审美的外观以外，消费者更愿意在这些产品中挑选到耐用、实用的高端产品。虽说“大厨”继承了老板电器42年的厨电研发经验，在台式厨电的技术上本就有着领先的地位。但是消费者也很在意这个外观、调性都很年轻化的产品，在产品质量上是否足够“严肃”？为此，“大厨”不但在这款产品上搭载了预热快、蒸气大、穿透力的澎湃大蒸汽技术，在产品的用材上也极其用心。这款一体机不但得到了美国FDA食品级认证，同时也搭载了纯化不锈钢和激光无缝焊接工艺，保证了产品的洁净度。为了提高用户在使用过程中的体验感和安全感，“大厨”还使用了三层防烫玻璃以及一体式隐藏把手的设计。“重量”在消费者眼中常被当作衡量家电、厨具的重要标准，越重表示用料越实、质量越好。“大厨”百宝箱重达43斤，远高于市面上30斤的同类产品，品牌在产品质量方面也是匠心独具。据了解，“大厨”全功能蒸烤炸一体机DB600获得2020年第六届金选奖年度蒸技术创新应用产品奖；在江南大学的产品性能测试中，更是胜过松下等产品。

4. 结合趋势传播：围绕消费者的触点，构建完整的认知矩阵

梳理了“大厨”的营销活动就会发现，他们不仅完成了产品和功能上的迭代，也改变了传统式的告知式传播。相比产品功能利益点的输出，他们更在意消费者到底喜欢什么、需要什么。比方说联动冠军厨师研发专业食谱是从用户对烹饪知识的需求出发，打造“精致她生活”系列直播是从消费者对美好生活的愿景出发，而邀请头部主播推荐产品是从消费者的购买习惯和信任出发。

（1）联动冠军厨师，用知识触动初步认知。相比那些晦涩难懂的技术、参数，一部分消费者更宁愿在熟悉的、具体的使用场景中做出选择。简单点说，与其事无巨细地告诉他们控温的范围、加热管的瓦数，不如先让他们知道，这个“百宝箱”到底能做

什么。为此，“大厨”携手王森集团成立“大厨”×王森烹饪研究院，联合王森冠军联盟中的冠军厨师打造了为大厨“量身定制”的菜谱，同时也将专业的菜谱教程上传到“大厨”的微信小程序中，打造线上线下的烹饪课程。通过这些课程中的烹饪知识、靠谱干货，消费者们不但提升了自己的烹饪水平，也在认识产品的同时增加了对品牌的认可与好感，在心中留下了良好的初步认知。

(2) 延伸品质生活，在共鸣中形成心智烙印。除了在烹饪干货上下的功夫，“大厨”也将视线进一步瞄准目标群体的生活场景。希望以一个人格化、立体化的形象去和用户展开情景化的沟通，用品牌的真情实感去唤起共鸣、形成心智烙印。和那些单纯将直播作为促销手段、带货方式的品牌不同，“大厨”在“精致她生活”这个系列的直播中邀请健身达人、专业模特、营养专家，围绕着身材管理、健康饮食等多个女性群体中的热门话题展开了探讨，让大家理想中的品质生活变得可感可知。虽说这个系列的直播中很少有“大厨”产品的露出，只会在结尾处不经意地提到。但品牌这份正向的价值观却让健康、品质等关键词自然而然地从理想生活落地到厨房空间之上，建立了与“大厨”相关的正向联想。

(3) 携手头部主播，在信任中实现传播破圈。在积累了足够的势能之后，“大厨”百宝箱也走进了罗永浩、杨澜、汪涵、胡兵、龙梓嘉、黄英等人气主播的直播间，得到了他们的倾情推荐。对于品牌来说，这份覆盖了不同圈层的“强信任背书”是品牌从精准式出道朝着发酵式破圈转化的关键点，它能让品牌的影响力从核心用户群体朝向更广泛的消费者扩散，成为更多人了解、认可并购买的头部品牌。

我们可以看到，“大厨”每一个环节的动作，都是围绕消费者的触点，在他们聚集的地方、用他们听得懂的语言去表达、去沟通。而“大厨”这份“以用户为中心”的品牌态度，也满足了无数消费者不断攀升的产品需求和情感需求，吸引了更多人在小红书、抖音等平台主动去分享，形成裂变式传播。

在这个消费市场极度发达的当下，每个细分领域都挤满了品牌和消费者，但这并不代表新品牌就没有机会了，造富神话还在继续，还是有能在短短几年甚至是几个月内迅速崛起的品牌，他们的增长之路对于其他品牌来说都是值得学习和借鉴的。

案例思考题

结合所学知识，思考“大厨”是如何实现品牌创新成功的?

参考文献

[1] 程宇宁．品牌策划与管理[M]．3版．北京：中国人民大学出版社，2018.

[2] 陈喆．老字号企业的品牌定位分析［J］．商场现代化，2010（7）：46－47.

[3] 陈以南．品牌个性创意［J］．现代管理，2010（5）：205－206.

[4] 费明胜，刘雁妮，冉春娥，等．品牌管理［M］．北京：清华大学出版社，2014.

[5] 顾雷雷．中国品牌管理理论研究［M］．北京：经济科学出版社，2018.

[6] 何佳讯．品牌形象策划——透视品牌经营［M］．上海：复旦大学出版社，2000.

[7] 黄合水．品牌学概论［M］．北京：高等教育出版社，2020.

[8] 凯文·莱恩·凯勒，沃妮特·斯瓦．战略品牌管理——创建、评估和管理品牌资产［M］．何云，吴水龙，译．北京：中国人民大学出版社，2020.

[9] 李明星，台新民．品牌创新与企业知识产权协同战略［M］．北京：知识产权出版社，2011.

[10] 林恩·阿普绍．塑造品牌特征［M］．戴贤远，译．北京：清华大学出版社，1999.

[11] 刘常宝．品牌管理［M］．2版．北京：机械工业出版社，2014.

[12] 刘晓刚．品牌创新论［M］．上海：东华大学出版社，2010.

[13] 卢泰宏，黄胜兵．品牌个性的维度本土化研究［J］．南开管理评论，2003（1）：4－9.

[14] 罗诗语．食品品牌微博传播内容的实证研究——以互联网食品品牌“三只松鼠”为例［J］．现代管理科学，2016（8）：211－215.

[15] ［美］汤姆·邓肯．品牌至尊：利用整合营销创造终极价值［M］．廖宜怡，译．北京：华夏出版社，1999.

[16] ［美］菲利普·科特勒，等．营销大未来——变革公共行为的方略［M］．俞利军，邹丽，译．北京：华夏出版社，1999.

[17] ［美］菲利普·科特勒．营销学导论［M］．俞利军，译．北京：华夏出版社，1999.

[18] ［美］菲利普·科特勒．市场营销学导论［M］．俞利军，译．北京：华夏出

版社，2001.

［19］［美］菲利普·科特勒．营销管理［M］．14版．王永贵，何佳讯，陈荣，等，译．中国人民大学出版社，2012.

［20］［美］菲利普·科特勒．营销管理分析、计划、执行与控制［M］．梅汝和，梅清豪，张桁，译．北京：清华大学出版社，1997.

［21］［美］凯文·莱恩·凯勒．战略品牌管理［M］．3版．卢泰宏，吴水龙，译．北京：中国人民大学出版社，2009.

［22］［美］戴维·阿克．管理品牌资产［M］．吴进操，常小虹，译．北京：机械工业出版社，2012.

［23］［美］戴维·阿克．管理品牌资产（珍藏版）［M］．吴进操，常小虹，译．北京：机械工业出版社，2019.

［24］［美］德鲁克．创新与企业家精神［M］．蔡文燕，译．北京：机械工业出版社，2002.

［25］［美］罗瑟瑞夫斯．实效的广告一达彼思广告公司的经营哲学：USP［M］．张冰梅，译．呼和浩特：内蒙古人民出版社，1999.

［26］［美］大卫·奥格威．奥格威谈广告［M］．曾晶，译．北京：机械工业出版社，2003.

［27］［美］大卫·奥格威．一个广告人的自白［M］．林桦，译．北京：中信出版社，2015.

［28］［美］杰克·特劳特/史蒂夫·瑞维金．新定位［M］．李正栓，贾纪芳，译．北京：中国财政经济出版社，2002.

［29］［美］斯科特·戴维斯．品牌资产管理［M］．刘莹，李哲，译．北京：中国财政经济出版社，2006.

［30］［美］艾·里斯，杰克·特劳特．定位［M］．王恩冕，余少蔚，译．北京：中国财政经济出版社，2002.

［31］［英］保罗·唐波拉尔（Paul Temporal）．超级品牌管理［M］.3版．刘慧，译．北京：中国大百科全书出版社，2020.

［32］［英］莱斯利·德·彻纳东尼．品牌制胜：从品牌展望到品牌评估［M］．蔡晓煦，段瑶，徐蓉蓉，译．北京：中信出版社，2002.

［33］彭兰．社会化媒体：理论与实践解析［M］．北京：中国人民大学出版社．2015.

［34］庞守林，张汉明，丛爱静．品牌管理［M］．北京：高等教育出版社，2017.

［35］潘洪涛．微博用户在线口碑中的品牌个性感知研究［J］．现代管理科学，2013（5）：118－120.

［36］［日］大前研一．巨人的观点：像战略家一样思考［M］．蔡连侨，译．北京：机械工业出版社，2012：32－33.

［37］苏圣珠，林芷芸．运用多元尺度分析定位咖啡连锁品牌知觉［J］．行销评论，2007，4（2）：221－242.

［38］苏勇，史建勇，何智美．品牌管理［M］．北京：机械工业出版社，2020.

[39] 宋美义. 企业市场营销环境分析——浅谈微观环境因素对企业的影响 [J]. 经济与管理, 2005, 19 (6): 49-52.

[40] 万菁菁. 网络品牌, 个性先行——从消费者行为角度透视徐静蕾 "鲜花村" 网站的品牌个性建构 [J]. 电子商务, 2007 (10): 44-49.

[41] 吴敏. 广告与品牌个性形象 [J]. 艺术与设计, 2009 (9): 92-94.

[42] 夏青. 基于微信公众账号的企业品牌形象传播策略 [J]. 当代经济, 2015 (16): 93-96.

[43] 席佳蓓. 品牌管理 [M]. 南京: 东南大学出版社, 2017.

[44] 余阳明, 杨芳平. 品牌学教程[M]. 2版. 上海: 复旦大学出版社, 2014.

[45] 余阳明, 朱纪达, 肖俊松. 品牌传播学 [M]. 上海: 上海交通大学出版社, 2016.

[46] 王新刚, 黄静. 品牌管理 [M]. 上海: 华东师范大学出版社, 2013.

[47] 王新刚. 品牌管理 [M]. 北京: 机械工业出版社, 2020.

[48] 韦明, 李杨. 品牌管理 [M]. 大连: 东北财经大学出版社, 2017.

[49] 王瀛. 飞利浦企业组织架构及文化重塑分析 [J]. 经济与管理, 2018: 23-24.

[50] 张妍. 品牌拟人化运营对品牌个性塑造的积极作用 [J]. 现代营销, 2018 (01): 38-40.

[51] 周国清, 龚军辉. 期刊品牌个性的塑造 [J]. 河南大学学报 (社会科学版), 2008 (48): 178-181.

[52] 张桂平. 广告策划与品牌个性塑造 [J]. 企业经济, 2005 (2): 45-46.

[53] 张琳, 王子敏. 小米手机的品牌战略 [J]. 中国集体经济, 2019 (31): 71-72.

[54] 赵炳国. 基于互联网的品牌个性塑造 [J]. 商业时代理论, 2005 (36): 31-32.

[55] 朱立. 品牌管理 [M]. 2版. 北京: 高等教育出版社, 2015.

[56] 郑佳. 品牌管理: 案例与应用 [M]. 西安: 西安电子科技大学出版社, 2017.

[57] Lynn A J, Verónica B-M, Jordi G. Consumption symbols as carriers of culture: A study of Japanese and Spanish brand personality constuct [J]. Journal of Personality and Social Psychology, 81 (3): 492-508.

[58] Bennett R A. comparison of attitudinal loyalty measurement approaches [J]. Brand Management, 2002 (3): 55-58.

[59] David Aaker. Managing Brand Equity [M]. New York: The Free Press, 1991.

[60] Joseph S M. Self-concept in consumer behavior: A critical review [J]. Journal of Consumer Research, 1982, 9 (12): 287-300.

[61] Jennifer Aaker. Dimensions of brand personality [J]. Journal of Research, 1997, 34 (3): 347-356.

[62] Heylen, J. Paul; Dawson, Barbara; Sampson, Peter. An implicit model of con-

sumer behaviour [J]. Market Research Society, 37 (1): 1-10.

[63] [美] 马克·布朗斯坦，爱德华·莱文. 网络品牌 [M]. 潘卫民，译. 北京：新华出版社，2003.

[64] Plummer J T. How personality makes a difference [J]. Journal of Advertising Research, 1984, 24 (6): 27-31.

[65] Piyush, K. The Impact of Cobranding on Customer Evaluation of Brand Counterextensions [J]. Journal of Marketing, 2005, 69 (3): 1.

[66] Kapferer Jean - Noel. The New Strategic Brand Management: Creating and Sustaining Brand Equity Long Term (4th ed.) [M]. London; Kogan Page Limited, 2008.

[67] Rajeev Batra. 广告管理 [M]. 赵平，等，译. 北京：清华大学出版社，1999.

[68] Shank Langmeyer. Does personality influence brand image [J]. The Journal of Psychology, 1994, 128 (2): 157.

[69] [美] 彼得·德鲁克. 管理：使命、责任、实务（实务篇） [M]. 王永贵，译. 北京：机械工业出版社，2006.

[70] [美] 罗杰·A·凯琳，罗伯特·A·彼得森. 战略营销教程与案例 [M]. 11版. 北京：中国人民大学出版社，2011.

[71] 王赛. 科特勒咨询集团（KMG）中国区. 营销的进化卷轴——从营销1.0到营销4.0 [J]. 新营销，2018 (2): 70-73.

[72] [美] 凯文·莱恩·凯勒，等. 战略品牌管理——创建、评估和管理品牌资产 [M]. 5版. 何云，吴水龙，译. 北京：中国人民大学出版社，2020.

[73] David Aaker. 品牌领导 [M]. 北京：机械工业出版社，2012.

[74] David Aaker. 品牌组合战略 [M]. 北京：中国劳动社会保障出版社，2005.

[75] 许娟娟，付雅莲. 品牌架构类型分析：公司品牌和产品品牌的结构性关系 [J]. 现代管理科学，2009 (8): 62-64.

[76] [美] 霍华德·舒尔茨，多利·琼斯·扬. 将心注入——星巴克创始人自传 [M]. 杭州：浙江人民出版社，2010.

[77] 韩光军. 打造名牌——卓越品牌的培育与提升. 北京：首都经贸大学出版社，2001.

[78] 张辉. 宝洁（P&G）的品牌管理模式 [J]. 经济展望，2001 (4): 1-2.

[79] 杨英航. 华为智能手机营销策略研究 [D]. 长春：吉林大学商学院，2020.

[80] 单弘. 国华品牌进阶之略 [J]. 销售与市场（管理版），2021 (8).

[81] 王长在. 中国南粤古驿道定向大赛品牌建设研究 [D]. 长春：东北师范大学，2020.

[82] 史慧慧，洪文佳，方雪琳，等. 共享经济背景下互联网金融平台价值共创机理研究 [J]. 市场周刊，2020.

[83] 王圆磊. 品牌资产管理探析——以“三只松鼠”为例 [J]. 国际品牌观察，2020.

[84] 杨永福，朱桂龙. 管理模式方法和方法创新分析及启示 [J]. 中国管理科学，

1999.

[85] 沈婷. 以文化符号赋予手信品牌附加价值——澳门手信品牌设计与传播案例研究 [J]. 传媒论道, 2020.

[86] 林海. 英国品牌的启示 [M]. 北京: 企业管理出版社, 2007.

[87] 章乔晖. 品牌传播识别模型与创新研究——以服装零售品牌优衣库为例[J]. 新闻研究导刊, 2016 (2).

[88] 陈春花. 企业文化 [M]. 3 版. 北京: 机械工业出版社, 2017.

[89] 张华平. 中药品牌多元化扩张的成功之路——念慈庵品牌延伸案例分析[J]. 中国现代中药, 2008 (10): 44.

[90] Pursho. 品牌延伸, 符合期待是要义 [J]. 岳璐, 译. Globel Trends, 2021: 46 – 48.

[91] 臧姗. 海尔的品牌延伸策略 [J]. 现代交际, 2019.

[92] 李蓉丽, 范玉丽. 新消费背景下小品牌快速崛起路径分析——以完美日记为例 [J]. 金融经济, 2020 (10): 88 – 89.

[93] 左伊. "王饱饱" 新消费时代下新兴品牌的强势出击 [J]. 中国合作经济, 2021.

[94] 哈日朝鲁. 红旗情　民族魂——红旗轿车品牌文化面面观 [J]. 中外文化交流, 2002.

[95] 刘阳梓. 电视栏目品牌的打造与传播. 卫星电视与宽带多媒体, 2019 (9).

[96] 李光斗. 为何 "两面针" 失败了, 而 "云南白药" 成功了 [J]. 重庆商报, 2018.

[97] 白杨. 同仁堂推出中药咖啡, 跨界营销还能这么玩 [J]. 品牌营销官, 2021.

[98] 王熹. 品牌价值评估体系及其方法选择 [J]. 价格理论与实践, 2012 (3): 85 – 86.